EL LIBRO DE LOS LIBROS DE LOS MORRISON

Josué Harrison Wences

Reservados todos los derechos. No se permite la reproducción total o parcial de esta obra, ni su incorporación a un sistema informático, ni su transmisión en cualquier forma o por cualquier medio (electrónico, mecánico, fotocopia, grabación u otros) sin autorización previa y por escrito de los titulares del copyright. La infracción de dichos derechos puede constituir un delito contra la propiedad intelectual.

El contenido de esta obra es responsabilidad del autor y no refleja necesariamente las opiniones de la casa editora. Todos los textos e imágenes fueron proporcionados por el autor, quien es el único responsable por los derechos de los mismos.

Publicado por Ibukku, LLC
www.ibukku.com
Diseño de portada: Ángel Flores Guerra B.
Diseño y maquetación: Diana Patricia González Juárez
Copyright © 2023 Josué Harrison Wences
ISBN Paperback: 978-1-68574-505-9
ISBN Hardcover: 978-1-68574-507-3
ISBN eBook: 978-1-68574-506-6

Índice

Preámbulo	7
Prólogo	9
Dedicatoria	11
Libro uno	13
Nacimiento divino	14
El cuento del abuelo	16
Decisión de seguir la ruta de los mayas	17
De cómo me enseñó la vida que no quería ser vaquero, que lo mío eran las letras y el crimen (en las letras)	24
La anécdota de la mordida de burro y no tuve que volverme burromán. Otro punto para no ser ranchero	36
¿Son las abuelitas inmortales?	42
La ventana de los recuerdos	43
El episodio de Tarzán de los monos	44
El hombre del llanto triste	45
El capítulo de los robachicos	46
Del episodio del viaje en tren a Mapastepec	48
Del episodio de la caída del árbol de cuiles	49
Del episodio de la iniciación a la hombría sin testigos y sin gloria	50
De cuando se oía en la radio la eminente erupción del volcán Chichonal: su erupción y la caída de ceniza	51
De cómo sufrimos el ataque del ejército una noche y nos hicieron huir a todos, hasta que se fueron	52
Del nacimiento de Charly, el nuevo juguete de todos y grandes viajes de aventura	52
El toro fue robado	53
De los rumores al hecho, el volcán Chichonal hizo erupción	54
Del episodio de la multiplicación de los panes versión de rancho	55
Pululos zombis	55
Y la hierba se movía	56
Rescata el pululo hijo	57
De los torneos de fútbol, jaripeos y encuentros deportivos	58
Los juegos que todos jugamos	60
La gran pesca de bagres (peces gato, siluros)	62
El ataque de la chica cocodrilo	63
Rumores de partida	64
El viaje a conseguir medio de transporte para volver a emigrar	65

Segundo libro	67
La dura jornada hacia Quiringüicharo	67
Episodios de debajeo, tumba y quema	72
De mi primera pesca con red	73
Del capítulo de los perros de agua o nutrias de río sueltas	74
Por presumir de recuerdos o tratando de dormir a caballo	76
El proyecto de granja cocodrilera.	
Para cinturones y bolsos de piel	77
Del zopilote navegante o el paso de cadáveres en el río Lacantún	79
En este pueblo no hay ladrones	80
Cazando iguanas a mano	83
Del episodio de la ardilla asesina	84
La increíble y triste historia verídica de vivir del chile	86
De la pérdida de la corona para siempre	88
Tercer Libro	89
La jaula de oro	
Del tronco a la realidad	89
La ciudad me da la bienvenida	91
Mi primer culto dominical	93
Baño de sangre	94
La jaula de oro	96
Luego, mi primer temblor	98
Mi primer Halloween y primera pedida de calabacita tía	99
De mi primera fuga	99
Mi primera inundación	100
Por fin, primer día de clases en secundaria	101
Mi otro primer día de clases en la secundaria	102
De los entretenimientos de los días de prisión	103
De nuestro primer viaje al Cerro de la Cruz	104
De cómo conocí a Uca	105
Recuento de cicatrices	107
Segundo viaje al Cerro de la Cruz (Cerro Mactumatzá)	110
Se murió de un palito	111
El gran viaje para conocer al abuelo Solomon o *le grand tour*	*112*
Me proyectan de talachero	115
El monje Morrison	117
Me narran la incursión poética del profesor Memelowsky	123
Las reuniones de la secundaria, promesas libidinosas	123
¡Sigamos jugando! ¡Sigamos jugando!	124
De mis decepciones literarias y por qué hasta ahora me atrevo a escribir estos renglones	125
Maldad pura	127
De cómo descubrí el don que tenía para adivinar que no había hecho el aseo	129
La transición a la prepa	130

Viaje a la costa, a la Boca del Cielo	132
Nuestro viaje a Lagos de Montebello	133

Legajos adicionales de mi libro de libros, alias cuadernajo 135
- La granja 136
- Dos suicidas 136
- El vikingo 136
- Brújula. 137
- Calaveras muertas sin ton ni son.
- La muerte enamorada 137
- Tarea de muerte (calaveras en octosílabos) 141
- Unas calacas emperifolladas 143
- Luego entonces 144
- Calaca loca 144
- Una calavera estatal
- Calaveracruz 144

Del capítulo de mi miedo a volar 145
- De invitado a un juicio oral 147
- El segundo juicio oral, de invitado y jurado 151
- La sospecha 153
- Cuento corto 155
- Interrogante 156
- Vocales del amor 156
- De tirantes, resortes y elásticos 156
- Un hada que solo sabía hablar inglés 157
- Quisiera ser un héroe 159
- Reflexión para ser humano con todo ser humano 160
- De los multimundos 160
- De la antimateria 161
- La mascota problemática 161
- A la oportunidad la pintan calva 162
- Saponcio Pilatos 163
- De uno de los vicios solitarios 164
- Michel Benoît. El apóstol número trece. Grijalbo 164
- Kundera, Milan. *La insoportable levedad del ser.* 2000. Tusquets Editores. Colección Fábula 1. Colección Andanzas 25 165
- Zagal, Héctor. *El inquisidor.* Editorial Planeta. 2018 412 pp. 167
- Wallace, Irving. *La isla de las tres sirenas.* 1963. Editorial Grijalbo, S. A. 615 pp. 168
- Zagal, Héctor. *Imperio. La novela de Maximiliano.* Editorial Planeta Mexicana S. A. de C. V. 2012. 231 pp. 169
- Cuento sin cola 170
- Valentía 171
- Rayas de tigre 171
- Ménsulas 173

Blasfemo	173
Blasfemo de dominio popular	174
Otro blasfemo	174
Amanecer en silencio	174
En defensa de la lectura	176
Reflexiones depresivas	178
Nada más tú	180
Francisco Villa	180
La serpiente hablando de arrastrados	182
Zapata	182
Aventuras con Haikus del Dr. Wensley	183
Desterrado	185
Haiku con tequila	185
De triste amor	187
A un amigo que se fue	188
De los hijos	189
Libro viejo	189
Otro fin	189
Amigo	189
Curiosidad fatal	189
Verdad	190
El alma	190
No estás vivo	191
Duda	191
Un libro anciano	191
A ti	191
Libre de culpa	191
Del poder	193
De jinetes y caballos	193
A mi hijo	194
Campiranos	195
Alma rota	195
Colibrí	196
Haikus para mi esposa	197
De una ida y una vuelta	199
La hoja en blanco. Segunda parte.	201
Desayuno en la pochota	202
La hoja en blanco. Tercera parte.	203
Tía	205
TESTIMONIO	206
TESTIMONIO bis	209
Sin ningún camino a tus espaldas	213
Del hacer y del no hacer	213
Los Rápidos del Sur	215

Preámbulo

A inicios de esta pandemia de covid-19 que ya se prolongó durante los años 2020, 2021 y 2022 teníamos conversaciones largas, nocturnas y madrugadoras con mi compadre Hugo Montaño, con quien aparte de hablar de su ahijado y las respectivas familias, hablábamos de libros y de las palabras, y de la amplia trayectoria de lectura de ambos dos. Él me decía que con tanto que he leído, seguro le encontraba el truco a la escritura. Me quejaba amargamente porque me traumaron en la secundaria y en la preparatoria. Y su respuesta fue: «Intenta destrabarte con el haiku japonés, es pequeño, nadie te lo va a criticar, y voy a iniciar el estímulo de la lectura de los mismos en las redes sociales donde ando metido. Además, si producimos suficientes, veremos si publicamos en colectivo, en compadrazgo o de manera individual. ¡Tú estás listo para producir!».

Y empezamos a escribir al principio a cuatro manos. Luego le tomé el gusto, y los ratos que puedo escribir, trato de hacerlo; «la constancia es lo que ayuda también», argumentaba.

Asimismo, a principios de año, un familiar de un paciente que estuvo muchos días hospitalizado —que, por cierto, es muy parecido a uno de Los Tigres del Norte—, en sus pláticas me sacó qué equipo de juegos profesional me gustaba y cuál era mi entretenimiento habitual, así que se enteró de que me gustaban los Vaqueros de Dallas y que escribía haikus con mi compadre. Pues me hizo de regalo una libreta artesanal, con fotos de jugadores clásicos y actuales de Los Vaqueros y de fútbol americano en general, para que escribiera lo que quisiera.

Luego vinieron las vacunas para el personal médico en primera línea en hospitales y, como no dejé de acudir al llamado cuando había graves, me incluyeron. Con la primera dosis no pasó nada, pero con la segunda dosis me dio una especie de parálisis flácida aguda más aguda que el Síndrome de Guillain-Barré (SGB). Sentí morirme, y en uno de los alucines de la enfermedad una imagen humana me dijo que me pusiera a escribir. Con lo cual, tomé el regalo de la libreta como una señal, y comencé a escribir en secreto, cuando podía y a lo más que podía, para que cuando tuviera suficiente material el maestro Hugo viera mi texto, lo leyera, criticara, propusiera mejoras y, de paso, sorprenderlo, ya que no me había atrevido antes.

También le había propuesto juntar nuestras bibliotecas para hacer un negocio de renta de libros entre nosotros, para que dieran frutos mis *best sellers*, los suyos y nuestros respectivos libros raros; le encantó la idea. Pero se le ocurre morirse dejándome a la intemperie en estos primeros pasos. Antes de eso le pedí apadrinar la amistad con Raymundo Zenteno Mijangos, alias el Zopi, porque me caía bien. Un año entero escuché Radiombligo puntual a las 8:80. Y al verlo en su programa de vídeo en vivo en Facebook dije: «de aquí soy». Y organizamos una reunión. Y de la misma manera que sentí que debía escribir siento y presiento que Ray Zopi debe tomar la batuta o el relevo de mi educación literaria. De momento lo haré partícipe de mi monstruo al estilo Frankestein de los retazos que pretende ser este libro. Porque en verdad sentía que no había hecho nada que trascendiera mi vida aparte de mis hijos.

Sin embargo, mi hija, que estudia el Internado Médico de Pregrado en donde yo hice la especialidad, dice que llevan once años utilizando un manual para estudiantes de especialidad que elaboré al terminar mi primer año. Así que he descubierto que ya, cuando menos, mi nombre lo han visto varias generaciones de pediatras en ese lugar.

Me toca seguir escribiendo los legajos de los Morrison que se han perdido y no han sido encontrados.

Más que nada mi intención es demostrar que todos podemos ser errores estadísticos, pues que un campesino termine la primaria, un huérfano termine secundaria y preparatoria, un pobre estudie medicina, un casado con hijos y ya grande estudie especialidad son errores estadísticos. ¡Todos apostaban por el «no podrá»!

Aferrado a la experiencia total acumulada y pensando en Frida Kahlo, lo intenté, ahora te lo presento para que consideres leerlo y puedas expresar tu opinión *a posteriori* y, si puedes, prologármelo.

Es un privilegio de compadre con el cual me ha costado dar el paso, aunque ustedes sepan que tímido no soy, soy muy franco y atrabancado.

Dale al jale.

Feliz lectura.

Prólogo

En un principio quería escribir haikus para que se me desbloqueara el atorón de la escritura, sí escribía todos los días cartas, cuartillas de historias clínicas, expedientes clínicos y uno que otro poema suelto, digno para el canasto de la basura. Había recibido el consejo de mi compadre Hugo Montaño, y cuando comencé a presentar los haikus en las redes sociales y recibí comentarios sabrosos y otros amargos, comencé a escribir, y a escribir manuscritos aquí y allá, que llegaron a ser un montón. Así que los reescribía ya en una libreta formal que fue adquiriendo cuerpo, cuando llegó un momento que me dio tentación de dárselo a leer, pero dije para mí: «se lo doy cuando esté terminado». Sin embargo, la pandemia se lo llevó y quedé huérfano de compadre y de asesor literario.

Asimismo, seguía en haikuterapia y escribiendo, en respuesta al progreso del volumen de lo escrito. Entonces, llegó un momento en el que tuve la necesidad de comenzar a transcribir a formato electrónico, y ya en este formato me pareció que las unidades podían ser capítulos *per se*. Como tenía de varias técnicas se me ocurrió escribir un libro misceláneo al estilo del *Chilam Balam* de Chamuyel, que se realizó con cuadernos progresivos de ese pueblo, de cronología, profecías, vivencias del cronista de la comunidad. Era una especie de chamán juglar, todo muy serio, pero en el cual había recetas de comida y medicina tradicional, técnicas de caza, argumentos por los que seguían avanzando, sin volver atrás, así hay un poema que encontrar. Además hay un formato de una revista muy divertida y clásica que trae un relato largo, reportajes y chistes. Pensé que lo mío sería aún más serio. Repasando a Juan José Arreola y a Augusto Monterroso, exploré el minicuento, aunque creo que logré el requeteminicuento, que también tienen que encontrar con lupa. De hecho, el haiku es un poema de origen japonés cuya regla es 5 sílabas, 7 sílabas y 5 sílabas, y ayudado con la sinalefa y la dialefa, creo que logré superar los poemínimos de Efraín Huerta.

En Borges encontré haikus encadenados y lo intenté también; se logra un poema de poemitas. Tendrán que encontrarlos. La conquista de la tierra posterior a la revolución ya está narrada por Juan Rulfo, pero él, allá en Comala, tierra árida, polvorienta, llena de fantasmas; tengo que contarles la versión en tierra pródiga, abundante y fértil en el sureste mexicano, lleno de contrastes, con sus múltiples etnias y sus constantes cambios a través del tiempo. Las calaveras literarias puestas de moda en la época de José Guadalupe Posada son un ejercicio para reír de la muerte, y también tienen la oportunidad de explorar mi repertorio. En la calavera pueden matar a quien se les antoje sin ninguna culpa y hacerles cosas fuera de lo común sin entrar en conflicto con la persona retratada en la calavera. También hay ejercicios de reseñas de libros. Unos pocos para ejercitar el estilo del chismorreo.

Igualmente, también podrán encontrar cuentos formales y para niños; precisos, concisos y de temática común. No son muchos pero tienen esencia, y las esencias vienen en frasquito. A rascarle y buscarle. En los poemas de reflexiones les pido perdón, porque ser paciente de Parkinson de origen temprano es una cosa muy terrible y, a pesar de la medicación para la tristeza, el dolor, la ansiedad y ganas de morirse, se alcanza a escapar el dolor.

Para mí lo más atrevido fue intentar los poemas formales, ya que tuve dos altercados con mis profesores de lectura y redacción, de muy mal recuerdo. Premio si encuentran dónde están descritos.

También intenté los chistes, sospecho que no la haría de *standupero*[1] un lector del borrador dijo: «si va a ser misceláneo, agrégale chistes, ya está jocoso, pero con unos chistes, tendrá más salsa y sabor». ¡A encontrar los chistes pues! Tengan una feliz lectura. Si me editor deja una hoja en blanco, ténganle consideración. Hay un cuento ultracorto que les toca a ustedes dilucidar, hagan magia.

---

1. Persona que hace stand up (monólogo o comedia en vivo).

Dedicatoria

A mi esposa Lila Verónica, con amor y delicadeza.

A mis hijos Daniela, Pamela y Josué, que son lo más trascendente de mí.

A mis compadres Hugo Montaño (q.e.p.d.) y Mary, Juan Enrique y Yeri por estar ahí.

A mis amigos de la secundaria, preparatoria, universidad y posgrado que dan pie a los varios escritos y que no están todos porque falta mucho por escribir.

Un homenaje a papá, a mi madre y hermanos.

A los juglares de mi pueblo, Gil y tío Daniel, por la técnica.

A todos los niños grandes y pequeños con alma de niños a los que les asombran las palabras.

Para ti, que te interrogas todo, enemigo imaginario.

Libro uno

Donado por un padre agradecido al patriarca del grupo de avanzada. Legajo de cuadernos descubierto en las pirámides truncas e inconclusas del rancho Morrison.

Los Morrison
Lunes, a tantos de abril del año del señor post La Pandemia.
«Regalo de un papá al cual "salvé" a su hijo,
y le han caído bien mis medicinas!».
¡Me ha dado un vuelco el corazón, pero no debo emocionarme!
Son las cosas que me levantan y otros no entienden.

Atte.
Dr. Jim Morrison Wensley
Médico Pediatra

Es una gran satisfacción ser pediatra. Lo vives con los padres y las abuelas y uno que otro abuelo. Ver crecer a un paciente catalogado como «muerto» y que te digan que lo bautizaron, que empezó la escuela, que es una bala y que no para son cosas que debería pregonar la gente y no yo, pero ¡soy bueno en lo que hago!

Quizá deba trazar la ruta del *Chilam Balam* de Chamuyel, o nuestra búsqueda de la tierra que tantas felicidades nos dio, donde murió mi padre y yace entre unos árboles en Quiringüicharo. De mi caballo blanco Blanco y nuestra amistad. Mi perro Comino y su triste final, las lecciones de natación salvajes tradicionales.

La sensación de ser tan pobre que solo comíamos frijoles, arroz, tortillas, verduras, huevos y frutas del campo en desayuno, comida y cena. La leche venía directa de la ubre de la vaca al vaso, tibia y espumosa, y ahora que lo veo en perspectiva, teníamos caballo, yegua, potrillos y gallinas, puercos, que también se incluían en la dieta, pescábamos y cazábamos. Pensándolo bien, muy pocos tienen estos privilegios, tan solo mis hermanos y yo; ninguno murió y también estoy orgulloso de eso. ¡Quizá mamá quería que el jaguar, la nauyaca, la cascabel o una rama desprendida de un árbol nos desapareciera! Sería un gasto menos y trabajo menor. ¡No se le hizo! Ya juntó como ocho años sin verme, y *Por qué mis papás me odian* me dio orientación de por qué los trastornaron, pero olviden eso, les contaré de aventuras en corto para llenar esto de anécdotas; ya que el gran señor en sueños me dijo: «¡Escribe, hijo, no digas una sola mentira, dilas por montón!». ¡Viva la vida! ¡Qué felicidad!

El libro de los libros para seguir a *Chilam Balam*; ellos avanzaban, talaban, sembraban y cosechaban, dejaba de producir la tierra y continuaban. Sin embargo, al pasar el tiempo el bosque y la selva renovados ya les hacían desconocido el camino para regresar, tenían que seguir.

Nacimiento divino

Tal como el hijo del Dios de Israel.

Ni lo van a creer, nací como nació Jesucristo: de una madre y un padre, sin la estrella de Belén, pero sí en un pesebre (jato, le dicen por el rumbo), parte del rancho con una casucha sin terminar, un campamento rústico con caballos, vacas, becerros, toros, gallos, gallinas, pollos, tórtolas y palomas torcaces. A mi madre se le ocurrió parir justo nueve meses después del catorce de febrero, lejos de cualquier lugar sin hospital cercano, así que papá tuvo que fungir como partero, pediatra, enfermero. Seguro que ese día la ordeña acabó tarde, a las seis de la mañana lloró con enjundia por primera vez el primogénito de mi padre y el trigénito de mi madre, ya ven que sí intervino hasta el Espíritu Santo.

Sospecho que mi parto fue fácil, ya tenía dos hermanos, la primera era la que me llevaba cuatro años y mi hermano mayor me llevaba dos años y dos días de ventaja. Así que creo que de estimulante del parto utilizó una pluma de guajolote en la nariz de mi madre, para estimular un estornudo y saliera disparado como balón de fútbol americano, y fue ¡pase completo! Con fierros de cuidar vacas calentados al fuego de las brasas cortaron mi ombligo. Mi madre dice que tenía el pelo amarillo y los ojos de mi padre; no crean que lo dejé choco arrancándoselos, le heredé el color café, claro. A pesar de todos los contras para un chiquitín recién nacido, la estrella que salió a saludarme fue el sol y los ruidos de los cacareos, mugidos, balidos, además de unos intensos aromas de mierda de vaca, caballo, pollos y puercos, que aún ahora me recuerda a la paga y al rancho.

¡Uhm, quién diría que los malos olores dieran buenos recuerdos! Mi primera tetada fue sorprendente: ¡mi teta estaba más grande que mi cabeza y apenas alcanzaba a abrazarla! ¡Y qué sabor: dulce-salado! Tomé teta por dos años. ¡Qué fijación!

Según cuentan, ya que estuve abrigado, mi padre de orgullo descargó su pistola en el patio disparando al cielo en agradecimiento de su bodoque. ¡Seguro mató al ángel de la guarda que volaba destinado a mí! No sé si hubo algún ángel, Dios presumiéndome pudo estar ahí, pero no se manifestó, y de los Reyes Magos de Oriente ¡nunca más se supo nada! En el rancho no se celebran los cumpleaños y todas esas cosas de la ciudad. Con que te den tus comidas, te mantengan vivo y vestido, es una manera de celebrarte.

Mi progenitora alega que no fue así, que yo he inventado esa historia, «¡si teníamos casa, teníamos cama!».Esos primeros años de bebé me enfoqué en la rutina de comer, cagar, dormir, hacerme el loco diciendo agu, agu, agá, gaga… ¡De, do, de, de...! Esto es otra historia.

Mis hermanos obtuvieron un juguete nuevo que no requería pilas, cuando apestaba, lo cambiaba su madre, y si estaba de llorón, ella lo consolaba. Ellos ya eran autónomos, al grado que me confiaban totalmente con ellos, ¡craso error! Por ser llanura costera el sitio del pesebre, aparte del calor endemoniado, se dormía en hamaca. Es una chulada para dormir críos y para otras cosas dicen en Mérida. Pero tiene riesgos: si lo mecen duro, sale volando cual Superman, pero si su Kryptonita es la gravedad, si exageran el hamaqueo, rebota en la pared u objetos y llora el muy llorón, o por el peso se deslizan los hilos y el cuerpo comienza a salir como un parto de nalgas. En una de esas me contaron la siguiente escena: mis hermanos sosteniendo mi cuerpo y la hamaca sosteniendo mi cuello y cabeza, y los tres llorando a moco tendido por solidaridad. Según ellos me salvaron la vida cargándome horas y horas, pero no les creo.

Tiene que ver que Dios padre mandó a su hijo ahora asegurando que fuera el bueno del cuento. Hasta dejé de rezar y orar porque lo que le pido va contra los designios de él mismo, o le pido mis poderes de hijo de Dios, y tampoco, nada. Yo creo que sospecha que podría pasarme lo de Satanás: gustarme y darle gusto al gusto, y corre el riesgo de que le abolle la corona. Estoy bravo con él, hasta he pensado retarlo, está escrito que ya lo han derrotado algunos hombres, pero fue temporal, al final a todos se los cargó el payaso.

A veces no sufro tanto porque ya a estas alturas lo han matado Nietzsche y otros filósofos, y nada que ha aparecido a calcinarlos en el fuego de su furia, pero a mí sí me puso a temblar, ¡qué ojete!

Mi padre era caporal de un rancho llamado La Gloria, nótese que se sigue manifestando lo divino, ya emancipado de su padre por haberse casado con mi madre.

El cuento del abuelo

Él se llamaba Jim Morrison, tenía el antecedente de ser militar norteamericano, que acudió a México en la época de la revolución a enseñarles cómo matarse unos contra otros; amigo de los dos bandos, en el rumbo toda una leyenda. Dicen que era muy alto, dos metros con dos centímetros, ciento cuarenta kilos de puro apasionado músculo militar. Dice que su mayor hazaña de fuerza fue cargar a su burro en hombros en una ladera de la sierra para que no se desbarrancara; el burro se pasó contando cómo el coronel fue su burro. Aparte de los cuentos de fuerza y tozudez de mula, como buen militar presumía de que traía buena arma, por lo que muchas mujeres autóctonas de las tribus de la sierra se la acataron y le lograron sacar un tiro que otro. Sin embargo, la funda correcta y el aceite correcto lo tuvo mi bisabuela, que, por cierto, me comparaban con ella, que decía: ¡no me la cerrojeyen[2], que el arma de mi marido, aparte de puntería, deja huella! Estos papás de la sierra ya están dando hijos güeros, quizá fue la luna menguante roja de este año, pero ¡solo Dios sabe!

A estas alturas del cuento, seguramente hermanos y primos ya se reprodujeron, gracias a la revolución sexual del bisabuelo. Por ahí se cuentan cuentos trágicos de estos acontecimientos en otras latitudes y en canciones de cantafeos y norteños, que no alteran nada la historia. Lo cierto es que el Morrison se reprodujo como conejo en época de abundancia. Y uno de sus hijos fue mi abuelo Solomon Morrison, pero no heredó lo alto ni lo güero, sí la barba, lo vergonzoso y lo penudo, que lo simulaba siendo agradable.

Admiten las y los que lo vieron cagando en cuclillas que le arrastraba. En una ocasión lo vi bañarlo a mi abuelita buscándole pinolillos y al final se entretenía tallándoselo con el estropajo recordando que «esta trompa de elefante una vez fue árbol de papaya». Pero, en fin, ese no era el tema, el tema es que

---

2 Es una palabra acuñada en la revolución cuyo significado es jalar el cerrojo para acomodar la bala en posición de disparo con el fin de disparar. Podría ser parecido a: «No me amenacen».

nos hubiera heredado dinero, no reata; el dinero se disfruta y la reata causa envidias y rencores, muchas veces sin fundamento.

El mito del abuelo era que se era fuerte y quizá inmortal, pero quedó en mito, ya se murió y algunos suspiramos por el pasado que ya se fue. A este no se le conoció basta querencia, solo tuvo hijos con la misma. Esa es otra historia.

Decisión de seguir la ruta de los mayas

Lo primero que pasó fue que nos comenzamos a enterar de que nos habían dado la tierra, y algunos parientes comenzaron a irse a un tal Michoacán y a otros lugares del país donde todavía había tierras por repartir. Luego llegó una carta del abuelo don Raúl Morrison: narraba de una tierra de llanura costera, llena de pasto estrella, y con mucha agua para el ganado. Cuando se lo decía a mamá se lo pintaba como un paraíso; mamá razonaba que tenía trabajo, comíamos pobre pero bien, y él alegaba: —Soy el caporal, solo el patrón está sobre mí, pero nada es mío, ¿qué les voy a dejar a mis hijos? El terreno de mi apá ya causa problemas entre mis hermanos y yo. Aun después de repartirlo equitativamente, será muy poca tierra y, si continúo así, a cada uno de mis hijos les voy a heredar solo el terreno de su tumba.

—¡Tú lo ves! Te apoyo, pero no tenemos nada, ¡nada! —contestó mamá.

—¡Así está mejor, mujer, nos podemos ir en camión, y ya en el lugar nos hacemos de nuestras cosas! —aseveró mi papá.

Mis hermanos mayores ya estaban dormidos así que no supieron nada.

—¡Vente acá a dormir, deja de soñar y sueña conmigo! —dijo mi mamá. Me puso la teta en la boca, apagó el candil de petróleo y en la oscuridad el peso de los chismes me cerró los ojos.

Al otro día al terminar la ordeña y llevar los picheles de la leche al patrón le dijo a mamá:

—Me voy al rancho a ver qué dice tío Migue. Para decirle si se quiere ir también y a ver si consigo convencer a alguno de mis hermanos de acompañarme.

Después me enteré de que no fue solamente al rancho del abuelo «Las Uvas», sino a otros parientes, hombres de montaña del Tule para contarles el reparto de tierras en la zona de los mayas en Chiapas. Pero le dijeron que tenían suficientes armas para rechazar un pelotón de militares y el sitio estaba instalado en una zona estratégica para sembrar sus cultivos muy caros.

—Si vamos allá, solo podremos expresarnos con palabras, nos quitarán las armas, y no podríamos sembrar más que cereales, los cuales no son productivos, no son productos que rindan mucho dinero y ya estamos acostumbrados a vivir con el Jesús en la boca.

—¡Hijo, que te vaya bien, nos escribes!

—¡Primo, te vamos a extrañar con tu rifle de gran puntería! Pero más vamos a extrañar los guisos de tepezcuintle cuando matabas uno. —Se despidieron los parientes del Tule.

Llegando al rancho de la abuela salió a saludarlo un perrazo eléctrico (positivo, negativo, neutro y otras corrientes alternativas, si lo ves, no le encuentras orilla) llamado Chocolate por su coloración. ¡Lo conocía desde que nació! Lo abrazó y se dieron sus correteadas juntos hasta cansarse, ya luego le dio su comida. Se levantó, caminó al barranco frente a la casa y se despidió de su terruño, con lágrimas escurriendo en sus mejillas. Después, montó su cabalgadura y pasó por las casas de sus otros tíos Hermilo, Raúl, Hoguer y Miguel y a algunos amigos invitó también, ¡hay suficientes tierras! Se necesitan hombres para trabajarlas y que permanezcan allí. ¡Ya don Amador Hernández está consiguiendo permiso para la carpeta ejidal! No corren riesgo de que los expulsen, así que no invadiremos, iremos ya a un ejido, porque ya saben, costó muchas botellas, pero ya está la carpeta de ejido.

¡Así que... allá nos vemos!

El gran viaje a Las Lajas, el burrotren, y la maniobra tipo Hansel y Gretel sin rocas y sin migajas *Once upon a time...* ¡éjele fue finta! Lo del viaje inminente se rumoreaba en la comida, en el desayuno, en el café de la noche, cuando se encontraban entre vecinos, y se notaba en el semblante de madre, de tristeza y de preocupación, pero no le quitaba lo bonita y le ponía cierta emoción.

La señora Morrison puso los puntos sobre las íes y expuso, largo y tendido, sus preocupaciones, y que si bien había aceptado ir tan lejos a Chiapas, a tierra de nadie, a la selva, tenía que despedirse. Todo esto es fuente de primera mano, pues mientras mamaba mi chiche tan grande como mi cabeza, papá escuchaba, mientras jadeaba y sudaba, y decía payasadas. Y yo me dormía con mucha tranquilidad, a pesar de gallos, gallinas, perros, vacas, gatos y el ruido de fondo de las chicharras y aves nocturnas.

Esto sucedió cuando ya podía sentarme y aguantar mi cuerpo poco tiempo sobre mis pies; y un buen día despertó papá diciendo:

—¡Chicos, nos vamos a ver a sus abuelos, a los papás de la mamacita! ¡Ven acá!

En esos tiempos solo había camino en la sierra por veredas para las bestias de carga y hasta Las Lajas, donde vivían ellos, se caminaba todo un día. ¡Qué martirio! En la actualidad he caminado hasta treinta y cinco kilómetros (y un peregrinaje de doce horas) a pie y, aun con bebidas hidratantes, es un cansancio casi mortal. Mi papá se iba a ir montando el caballo del patrón, mamá en la yegua colorada, la más mansita. ¿Y los niños? ¡A los niños les toca el burro!

¿Será el principio de una gran aventura? ¡Agú, agú, agutata!

No tengo idea de por qué, pero una idea se quedó a medias tintas y hubo un salto cuántico que no se registró antes de la aventura a Las Lajas.

Debo aclarar que los hijos de mi abuelo eran varios ya en edad de merecer, ya querían trabajar para ganar para sí mismos, ya que el abuelo de ellos era pastor de la Iglesia baptista, de ideas progresistas. No pudo inculcarles las letras, y las técnicas de los profesores daban mucho que desear, no estudiaron, y el único que lo intentó fingió estudiar cinco años, gastó como si estuviera en escuela privada y decepcionó a todos. Pues les quedaba seguir haciendo las cosas con el abuelo, cobrando comida y techo y nada más… ¡Ah, sí! Enseñanza para la vida. En el rancho se aprende como el oficio de herrero, albañil, acompañando al que sabe hasta que sepas tanto que lo puedas superar. O una segunda opción: el comercio. Pero cómo enseñar a vender a alguien que no tiene nada, ni siquiera algo para respaldar un crédito.

El trabajo que ya sabían hacer era sembrar la milpa, el frijolar, las calabazas, ordeñar, capar puercos, caballos, becerros, burros, amarrar, conducir y marcar ganado, pues solo podían obtener el trabajo de caporal: cuidador o capataz de rancho o jornalero. ¡No había más!

Así que mi papá empezó a ser caporal desde muy joven; junto con hermanos de su papá que también eran muy jóvenes. Por el rumbo te tienden a clasificar, y porque se juntaban los días de fiesta les decían los Morrisones.

El trabajo del caporal comienza con el canto del gallo y termina cuando se termina, si no es que más. Se dan sus libertades leves los fines de semana, a principios de la siembra de temporal y posterior a las cosechas, bodas de parientes y uno que otro sepelio, algo muy de costumbre de la región. Se juntaban Raúl y Miguel Morrison, ambos hermanos de Solomon Morrison, papá de mi papá y él.

El tío Raúl era más alto que el promedio, un poco estilo americano, y de voz ronca y gruesa; el tío Miguel no tan alto ni tan chaparro, pero sí gordo y de voz atiplada muy delgadita, con rostro de ranchero gringo, pelo güero, bigotón y en su barriga, sentado, podía posarse un vaso sin que se cayera. En sus ratos libres acudían a las reuniones ocasionales; fue así como conocieron a las hermanitas Wensley. Y quiso el destino fatal que cada uno se enamorara de la respectiva tía. Suny y Santí se casaron con Raúl y Miguel. Quedaba soltera la última, que por azares del destino tenía dos hijos naturales; más del Espíritu Santo que otra cosa porque, a mi entender, cuando los conocí, no sabía nada de estas cosas, puros rumores, unos muy gachos y groseros de mis propias tías que me hicieron hasta llorar. Luego con el tiempo, y aprender a leer, las actas de nacimiento les pusieron nombres a los espíritus chocarreros y las fisonomías a los verdaderos padres biológicos, porque las preguntas no obtienen respuestas, o las respuestas solo traen medias verdades, y siempre está en el rescoldo una pregunta más…

Ahora se les llama madres solteras, y con un hijo tus padres te ponen muchos peros para casarte; y con dos, muchos más peros, y la reputación de la madre soltera queda por los suelos. Pues aun así se empecinó mi papá, y me engendró con ella, y aumentamos la familia de un romplón. Y es la causa de la anécdota de las migajas y piedras para regresar a casa, motivo suficiente de que pareciera que fuésemos muchos hermanos regados, pero sin amor.

¡Oh no, el burro no! El burro en el rancho es una bestia de carga a la cual no la ensillan con los mejores aperos, le ponen los peores suaderos y la silla de montar es un fuste: prácticamente dos equis de madera unidas por una tabla de cada lado sobre sus costillas. ¡Es lento, de paso cansino, terco y retobado! Era la primera vez que iba a cabalgar, pero no iba a ir solo: ¡me acompañarían Flora y Tony!, mis hermanos mayores. Ya les conté que me mantuvieron colgando entre los hilos de una hamaca, llorando a moco tendido ¡los tres! Nos amarraron en este orden: Flora pegada al cabezal del fuste, a mí me amarraron detrás de mi hermana y a Tony en el anca. ¡Se imaginan qué nudos! Mi papá, nieto de militar, ranchero, conocedor de todos los nudos de los Boy Scouts pero bien hechos y macizos. Las primeras horas y las primeras cuestas (subidas) cantábamos acerca del burrotren y de sus tres vagones, pero después berreábamos del dolor de las nalgas machacadas, traqueteadas, y vomitando más de lo que se comía; el mareo por movimiento es peor que navegar en barco.

Cuando escuchaba jugar a mis hermanos, entre frases y frases, me enteré de que verían la manera de abandonarme con los abuelos, para volver ellos a ser los consentidos. Es duro perder el reino, duele hasta los huesos y para siempre. Por lo que iba dejando pedazos de tortilla para poder seguir el camino de regreso, ya sé que luego verán que me fusilé un churro clásico, pero así pasó, no sabía que hormigas y pájaros se comían las migajas de tortilla. Pero ni pasó que nos atrapara una bruja: ¡era la abuela!

Entonces me quedé en el burrotren: ¡chu, chu, chu, va el burrito haciendo tapatap, tapatab! Pero con la irritación acústica de gritos y berreos el burro nos traqueteó de más, se aflojó la cincha y se ladeó el fuste. A todo esto, el burro, espantado de un conejo que saltó entre los arbustos de la vereda, hizo que quedáramos de cabeza amarrados al fuste, colgando del burro, bramando y viendo el mundo de cabeza. Nuestros padres iban lejos, iban en mejores bestias. El burro iba molesto porque quedamos como colgajos: Tony colgado de las traseras, y Flora, de las delanteras, mientras que yo estaba aplastado entre los dos, llorando un llanto que se podría traducir como «¡Sálvenme porque me muero!». Cuando a medio galope el burro alcanzó a mis padres, a pesar de lo adoloridos, de los magullones, mi papá corriendo bajó de su caballo y corrió hacia nosotros soltando una carcajada estruendosa:

—¡El burrotren descarriló!

Soltó el cincho del fuste y caímos sobre suaves rocas. Ya mi mamá nos estaba quitando los nudos, pero la pena de estar colgados en la panza de un burro ¿quién no las desata? Nos dieron del lonche del viaje: dobladas de frijol refrito con un pedazo de queso de sal dentro, tortillas al destajo, y tortillotas matamarido, los guisos sencillos. También comieron ellos, aunque de eso no nos dieron más que una tortillota con la que continué dejando marcas en el camino. ¡Al final no los necesité! Flora y Tony se quedaron con los abuelos, por el miedo de la abuela a que mi papá los maltratara de más por no ser sus hijos de sangre.

Para mí fue un gran golpe de suerte, tenía toda la atención, pero para mi madre fueron caras tristes y mi papá dejó el burro en Las Lajas, ¡qué bueno!

Para cuando decidieron partir —creo que pensarlo hace pasar mucho el tiempo—, yo ya aguantaba una garrafa de cuatro litros. Y la hora de la hora fue rápida, y de pocas maletas.

Ya varios familiares se habían adelantado.

En el viaje a Acapulco y a Chilpancingo fue la primera vez que vi a mi enemigo íntimo imaginario y su salvaje incursión en mi vida, y empecé a entender a mi amigo imaginario, tímido, precavido, inculcado a través de la Biblia, que se disfraza de mi conciencia y según un loquero es mi SuperYo. Arrancamos por la mañana descendiendo de la sierra, parecíamos muchos, pero menos de los que había pensado que iríamos a conquistar las indomables tierras Mayas al final del camino amarillo.

Éramos varios y varias familias, pero en mi recuerdo solo quedan ¡zancudos y más zancudos!, olor a rancho: caca, meados y pudrición.

Nos subimos en un autobús clásico que le decían Estrella de Oro; no era como los de ahora, con baño y varios lujos. Tenía una plataforma sobre el motor al fondo y hasta allá nos tocó a varios niños y a mí, y mis padres iban en asientos de hasta atrás. Mi única encomienda era cuidar el agua y no perderme. El agua estaba embotellada en una garrafa de vidrio de cuatro litros con un diseño de canasta trenzada y con asa exportadora de vino tinto Paolo Rossi. Esta parientada era muy de ley seca, pero en la Biblia menciona que lo usaban en lugar de agua en las comidas, así que está autorizado. Era como un premio y un castigo. El premio: una de mis primeras responsabilidades. Y lo otro: ¡la falta de libertad! ¡Cómo es de peligroso el vidrio junto a otros niños jugando con trompos, carritos, canicotas chibolonas, biberones de vidrio y el constante vaivén de las curvas!

Arrancamos, a vuelta de rueda, ya llenos y, aun así, el chofer esperando agarrar más pasaje, iba casi estacionado. Aparte del calor ambiental, el calor del motor bajo la plataforma en donde íbamos los niños nos hacía sudar la gota gorda y tomar mucha agua y mear poco. El aire acondicionado de los pobres iba a todo lo que daba: ¡todas las ventanillas abiertas! ¡Y aquel aromita a humanos concentrado!

Pero qué alegría, conocí el azul marino en todos los colores marineros que se te ocurran, la curva del cielo en el horizonte, también con distintos azules, prístinas nubes blancas contrastantes y otro mar verde de tonos cambiantes, las palmeras cocoteras entre el mar y la carretera, y las curvas mareadoras y el polvo maquillador en las zonas de terracería. La novedad era uno que otro vómito por el movimiento.

Fue entonces que imaginé por primera vez a un enemigo imaginario más o menos de la misma edad a la mía, con un aire de mi hermano, ojos negros profundos maldosos y atractivos, unos asientos adelante, parado viendo hacia atrás, girando de vez en cuando, planeando, impregnado de golpe y porrazo en mi imaginación como un ángel del mal.

Con un poco o un mucho de miedo, la única respuesta que encontró la imaginación fue inventar en la otra fila de asientos a un amigo imaginario, recargado sobre el hombro de una madre dormida, con el semblante triste de niño bien portado, con un aire de esos que siempre preguntan ¿puedo…? Él me sonrió. La ayuda del calor era que cada que tomaban agua mi carga mermaba. Ellos permanecen aún conmigo, pero no son constantes. A veces le atribuyo algunas maldades que he realizado a mi enemigo amañando el asunto como necesidad importante.

La llegada a Acapulco no tuvo ninguna novedad. Íbamos por unos acantilados cerca del mar, pero en la bahía se miraban modernos hoteles y zonas de edificios y casas bonitas. El calor era avasallador, pero nos quedamos en la terminal de autobuses para transbordar rumbo a Chilpancingo. El mismo tipo de autobuses, pero ahora Flecha Roja. Deambulaban entre la gente mi amigo y enemigo imaginarios, ocultándose y dejándose ver.

La primera acción malvada de mi enemigo imaginario fue ya en la llegada a Chilpancingo, me trabó los pies en la escalera para bajar del autobús, y caí sobre la botella de vidrio, que se hizo mil pedazos. Pudo destrozarme, pero solo me cortó el dedo índice de la mano izquierda hasta el huesito, que sangraba a raudales; mi papá lo envolvió en un paliacate rojo, y se enojaron por la pérdida del agua. Quedé sin cargo, pero con dolor y sangrando, sin ser valorado por ningún doctor, o no había dinero y se dejaba a la buena de Dios. Aún hoy tengo la cicatriz, y cuando lo veo en alguna tentación o desventura, alzo mi dedo acusador. A ser travieso aprendí de mi enemigo imaginario, y a arriesgar la vida incluso en aventuras posteriores. Mi amigo imaginario solo me confortaba.

Una eternidad después llegamos a Chiapas por toda la costa del Pacífico. Nuestro desembarco fue en la casa del tío Raúl de mi papá, donde todo el mundo nos miraba con una sensación de «se van a acabar nuestra comida». Llegados a este punto, quiero comentar que el Viejo Oeste americano se fundó con arroz, frijoles y maíz, mismos alimentos que nos mantenían a nosotros. En mi ignorancia pensaba que éramos pobrísimos porque los diferentes menús eran: arroz con frijoles y tortillas, frijoles hervidos con cebolla y ajo, frijoles refritos, en desayuno comida y cena. Sin emgargo, ahora sé que hay lugares que comen hasta solo una vez al día… ¡y yo aquí renegando! Mi dedo cicatrizó al natural, con el paso del tiempo. Una comida exótica era tortillas desbaratadas en leche, cosa que ahora es tan común conocido como cereal con leche.

Fue mi primera noche nublada, pero de zancudos, había tantos que los enjambres opacaban la luz. Creo que lloré varios meses todas las noches por tanto piquete, pero nuestro destino final era un ejido nuevo: Nicolás Bravo, municipio de Mapastepec. Estábamos en Sesecapa. Mi bisabuela, mamá de la mamá de mi papá, vivía ahí. El ejido era de nueva fundación, muchos que ya estaban establecidos decidieron acompañarse para formar la nueva población, hasta el tío Raúl, donde llegamos primero, se unió. Como a siete kilómetros de ahí, llegamos al solar del tío Hermilo, otro hermano de mi abuelo paterno. Era una casuchita de techo de lámina, sin cercar, aunque de momento se cercó con unas varas de un arbusto que le decían pororicua, que dejaban entrar aire frío y caliente por igual y zancudos.

De cómo me enseñó la vida que no quería ser vaquero, que lo mío eran las letras y el crimen (en las letras)

De entrada, el ejido se fundó en tierras de una exhacienda muy grande, prácticamente todo el horizonte en los cuatro puntos cardinales eran pastizales. Había grupos de árboles en las orillas de unos canales como arroyos, pero estancados, a los que llamaban zanjones y en zonas más profundas quedaban como lagunitas en el estiaje, la sequía. Pululaban unos saurios de hasta tres metros, la mayoría del largo de un humano adulto, quizá por eso la gente los llamaba pululos. Supongo que llegamos antes de la temporada de lluvias, ya que nos prohibieron a los niños arrimarnos a estos estanques con peces y cocodrilianos. Había una que tenía tantos, que la llamaban La Lagartera.

Inicialmente el grupo de gente se estableció en lo que parecía que sería un gran ejido, pues éramos bastantes.

La carpeta de ejido tenía un plano tan grande que, haciendo cuentas, le tocaban diez hectáreas a cada padre de familia. Los que sí nos juntamos de inmediato fuimos los niños y los amigos imaginarios. Mi enemigo imaginario era un caso aparte. ¿Se imaginan un territorio que se podía recorrer a caballo al galope tendido en cuatro horas? De inicio las tierras no estaban divididas, parecía un experimento comunista. Además, a las vacas, caballos, chivos y puercos nos tocaba cuidarlos a todos los niños. Era tan comunista que se trabajaba con un sistema que le llamaban tequio. Todos iban a un solo terreno de siembra, quedaba listo en un día o menos realizada toda la tarea, desde la limpia hasta la siembra. Aprendí a conocer a los campesinos que trabajaban de ley, del amanecer al atardecer, los que trabajaban bien pocas horas, los que hacían que trabajaban todo el día y los de los mil pretextos. Por no haber cercados de púas, las vacas se dispersaban en todo el territorio; a los animales medianos, a los que podían comerse los cocodrilos, se les hicieron corrales. El inicio de un ejido es una odisea divertida, pues al principio no había escuela, nos dedicábamos a montar prácticamente todo el día.

No es presunción, pero desde el día en que nací me subieron a un caballo, y a partir de los cinco años cabalgué solo, con silla, sin silla, con riendas y sin ellas. Aprendí que los caballos te saben escuchar, saben español, saben jugar a juegos sencillos contigo, saben cuándo les haces travesuras, y se desquitan, y si les pides ayuda con amor y respeto te ayudan a solucionar tu problema aun arriesgando su vida. Por eso se han ganado un puesto de animales de compañía, de trabajo y de curación —la equinoterapia—, pues huelen tu estado de ánimo o tienen un sexto sentido para tus lastimaduras espirituales.

Amé a mi caballo Blanco, que nació con un solo huevo, el izquierdo; el derecho no le descendió. A estos caballos los llaman chiclán. Pero de todo el grupo de animales, solo había dos líderes naturales: mi caballo y un colorado de Pepe Salto. ¡Obviamente siempre andaban peleando el liderazgo de la manada y a las hembras! En velocidad, éramos los líderes: ¡imaginen un niño de cinco años casi desnutrido!, el caballo se sentía en libertad. Cuando ganas la mayoría de las veces ya nadie quiere apostar contigo. Pero una de las desventajas de ir por delante es que las sorpresas son todas para ti, como por ejemplo ¡saltar una zanja! Te das un porrazo desde arriba del caballo, te saca el aire el golpe y el caballo regresa a olerte como preguntándote «¿estás bien?». Y luego llegan todos los demás a carcajearse de risa de tu desdicha. ¡Éjele, pero les gané! Nos juntábamos a media tarde para buscar los becerros y amarrarlos para la ordeña del día siguiente. Hacía equipos para distribuir en la rosa de los vientos: «Pepe, tú, allá; Juana, tú, p'allá; Poniel, rumbo a La Lagartera; y yo voy para las ruinas del patrón. Escojan a su gente». Entre más rápido acabamos, más nadamos en la poza. Haz de cuenta unas bandadas de pieles rojas, en la caza de cabelleras, gritando y berreando: «¡vieja el último!». No se sorprendan de que hubiese mujeres vaqueras porque había padres que solo tenían hijas y estas no le temían a nada. Entre niños no hay discriminación sexista, o cuando menos en Nicolás Bravo no la había, es más, ellas eran las que nos jodían más con «¡vieja el último!». Los problemas empezaron entre los adultos y las esposas, ya que en toda sociedad donde hay matrimonios hay problemas, entre ellos y los demás.

Mientras, les relato la parte bonita de ser niño vaquero, campesino, mandadero y estudiante en un proceso de apropiación de la tierra.

Me ayudó mucho sobresalir, que mi caballo era bueno, y si quería apurar a las vacas y becerros, les mordía el tronco de la cola y corrían, pues eran muy veloces y obedientes. Algunos compañeros usaban fuete, espuelas y otros medios de castigo para sus caballos y sus vacas, aparte de que lo hacían para presumir: «¡tú montas así porque tú no tienes nada!». La inteligencia me alcanzaba para integrar en mi equipo a los mejores peores y mejores mejores. Los primeros para defensa y los otros para acelerar la solución de los problemas. Había otros niños y muchachos muy vivos que competían sanamente por ganar bien, había niñas también, con más poder: inteligencia, habilidad, encanto y belleza. Había el que se creía karateca, como Bruce Lee, y se paraba sobre el caballo a hacer acrobacia; yo presumía de que podía dirigir mi caballo sin cuerdas, sin silla —¡y sin dientes cuando me caía!—. También había una niña que acostaba a su yegua para montarla. Otro hacía caminar su caballo en dos patas. ¡Podía lazar cocodrilos, becerros y caballos con reata normal y vaquera! Todos tenían un algo especial. ¡Todos nos cuidábamos de todos!, ya que todos quieren chingarte; aun así también cuidábamos de todos: a un caído, un enfermo, cortado o lastimado lo curábamos todos y lo llevábamos hasta su casa con sus padres. La temporada de lluvias era la más peligrosa, porque el ganado, las hormigas, serpientes, arañas y tarántulas buscan las partes altas y los cocodrilos no están confinados en las pozas.

Más o menos a los cinco años fuimos la familia completa: Jim, Teófilo Malquiria y yo. Nos llevábamos dos años de diferencia, se planificaba con la lactancia materna, y cada chamaco es mano de obra en cuanto pueda sostener algo. Fuimos a lavar a una poza en tiempo de lluvia y, como llevaban una batea de madera (lavadero de ropa portátil) como canchita rectangular, mi papá me acostó sobre él, pero de panza abajo, como lagartija, y me dijo «patalea». De esta manera, la batea avanzaba para acá y para allá al ritmo de mis patadas. De repente, mi mamá la pidió porque se iba a poner a lavar, así que papá me subió a sus hombros y dijo: «¡te voy a lanzar al centro de la poza y haces lo mismo que hacías en la batea, las manos muévelas para sacar la cabeza!». ¡Y me lanzó! Vieran qué angustia y cuánta agua bebí, pero les estoy relatando el evento: ¡lección de natación en menos de un día! Se la aplicamos al chunco de la familia y también aprendió. ¡Habría que patentarla en un club de natación!

Este evento es necesario porque en la costa te puedes levantar de la cama y el agua te llega arriba del tobillo, y ves agua en todos los puntos del horizonte. Con lo cual, el que no sabe nadar debe temblar toda su vida. Mis hermanos y yo llegamos a tener tal habilidad en el nado que atrapábamos patos en el agua. Es algo sumamente difícil. Nadan bien y se sumergen. Y en tiempo de agua también sirve para matar el tiempo de pesca. Sacábamos sardinas, pequeños bagres y una ocasional mojarrita que, frita con huevo, hacía variar el menú cubano ya contado en otros renglones. Digamos que abandonábamos el estilo americano.

En donde dejaron la casa ejidal hicieron una casota, como de veinte metros de largo y unos siete de ancho. Estaba hecha con tablas de higuera, blancas, techo de palmera de corozo y una palapa. En un día vimos nacer nuestra escuela primaria, pero con las orillas por dentro de las tablas había troncos de árboles tirados, lo más fino de un territorio escaso de árboles. En el siguiente ciclo escolar nos iban a iniciar las clases. Mis tías Eva y Adalia iban a ser las maestras de una especie de jardín de infancia. Al principio fue mi peor tortura, pues me apartaron de ocho a una de mi caballo. Aparte de amarrar a los becerros y aprender las letras, no sé qué habían estudiado mis tías, pero eran unas adolescentes bonitas. Era un incentivo. En el recreo, teníamos una cancha de fútbol de medidas reglamentarias, un campote, dos postes de madera para la red de vóleibol y una asta bandera de tronco chueco. Los lunes era reglamentario: «Se levanta en el mástil mi bandera, como un sol entre céfiros y trinos». Y el homenaje.

Teníamos que usar las rodillas como escritorio y nos daban un reglazo en las puntas de los dedos de las manos si nos equivocábamos (regla de madera de un metro). ¡Te quedas entumido del dolor! Las dos tenían que alcanzar para todos los grados. Y los que ya sabían leer y escribir eran ayudantes de las maestras. Lo terrorífico eran las tareas: si pedían copiar el dibujo de la página cinco, y el texto debajo, mi mamá quería una copia casi con hiperrealidad y las letras las copiaba, pero no las entendía. Con cinco años salía horrible y mal hecha la tarea y, además de pegarme mi mamá, la maestra cooperaba para que se entumieran mis dedos y fuera un mejor artista. De hecho, antes los padres autorizaban el uso de la vara porque está en las sagradas escrituras. Pero cuando decían un cuento o pasajes de una novela, me interesaba aprender a descifrar las letras. Un homenaje a un profesor de nombre José Ramiro Ventura, primer maestro de la SEP que llegó a sustituir a mis tías y me enseñó en primero, pegador, pero aplicado en lo suyo, que me ayudó a vivir la magia una tarde de juntar letras y hacer palabras y decir con una alegría rayando en el jolgorio: «¡mamá, ya sé leer!».

En algún evento escolar hicieron la actividad de «el puerco encebado». Los participantes estaban en *short* y sin camisa, embadurnados con aceite de comer y el puerco encebado. Me lo gané frente a otros muchachos más grandes, pues ellos no contaban con que me quedaba justo a la medida y mi tamaño era perfecto para librar el tráfico entre sus piernas. Al encierro fue toda la escuela.

Y en Educación Artística, me hicieron aprenderme y cantar *La de la mochila azul*, que creo ha sido la peor interpretación de la misma. ¡Pobres compañeros, pobres padres!En una ocasión, en temporada de secas invité a una niña llamada Blanca a robar sandías, pero ella me dijo que el recreo duraba media hora y que no íbamos a llegar a tiempo, que nos cogerían porque debía estar el dueño. Yo le dije: «pues corremos para que nos alcance el tiempo y corremos si está el dueño».

Llegamos y busqué la sandiota más grande y la golpeé con el puño, sonó bojo, y la cortamos, cuando allá en la orilla del cultivo venía el dueño con un rifle, a duras penas me la puse en el hombro izquierdo.

—¡Blanca, corre hacia el zanjón!

Oímos dos disparos, la niña gritó:

—¡Nos matan!

—¡Corre, corre! —grité.

Ya en el zanjón dejé caer la sandía al suelo, se reventó y tomé el corazón palpitante. Lo partí en dos y le di un pedazo a Blanca; luego corrimos y corrimos, comiendo corazón de sandía. No sé si nos dispararon al bulto o al aire, pero con el sonido de los disparos los huevos se me fueron hasta el cuello. ¡Blanca no aceptó nunca otra invitación a una aventura!

Pero en estos renglones quiero relatar lo que me hizo no ser vaquero ni ranchero.

¿Se acuerdan de que dejamos a Tony y Flora en Las Lajas con los abuelos maternos? No los aguantaron y alguien los trajo. No sé si por tener culpa de haberlos dejado solos mi mamá les ponía más atención a ellos. El caballo, Blanco, se lo adjudicaron a él, porque a mí me tocaba ayudar en la ordeña y a traer las vacas para ordeñarlas; teníamos que hacerlo muy temprano para alcanzar a ir a la escuela. Pero a esta edad, el pastizal te llega a la cintura, y llueva o no llueva el pasto amanece bien mojado, por lo tanto, con el fresco de la mañana y el rocío del pasto se me mojaban los huevos, el saco escrotal tan chiquito y arrugado. No podía ponerme zapatos o botas porque se escurría el agua dentro de ellas y se hacía difícil caminar. Algunas veces dormían cerca del corral de los becerros, pero me ponía sandalias, que una vez que las mojaba el sereno y el lodo las hacía resbaladizas las tenía que cargar y andar descalzo. Mojado hasta los genitales, descalzo y con veinte centímetros de mierda de vaca y orina en el corral, si me hundía entre las vacas podía embarrarme más. Producía sabañones; hongos entre los dedos que pelan la piel de pies y manos. Entre los dedos de los pies, corta, y en los talones, con la mezcla pestilente del corral, lastima más. El queso es sabroso, pero no valía estar húmedo de la cintura para abajo, además de aguantarse con la ropa húmeda, llegar, desayunar y salir corriendo a clases, que ya debían estar empezadas en la escuela.

Muy cerca de las vacaciones de verano, se prepara la tierra, primero se ara, con el arado de hojas gruesas que voltea grandes terrones y entierra el pasto y la vegetación. Un día que habían arado sucedió lo siguiente: —¡Oye, Jim, vamos a pescar al río! —dijo Tony.

—Le pedimos permiso a mi papá y te digo —le dije.

No nos prestaron el caballo, pero sí nos dieron permiso. Así que molimos varias tortillas frescas, que se utilizan como bolitas en la punta del anzuelo para sacar sardinitas que luego funcionan como carnada para bagres y mojarras. Además, la bola de tortilla molida sirve como tentempié cuando no has pescado nada. Con los pescados lidiábamos de la siguiente manera: cortábamos un bejuco o liana o una rama delgada con horqueta para ir ensartando por las agallas al conjunto de pescados, y esto se llama ensarta. De compañía además de nosotros iban imaginarios Demoniaco y Santurrón.

Platicamos del tiempo que no estuvimos juntos y me contó que no era hijo de mi papá, por eso se había quedado, que era rebelde porque los abuelos lo maltrataban mucho y que hacía las cosas de mala gana porque lo trataban todos mal por ser «el entenado». Sinceramente, no notaba eso, pero él así lo sentía. Obtuvimos una buena ensarta de bagres, mojarritas y sardinas. Pero ya de regreso, sin tortilla molida, nos enojamos y nos insultamos; cosas de niños, pasamos al puño directo, luego a las patadas…

—¡Soy el más chingón, acéptalo, saqué la mojarra más grande! ¡Si sigues así te madreo! —gritaba Tony entre sollozos.

—¡Será lo único que sacaste, yo saqué la mayoría, ojete, yo saqué la mayoría! ¡Sin mí ni se notará la ensarta! —le espeté a moco tendido y repitiendo con énfasis. Aventó la ensarta lo más lejos que pudo impulsándose corriendo.

—¡Pues si quieres tus pescados ve a por ellos! —me dijo.

Entonces, comencé a caminar rumbo a la casa por el camino de los tractores y, de repente, sentí un dolor atroz en la parte posterior del muslo que me derribó: me había lanzado un terrón del barbecho. Al poderme parar agarré varios terrones y también le llovieron a él; llorábamos de dolor y coraje.

—Ya estuvo suave, ¿no? Te gané, pero tú me ayudaste —le dije.

Algo le susurraba mi enemigo imaginario al oído, pero aun así nos abrazamos. Buscamos los pescados, y juntos cholenqueamos hasta la poza donde aprendí a nadar. Nos limpiamos lo más que pudimos. Pero los labios partidos y los moratones nadie los podía quitar. No recuerdo qué mentiras inventamos por los golpes, pero cenamos pescado frito con huevo. ¡Sabroso cuando tú lo pescas!

Tuvimos diferencias y pleitos por cualquier cosa y motivo para luego terminar abrazados. No me golpeaba fácil; mi amigo imaginario me advertía las traiciones de mi hermano, y mi enemigo imaginario se parecía a él. Yo a los dos los asociaba con el diablo, porque por experiencia lo mandaban a él, aunque no montaba bien, de momento lo tumbaba el caballo por exceso de maltrato o porque seguro intuía el aire de maldad de ambos dos: el visible y el enemigo invisible. Las tendencias al lado oscuro aún se le manifiestan, pero lo dejamos ahí. Con Flora y Teo no nos metíamos porque estaban bajo la falda de mi madre todo el tiempo.

El sisma Realmente no supe cuál fue el verdadero asunto que dejó a Nicolás Bravo I y Nicolás Bravo II. Nos quedamos en el I, que predominaban migrantes de la religión evangélicos bautistas, y en el II los católicos.

Yo escuchaba que, por problemas políticos, unos eran del Pinto y otros del Colorado, pero no pudieron reconciliarse. También mencionaron líos de faldas, pues se comentaba que para el II se fueron las putas, y los de allá acá se quedaron.

De ser una banda vaquera muy unida, de repente, nos convertimos todos en hijos de nuestra reverenda madre, nos tratábamos de robavacas, de judaizantes, de peleoneros, y agarraron rumbo unos kilómetros más adelante. Su pueblo quedó más grande que el nuestro, pero los que quedamos éramos más competitivos y más groseros.

Disminuyeron las muchachas en el grupo, por eso también creo que nos separaron líos de faldas.

La ventaja de haber sido el pueblo fundacional fue que nos llegaron primero maestros de la SEP. Y los locales quedaron grandes.

Mi papá se dedicaba a ser campesino y vaquero. Al principio, cuando no había divisiones marcadas, trabajaba «a medias» con otro ejidatario con profesión y trabajo remunerado. Aquí se cuela la aventura que significaba ir con él y acompañarlo. Como les decía, el territorio era grande, y araban y rastraban hasta diez hectáreas, con lo cual, aquí Blanco se convertía en arrastrador de arado.

Con tractor motorizado, primero se ara y este voltea terrones enormes y entierra el pasto, bosque y maleza. Posteriormente el tractor pasa una rastra, una mezcla de cuchillas circulares y dentadas: una fila gira hacia lado derecho y la otra al izquierdo, que menudea los terrones, deja la tierra suavecita, como arena. Hasta ahí quedaba el mediero. Luego seguía mi papá con la siembra, cuidado de la milpa, la cosecha y la venta.

Les voy a contar lo que recuerdo, pues no sé todos los tejemanejes del trabajo a medias, pero reitero, sucedía en verano, no había escuela, entonces éramos carne de cañón. Como varios campesinos se organizaban para sembrar, el barbecho parecía un mar, sin límites en el horizonte, interrumpido por un ocasional árbol, o un remolino de pie de diablo, de polvo.

Blanco era un caballo multifuncional, le ponían collarín y arneses y le instalaban un arado en V, de esos tan antiguos como los egipcios, con las riendas desde la cabeza hasta las agarraderas estilo carretilla. Entonces papá sostenía el arado y las riendas y dirigía al caballo en línea recta, y otro adulto —y ya que pude, yo— iba avanzando y depositando de cuatro a cinco semillas de maíz. Finalmente, se les echaba tierra sobre ellas, más o menos a un metro de distancia. Se imaginarán la distancia que caminaba en un día: diez hectáreas son quinientos metros por doscientos metros, un kilómetro por vuelta y a cada metro iba un surco. Después del adulto sembrador seguía sus pasos, vigilando que no hubiera granos destapados y teniendo cuidado de que los zanates, gorriones, palomas y pájaros no se comieran el maíz. El sembrador podía ser el mediero, o el caporal que cuidaba el sembradío en una casa de campo con el techo de lámina y paredes de tabla o de varas, palitos. El supervisor era siempre yo hasta que pude dar pasos de casi un metro para ir pateando tierra y cubrir los granos, y después seguro que fue otro de mis hermanos. Nos levantábamos antes de que cantara el gallo, y ya la señora del caporal tenía café y unas tortillas con queso. Luego nos íbamos a la siembra, descansábamos para el almuerzo: ya lo traían a la sombra de un árbol en el barbecho, pasto para Blanco. El almuerzo eran tortillas gruesas dobladas con frijol frito en manteca seco con tiras de queso de sal asadas entre el frijol o cocido con el calor de las dobladas entre el acomodo de estas. Yo estoy seguro de que Blanco decía: «¡Otra vez frijol! ¡Otra vez zacate estrella!».

La familia del caporal tenía una niña como de mi edad, huraña, casi no la veía, se ocultaba o la ocultaban, no sé. Pero seguía y seguía hasta que llegaba la hora de la comida. Era lo mismo pero la variante era que se hacía una fogata con brazas para calentar las dobladas de frijol, el queso, un retazo de carne de vaca o puerco y ocasionalmente de pollo. Excepcional, mojarra. Luego volvíamos a surcar y sembrar hasta que el sol se veía rojo como la sangre. Entonces llevaban el arado a un cobertizo, cepillaba a Blanco, platicábamos de lo sucedido en el día, el caballo y yo. Era un diálogo sencillo y monótono:

—¿Qué viste, Blanco?

—Un horizonte infinito de barbecho, de ida y vuelta, a derecha e izquierda y algún que otro árbol, y en ocasiones tolvaneras. ¿Y tú me decías?

—Yo los pies con huaraches del caporal que a veces no tapaba unos granos para que me despertara. Te voy a llevar al mejor estrellal para que descanses y cenes.

Me dieran lo que me dieran para cenar no lo recuerdo, pues el cansancio era tan atroz y dormía tan profundamente que pensaba que no sabía soñar.

Del traqueteo de los pájaros se encargaban mi enemigo imaginario y mi amigo imaginario: uno llevándolos hacia donde estaban los surcos frescos y el otro azuzándolos para que se fueran.

La silla de montar de mi papá tenía un colchón para las sentaderas grueso, que suave se montaba. Aquí voy a contar el cariño no confesado por mí en un viaje de la casa a la milpa. Deben saber que en el rancho los padres expresan muy poco su amor, ni verbalmente ni corporalmente, pero voy a tratar de convencerlos de que sí me tuvieron cariño. Al terminar de sembrar, nos regresábamos a la casa uno o dos días.

La distancia hasta la milpa era como de dieciséis kilómetros, más de una hora a caballo y, como les conté, nos levantábamos antes que las gallinas. A mí me llevaban en el anca del caballo, que yo sentía que era un viaje de un abrir y cerrar de ojos. La orden antes de empezar el viaje era:

—¡Móntate centrado, agárrate de mi cintura y no te caigas, que si me olvido no te voy a encontrar si te caes! —decía papá.

Me dormía casi de inmediato y me agarraba con la mano izquierda, todo el camino recargándome sobre su espalda. Imagino el dolor muscular al llegar, que tardaba en bajar del caballo después de haberme bajado, se desentumía. ¿Qué pensaba mientras me llevaba todo adolorido?

Íbamos en un camino de terracería, luego, por el borde de un río artificialmente elaborado y antinaturalmente recto. Finalmente, atravesábamos un pantanal, y ese mismo orden, al revés, era la ruta de regreso. En el pantanal, el caballo iba con agua hasta la panza y había cocodrilos hasta de más de tres metros. Si me quería ¿por qué no me llevó de carnada para cocodrilos? ¡Nunca me dejó caer! Hasta a uno de los suaderos lo sacaba más para que no me mojara las nalgas con el sudor del caballo.

Cuando la milpa tenía entre diez y veinte centímetros, regresábamos a surcar, esto es, arar en medio de las líneas de milpa para que se aventara tierra en las raíces de las plantas. Ahí mi misión era salvar a las plantas que eran enterradas, levantarlas y ponerlas derechas y con la tierra alrededor. Muchas de las plantas llegaban a la madurez gracias a mí.Cuando ya la milpa era un mar de verdor, también se surcaba para reforzar las raíces. Ahí era donde engordaba Blanco con suculentas hojas de milpa que le escogía, que me parecía que se las comía con cara de estar comiendo una golosina. También intentaba ramonear, pero no lo dejaba papá. En algunas partes también sembrábamos frijol entre los surcos de maíz, y calabazas en las orillas de árboles frondosos, donde era difícil arar por las raíces.

Con las ganancias de estos trabajos a medias se fueron comprando más becerras, futuras vacas lecheras, así que iba aumentando mi trabajo, sin ninguna remuneración. Al irse adjudicando la tierra, todo se comenzó a echar a perder: los alambres de púas encerraban los terrenos de diez hectáreas, o subdividían las propiedades, algunos dejaron espacio para caminos de libre tránsito, pero otros dejaban dos puertas, una en cada polo, que se hacían un lodazal y era una odisea pasarlas montado.

Creo que el viejo tenía ideas mayas del uso de la tierra, pues hizo tres fragmentos de tres hectáreas y dejó uno de una hectárea para frutas y hortalizas. Se rotaban así: en tres hectáreas se sembraba maíz, frijol y calabazas, en otro se pastaba el ganado; uno descansaba uno o dos años, donde sembrábamos cacahuate, caña, jitomates, era solo para eso. Esa hectárea estaba pegada a un vestigio de selva alta costera ya no existente y la separaba lo que era un arroyito, no zanjón, porque por este corría el agua, y le quedaban dos pozas toda la temporada de secas y ahí abrevaban las vacas y caballos. Pero también eran refugios de cocodrilos de los llamados pululos. Ahí vi mis primeros garrobos naranjas de viejos que estaban y a sus iguanotas; confieso que he comido garrobos en diferentes guisos. En el platanar conocí a una zorrita roja y a dos comadrejas y muchos pájaros de vivos colores. En el centro de la parcela teníamos dos pochototas increíblemente grandes y una en la división pegada a la carretera, mucho más joven. Además, en uno de los tercios había una charca pantanal que no duraba todas las secas, pero vi anidar y crecer a gallinetas y patos salvajes. Para la producción de la casa sembrábamos tres hectáreas, solo para el consumo anual.

Ya teníamos unas cuantas vacas de ordeña y nuestra parcela hizo frontera con un casco de hacienda con un pozo de cinco metros de diámetro, bomba de ventilador, en donde también podía abrevar el ganado; asimismo, en el pozo había peces. En el casco había una casa que tenía tapanco, y ahí encontré un libro parecido a los integrados de ahora, los que antes solo utilizaban las escuelas privadas, y ahora los utilizan las públicas porque se ahorra trabajo. Lo leí de cabo a rabo, no sabía leer, pero observé los dibujos imaginando varias aventuras. Cuando acababa, siempre lo dejaba en su lugar, por si el dueño regresaba por él. Había más libros, pero de puras letras, y esto era como ver un periódico chino, sin ser chino.

En el corral donde amarraba los becerros había un árbol de mango piña que casi no daba, pero los que daba, al madurar, estaban de requetechupete. Papá tenía unos amigos jóvenes solteros con los que también mediaban, más bien trabajaban juntos para acompañarse. El terreno a orilla de carretera era paralelo a esta y los otros dos de fondo perpendiculares; en uno perpendicular de fondo a la derecha sembraron las tres hectáreas de maíz, y en las orillas, plantas de calabazotas. En este caso, el ganado estaba en el que pegaba al camino de los camiones.

Después de cosechar los elotes, se come piyte, elote y esquite y el maíz se amaciza. Hay una acción que se llama doblar la milpa que permite que las lluvias no pudran la mazorca, y en eso andaban. Por lo tanto, nos mandaron a una hermana, a un hermano de ellos y a mí a llevarles el bastimento. Entre las vacas había una recién parida, cuatezona, así les llaman a las vacas sin cuernos, pero era brava y más con becerro tierno, y ellos prefirieron ir a dar la vuelta hasta el casco de la hacienda. Sin embargo, yo, de muy valiente, decidí pasar entre las vacas y cortar camino; de hecho, todas las vacas me hicieron caso y se apartaron, menos la brava, que me envistió y prendió de frente en el tórax, me sacó al aire y aventó por allá. Después, se dio la vuelta y pasó corriendo sobre mí intentando aplastarme o darme un pezuñazo. Por la desesperación, la pateé en las ubres y pienso que eso me salvó; plétoras de leche y recién parida, seguro le dolió. Finalmente, levanté la comida, terminé de encontrar el aire que había perdido y llegué donde estaban papá y sus amigos muertos de risa.

—¡Hasta la levantaste de unas patadas, por eso huyó! —me consoló mi padre.

La hermana de uno de los muchachos dijo:

—Sí, la pateó, pero lo que pasó es que bramó su becerrito y ella fue a buscarlo para protegerlo. ¡Tenía razón!

Pero jamás negaré que, a pesar del miedo, me enfrenté a un montón de vacas. ¡Quedé todo magullado y con un raspón en el lado izquierdo de la frente! Esa misma vaca corneó a varios primos, y a una prima le hizo serias cortadas con las pezuñas, pero no la hicieron caldo: era suiza, daba bastante leche y paría frecuente.

Todos se carcajeaban de lo lindo, pero lo que más les interesaba eran las viandas. Eso de doblar la milpa era una tortura: tiene en la planta unos minipelos o espinitas, aguates les llaman, y el polvo. Eso era como traer picapica en todo el cuerpo, ni tres bañadas lo quitaban. Aparte después de terminar la doblada nos tocaba encerrar a los becerros. Me ayudaba Blanco acelerando el proceso, ya que las mordía, la manada completa corría y, una vez en el corral, solo nos cuidábamos de que no nos cornearan las ariscas y asegurarnos de amarrar el becerro de tal manera que pudiera acostarse, no se enredara, no se ahorcara y alcanzara a mamar a través del alambrado.

La vaca que me corneó por la mañana nos correteó y mi amigo que se creía karateka saltó limpio los tres alambres de púas, como tigre; y yo, como un clavadista, me lancé entre el primer y segundo alambre sin un rasguño. La niña corrió al lado contrario que nosotros. Ni caso le hizo la vaca.

Después regresamos a Nicolás Bravo I para luego ir a bañarnos todos a la poza. ¡Lo teníamos ganado!

Había un burro en el ejido, semental, lo utilizaban para producir mulas y machos (mula masculino), por lo mismo, con quien más peleaba era con los caballos líderes, incluido Blanco.

La anécdota de la mordida de burro y no tuve que volverme burromán. Otro punto para no ser ranchero

Por alguna razón o circunstancia, en las puertas de alambre de púas o en los ranchos ese tramo exacto se hace un pantano, creo que es universal. Y si, aparte, la puerta está en un pantanal, se vuelve infinitamente enorme. En un día de cosecha de maíz, cargaron a Blanco con dos costales pergaminos de mazorcas, me sentaron en el fuste, y tenía que llevarlos a la casa y regresar por otra carga. No contaba con que en el potrero que descansaba estaba el burro semental enemigo jurado de Blanco. Abrí la puerta desde arriba del caballo y cayó dejando apenas espacio para bambolear a Blanco en el barro y me balanceaba también. De repente, escuché un galope, un rebuzno de pelea, y Blanco intentó apresurarse para salir del pantano. El burro entró al pantano, tiró una mordida directa al pescuezo, y se pararon en sus patas traseras; con lo cual, yo me agarré de la cabeza del fuste y me paré en la cuerda de amarre posterior, el burro cargó y Blanco quedó sentando en su pata trasera derecha desbalanceado por los pesados costales. De nuevo ataca el burro, atrapándome la pierna —gracias al cielo traía pantalón de mezclilla—, así que con el otro pie le di una patada en la trompa para que me soltara, al mismo tiempo que gritaba auxilio a todo pulmón y llanto, ya que Blanco, con doscientos kilos aumentados por la humedad del agua y lodo, llevaba las de perder. Al final, con la reata de la rienda le pegué en la cabeza al burro. En ese momento, llegaron corriendo mi papá y uno de sus amigos, desataron los costales, me apartaron de la pelea, jalaron al burro a un llano seco y macizo y llevaron a Blanco. «¡Ahora sí, peleen como hombres, traidor!».

El burro quedó en varias partes con cuero arrancado; Blanco, con un desgarro en el cuello, obtenido cuando estaba tirado indefenso, y otro desgarro en la nalga, y el burro prefirió retirarse para luchar otro día con más calma. Cuando acabó la pelea oyeron que lloraba y preguntaron por qué:

—¡Pues me mordió el burro la pierna izquierda!

—Solo son raspones, hijo, te salvó el trapo del pantalón que es doble. Te va a doler unos días por el magullón. Ve por el caballo.

Así cholenco y todo, fui por él, regresamos, lo ensillaron otra vez y volvieron a cargarlo y me subieron otra vez. Así, chiquillo como estaba, podía descargar los costales sin lastimar a mi caballo.

—Cuando regreses, acuérdate, anda suelto el burro —me dijeron. De lejos mi demonio enemigo imaginario reía, solo sardónico; y el bueno seguro dormía, se levantó a las cuatro de la mañana.

¡Cómo odié a ese burro malnacido!

Cómo se rieron cuando volvimos a la escuela con lo de Burromán, decían que no necesitaba la mordida, que ya de por sí era burro, que lo orejón era porque tenía la cabeza chiquita. Me salió lo guarro y les dije dónde me tenían que buscar el superpoder. Pero es mentira. Soy normal.

Me acordé de uno de los medieros de mi papá: Jesús Salto Villa, que tenía un tractor Massey Ferguson en color azul celeste. Bueno, no solo sembraban a medias, eran amigos, también mi amigo, su tractor dejaba la tierra como si fuera una playa para caminar sin fin para Blanco.

Con Blanco cabalgábamos por libertad, cabalgaba por comida, era fiel y prefería correr a penquear. Para penquear, el Pipa. Ese va en otro de los libros encontrados, en *El libro de los libros.*

Me pregunto ¿por qué mi papá, a pesar de que lloró al dejarlo, se lo regaló a su amigo Ventura? ¿Por qué los caballos expresan sentimientos y lloran, juegan y cooperan? ¿Por qué dan paz? ¿Por qué son animales de trabajo y servicio y no mascotas? Si hubiera caminado, arado y trotado y cabalgado en línea recta uniendo lo que convivimos, hubiese dado dos vueltas a la luna y quedado de cabeza. ¡Aún no sé cómo o cuál fue su destino! ¿Qué habrá sido de él? ¿Estará en el cielo de los caballos? Pero, sí, ¡qué bonita es la vida! Lo que viví junto a él no lo cambio por nada. Me acuerdo una vez que le estaba haciendo travesuras, estaba amarrado, pero yo sabía hasta dónde podía llegar su soga, le aventaba piedritas y corría a atacarme, mientras lo miraba sonriendo. Y volvía a aventarle piedritas cuando estaba distraído. Pero a mí se me olvidó que lo había estado moliendo, y cuando estuve a tiro, me dio una patada en la nalga que volé por allá, no me podía ni parar del dolor, ya que pude pararme, se acercó a olerme, como diciendo: «¡Ya párale, estamos a mano!».

Como don Chucho tenía su tractor, seguido lo empleaban. Cuando iba a iniciar una temporada e iba al mismo rumbo que yo iba, le pedía aventón, era divertido, traqueteaba mucho, y también cuando andaba arando y rastreando para que mi papá comenzara, me llevaba de su perico particular, y que se pierde. En una ocasión, ya no volvió, lo asesinó a machetazos un hombre por dispararle a su perro, que lo había mordido. Fue en una cantina; el primer machetazo le cortó el brazo armado, el segundo machetazo, al cuello y a sus amigos los hirieron gravemente. Con su hijo nos peleábamos a los vaqueros con las resorteras, hasta que una guayaba verde del impacto le cortó dos centímetros de frente. Cuando volvimos a migrar los dejé de ver.

En esos días, el cansancio era tanto que en ocasiones no se soñaba, era raro recordar lo soñado. En una de esas, cuando desperté y recordé haber soñado que Dios me había imaginado, que su imaginación es eterna, entendí que había ganado la eternidad. Entonces me levanté con esperanza. ¡Qué imaginación!

El maldoso de mi enemigo imaginario seguro le decía cosas malas a Tony porque cuando montaba a Blanco, se ponía unos espolones de madera entre el pie y el huarache y cortaba una rama de guayabo. Quería hacer correr al caballo a toda velocidad los doscientos metros de ancho de la parcela y golpeaba con la siniestra de derecha a izquierda en abanico zumbando de lo fuerte y espoleando con sus pinchos.

—¡No lo hagas, Tony, te va a tumbar! Para correr, con que se lo pidas, basta —le suplicaba.

Pero, el malo, con su cara frente a él, como un espejo:

—¡Vamos, tú puedes hacerlo, como el viento!

¡Y sí, lo tumbó!

A medio trecho del rancho, frenó en seco con las cuatro patas, como cuando se derrapa en el jaripeo, salió volando hacia adelante cual pájaro.

Cayó de cabeza en unas ramas y cuando se levantó berreando como saraguato espantado, su doble desesperado y yo corrimos para apretarle un corte en el cuero cabelludo, pues sangraba mucho y estaba adolorido. Llorando y con coraje me dijo:

—¡Me tumbó a propósito!

—¡Te lo merecías! —le dije—.

Además, corre más rápido con la rienda suelta, le sangraste los ijares y la boca, cualquier caballo te hubiera tumbado.

—¡Me las va a pagar! —expresó.

Fui a buscar al caballo para desensillarlo, quitarle el freno y la reata para que se fuera con sus yeguas. Los becerros ya estaban en el corral, las vacas pastaban y un santo Cristo Redentor martirizado llevaba mi playera ensangrentada en la cabeza, el orgullo en el suelo y el coraje en todo lo alto.

Ya llevaba una silla de montar al hombro, y un rencor contra el malo. ¿Y mi amigo imaginario, dónde quedó el dolor? ¿Y el amigo bueno para defendernos? Hoy no vino, se quedó con Comino.

Lo tiró varias veces, solo otra ocasión le sangró la cabeza. Pero nunca se llevaron bien. Creo que Blanco percibía su lado oscuro caminando libre. ¡Creo que su nivel de maldad también lo inventé yo!

Mi enemigo imaginario con sus profundos ojos oscuros planea hacerme maldades hasta haciendo el bien. Los veranos llegan personas de un lugar llamado Tres Picos, con muchachos y muchachas a impartir el curso de verano evangélico, más conocida como la Escuelita Bíblica de Vacaciones.

Me armé de valor y le pedí prestado a Blanco a mi papá para ir al dichoso curso, pero solo me dio permiso para tres días: «me lo traes pasado mañana». Ese verano el que más textos bíblicos aprendiera ganaría La armadura de la Salvación. ¡Siempre jugando con la esperanza! Llevaba la Biblia de mi papá y me dijo el truco:

—Busca textos cortos, fáciles de leer y aprender como: «¡Y Jesús lloró!» o «¡Judas temió!».

Resultaba más difícil memorizar las citas que el texto. Esos primeros tres días arrasé con la puntuación, tenía el yelmo, la espada y el escudo, tres piezas más y lograba mi traje completo. Los primos me convencieron de que me quedara y a Tony que mandaron a traerme, con todo y caballo, también lo convencieron. Blanco se la pasó comiendo zacatón a orillas de la vía del tren. Un pasto que para un caballo debe ser muy sabroso, a mí no me lo parecía.

Creo que mis primos, azuzados por mi enemigo imaginario, lo tramaron de mala fe, un doble juego trampa. El famoso traje armadura de la salvación era una pegatina de un caballero armado hasta los dientes. Y para mi desgracia se las dieron a todos. La angustia me atenazaba el cuello desde el miércoles y Tony decía: «si nos van a pegar, que nos peguen con ganas». Y el sábado llegaba. ¡Gané un librito con el pasaje de *La Carta a los Efesios* del vendedor más grande de esperanza del mundo! ¡Libritillo hecho con hojas de colores puros! «Terminen su día —nos dijo un tío—, su papá les manda decir que si antes del domingo no tiene su caballo en sus manos, se atengan a las consecuencias». Miraba mi librito y mi caballero armado hasta los dientes y preguntaba: «¿valió la pena?». No lo creo, el verano trató de protegerse del pecado, y desobedecimos a nuestro padre, no solo una, sino varias veces. Y él decía que en realidad ese era el pecado original, recuerda *La Rebelión*. Y le obedecimos a terminar el sábado hasta la noche.

Pero después de cenar le contamos a la familia el ultimátum y ya estábamos ensillando el caballo. Empezaron a contarnos del Jinete sin cabeza que salía en el puente del arroyo camino a Nicolás Bravo I y de La llorona. Aun así, yo en el anca y Tony en la silla, lo empezó a maltratar y lo llevó por las vías del tren, dura, con piedras sueltas y fierros, y ya en la terracería lo azuzó a correr.

—Agárrate, que el diablo sale a medianoche y nos quieren antes del domingo, si llegamos antes de medianoche, a lo mejor libramos el castigo.

¡Nos zumbaba el pelo literalmente! Todos los monstruos, demonios de oscuridad y ruidos siniestros nos perseguían de cerca. Pero en el fondo, en el fondo le tenía más temor a mi papá. Lo había visto colgar un becerro en los cuernos de una vaca de ordeña, lo había visto cargar un pergamino de cien kilos cargando de maíz al burro y al caballo, y tumbar a las vaquillas de los cuernos.

Nos dieron la bienvenida efusivamente, mi mamá nos abrazó no muy efusiva.

—Desensillen el caballo, llévenlo a donde coma suficiente pasto —nos dijo— y se me van a dormir. Mañana temprano hablamos.

¡Y me dio más miedo! Pero a Tony lo puso alegre. Yo le llevé mi librito de hojas de colores y su Biblia y el caballero a mi papá, en la luz del candil de petróleo, y dijo sereno:

—¿Con cuál ganaste?

—¡Y Judas temió! —contesté. Sonrió y dijo:

—¡Escuchaste la técnica! Y además es un chiste.

¡Más miedo me dio!

Temprano, esto es, después de la ordeña. A la hora del desayuno se buscó su Biblia y se puso a leer proverbios en voz alta, todos dirigidos a la nuca de ambos dos, entre los que recuerdo es este: «¡La vara y la corrección dan sabiduría!, quien detiene el castigo a su hijo aborrece», en voz cada vez más alta y sonaba con más coraje. Luego de la lectura bíblica, bendijo los alimentos, y mientras comía hablaba fuerte y pausado de los beneficios de sus caballos:

—El caballo es una herramienta de trabajo, para traer leña, maíz, para llevarme. Te lo di para tres días, hijo, ¿qué te mereces?

—Un castigo ejemplar —contesté casi llorando.

—¿Y tú? —Se dirigió a Tony.

—¡Lo mismo que él! —contestó con cara retadora.

—Bien, vayan y traigan una vara con la que los voy a castigar.

Tony me llevó a un tapaculo o caulote, también conocido como tapaculo, un árbol de madera frágil, y la rama que a mí me dio tenía hasta hojas. Las presentamos y las tomó, se golpeó con las dos en el muslo y se rompieron en varios pedazos y no utilizó mucha fuerza.

—Como escogieron algo no adecuado para castigar, yo buscaré una vara que Dios apruebe.

Lo vi alejarse lejos con su machete de cacha blanca para cortar su vara en un guayabo, la desramó y la dejó como de un metro, y caminando despacio ya cerca de nosotros, me agarró de la mano izquierda y alzó su vara con la mano derecha. Oí un zumbido y una descarga de dolor liberó mi esfínter vesical, y me impulsó a una velocidad más rápida que el hombre más rápido del mundo. Berreando alcancé a detenerme del impulso como a un kilómetro, a lamer mi herida, todo el surco por donde había pegado la vara parecía un tatuaje en tres dimensiones de la vara por lo hinchado, además de salirme brotes de sangre en algunas partes. Entonces, me hice cura de chango, me eché saliva. Unos segundos después me rebasó Tony, le habían alcanzado a dar dos varazos, también se había orinado en los pantalones del dolor. A partir de ahí busco las mejores ramas de guayabo, eso sí, más delgaditas, cuando sé que me he portado bien mal.

Tony la probaba más seguido porque mi lado oscuro hacía travesuras que parecían tal cual la apariencia y la oportunidad que lo agarraban con las manos en la masa. ¡Todavía no sé si se dio cuenta alguna vez de ese hecho! Nunca lo olvidé, me volví más obediente. Tony también, pero más retador y se ganó algunos varazos. A mí me pareció una manera muy ruda para enseñar.

La clase más terrible sobre obediencia también nos tocó como en un cuento de Bruno Traven, en un cuento de canastitas de cuentos mexicanos. A Comino, mi perro, una de las mascotas de la casa, le dio por jugar con las gallinas, las tomaba del pescuezo y las zarandeaba, dejándolas todas totorecas. En una segunda ocasión, mi papá lo llamó: «Comino —viéndolo a los ojos—, cuando te vea maltratar a otro animal del rancho, ¡te voy a matar! Unos días después mientras retozaba, se le atravesó el gallo y le dio una santa revolquiza, con su pescuezo en la boca y oscilándolo de acá para allá. Corrí para que no lo maltratara más, pero el gallo quedó como moco de guajolote, tendido.

Apareció por la puerta con el rifle 22, y dijo: «¡Comino, ven!». Se acercó el perro y se vieron a los ojos, le apuntó en la frente, ¡y disparó! «¡Se lo ganó por desobediente! ¡Que conste que te lo advertí!». Al principio tembló parado en sus cuatro patas, luego cayó muerto de lado. «Al terminar de morir, toma una reata y llévalo a donde puedan comérselo los zopilotes». Eso nos volvió más obedientes a todos los que vieron el acto.

Aunque a él pareció no importarle, busqué una reata, lo amarré del pescuezo, lloré, lloré y lloré, hasta dejarlo como a tres kilómetros, para botana de zopilotes.

No pude sentarme a llorar a mi muerto. Desde entonces trato de no encariñarme con ningún animal porque lloro con profusión.

¿Son las abuelitas inmortales?

En Nicolás Bravo I no había iglesia y qué bueno... Pero en Sesecapa sí, ya vivieron una pruebita, era la Iglesia bautista Emaús. A pocos pasos del rancho de la bisabuela mamá de mi abuelo Solomon. Ella no sé qué cara me vio, pero se le antojó enseñarme a coser servilletas con punto de cruz y punto de relleno. Y aparte de enseñarme a coser me hablaba del mundo infinito de las letras.

Todo el mundo va a misa el domingo, nosotros íbamos al culto, es la misma puerca marrana pero revolcada.

Más que centro religioso, parecía más un sitio social, se concertaban noviazgos y bodas, presentaban bebés y hacían comidas. Lo que me gustaba era que el domingo de iglesia para mí era una clase más de punto de cruz que de relleno y de oración. Además de saber que el secreto del punto de cruz perfecto era de que por atrás de la servilleta quedaran rayas paralelas e iniciar la cruces con diagonales y con diagonales regresar cerrando equis —que es eso en realidad el punto de cruz—, me daba fruta, galletas y panes, y lo mejor, me saltaba la Escuela Bíblica Dominical, una tortura peor que oír clases de sánscrito antiguo.

Le gustaba leerme cuentos y fragmentos de novelas. Me acuerdo de este que escribió un pariente de su esposo:

La ventana de los recuerdos

Sucedió un jueves, en una semana tranquila del verano, en un día común. Valeria, una chica olvidadiza, salió de su hogar hacia un lugar que ya había olvidado. En ocasiones reflexionaba en silencio de sus olvidos con tanta vehemencia que se perdía en un mar de incógnitas de todos los días.

—¿Qué fregados me pasa? —se decía.

Al llegar al mercado compró una fruta fresca.

—¡Me da de esa! —dijo. Y la comió con gusto, pero no supo el nombre del sabor.

Caminó con calma, miró rostros diferentes, pero notó que en realidad nadie la miraba. Con sensación de soledad extrema, decidió regresar a su casa, desandando el camino, que era fácil.

—¿Seguiré siendo Valeria? —Llegó a su cerebro tan claro como el agua.

Una preocupación suave comenzó a invadirla cuando en las ventanas y vitrales del camino observó su reflejo diferente, solo una silueta oscura, sabía bien que era ella.

—¡Oh, Dios! —dijo, restregándose los ojos.

Al llegar a la puerta, buscó en sus bolsillos algo con que abrir. No lo encontró, así que caminó a la ventana que recordaba que siempre permanecía abierta, pero estaba cerrada. En el fondo, sobre un mueble de madera rústica, se encontraban sus llaves cubiertas de polvo de varios días, y flotando en los rincones podía mirar con toda claridad sus cosas favoritas. Todas las partes de su cuerpo que no miraba en los reflejos estaban encerradas aquí, tras esta ventana silenciosa. Al estirar la mano intentando atrapar sus recuerdos, no encontró más que viento estancado. Retrocedió trémula, y sobre el quicio de la puerta miró una respuesta de todo olvido: un moño de difunto, con huellas de tiempo. Una paradoja de los sentidos le ocurrió entonces, un rosario de tumbas se miraba desde la ventana.—¡Ahora sé dónde se encuentran mis recuerdos! —enmudeció.

Ocasionalmente, en los días comunes, cuenta mi abuela que alguno te puede pedir cosas sin nombre, o platicar contigo sin que los notes, dice: «¡a ese seguramente se le olvidó su muerte!»

Contaba y leía cuentos de miedo y suspenso.

Pero se murió, de muerte natural, dormida en su cama, soñando con el amanecer. Y no me llevaron ni a su velorio ni a su entierro, para que no oliera los miasmas ni se me pegara el frío del muerto.

Al noveno día me llevaba mi tía Nicol, hermana de Solomon, en un caballón alto del tío Hermilo. Y le dije:

—¡Cuando yo crezca, voy a ser un gran doctor, porque si un buen doctor la hubiese curado, mi abuelita estaría viva!

—Sueñas alto, hijo, pero sueña, ¡atrévete a volar!

Ni bien lo terminó de decir, en un saltito que dio, se reventó la cincha y, cabalgando sobre la silla, volé como tres metros. Recuerdo que caí perfectamente sentado en la silla, pero el cabezal me golpeó la panza y el pecho, me revolqué buscando aire para llorar a llanto tendido. Al instante, nos alcanzaron otros parientes, repararon la cincha y arriba otra vez mijo, eso es lo que quita el susto.

Muchos años después, ya muy viejita nos encontramos de frente y me abrazó, de cumplido solo dijo: «¡Lo lograste, mijo!».Hice muchas servilletas de punto de cruz, menos de relleno, aprendí a copiar en una tela llamada cuadrillé punto de cruz de revista de catálogo, me sirvió para suturar pacientes con estilo.

El episodio de Tarzán de los monos

En la costa crece un árbol grande llamado papaturro en la orilla de los zanjones que da una fruta en racimos con hueso o semilla como de nanche, pero la pulpa es entre rosa y blanco y atrae a muchas aves a comerlas, y por supuesto, humanos. Tiende a caerse con los vientos llamados nortes y surestes, y en esa posición genera ramas a lo largo de su tronco de hasta seis o siete metros. Sus hojas son anchas, redondas del tamaño de una tortilla y más grandes, o depende de la tortilla, y crecen en distancias de uno, dos y tres metros de separación y de cinco a siete metros de altas. Con el poco peso en nuestros cuerpos y la fuerza en las piernas las podíamos subir al estilo saraguato o mono araña, sin arrancar las hojas, pero ya en la punta la inclinábamos hacia otra rama o más alta o de igual altura y jugábamos a los quemados, en ese corretear de rama en rama, y a Tarzán de los monos, cumpliendo aventuras inspiradas en las tres únicas radios del ejido que había. Transmitían a *Tarzán de los monos* —aventuras de un humano educado por simios que se desplazaba por la jungla—, Tres patines, también a *Kalimán, El hombre increíble*, y sus increíbles aventuras, por lo increíbles creo daban ganas de escucharlas. A lo único que no recurrimos fue a lanzarnos mierda, como lo hacen ya enojados los monos. Aunque sí hacíamos nuestras necesidades a la altura de la rama donde se nos antojara, sin pudor, a la vista de la primada y amigos que estuvieran en el juego.

Tenía la habilidad de trepar hasta en otros árboles utilizando las ramas de papaturro y hacer mi nido tipo orangután en el muérdago local, que es una planta parásita de la que sacábamos pegamento de sus semillas para nuestras tareas escolares. A este árbol los campesinos no lo mataban, porque tendía a crecer en las orillas de cauces de agua, da sombra, da varas largas, y no estorba, además servía como punto de pesca. En la temporada de las aguas, no los frecuentábamos porque eran refugio de hormigas, arañas y toda clase de bichos, hasta de reptiles no gratos.

No existían los aparatos actuales de grabar vídeo, sino verían qué monadas. Este tramo del relato, lo plasmo para mencionar que hay cierta edad en que las partes sexuales y las ocultas sí dan curiosidad, pero no morbo.

Y lo otro es que, a pesar del trabajo, había diversión. Y que la media hora del recreo nos alcanzaba para bastante.

En el tiempo de aguas, cuando alguno defecaba era para ver hervir el agua con la lucha de las sardinas, pupos, mojarras y bagres por un trozo de popó.

El hombre del llanto triste

El evento del primer muerto en mi vida.

Como les conté mis padres pusieron una tienda rural, y por lo regular, ellos en fin de semana iban a surtirla a Mapastepec, pero en una ocasión, por motivos desconocidos, decidió llevarme a mí.

Con Blanco ensillado con la montura de papá, mi mamá decidió irse caminando. Como a mitad del camino, al pasar el puente del arroyo de fama de sustos y fantasmas y el diablo de medianoche, el caballo se puso retobado y rejego, no quería avanzar. Hasta había un caballo ensillado de buen porte al otro lado de la alambrada cerca a la orilla del camino, y ya que mi mamá se acercó más, el caballo también tomó el valor de avanzar: «¡Es un muerto, hijo!, ¡es un muerto!», dijo mi mamá.

Me acerqué, vestía de vaquero, con una camisa roja a cuadros azules, tenía heridas de balazos a la altura del corazón, a media frente, y otros dos por abajito de los ojos. ¡Parecía estar llorando sangre! «¡Una mano quedó enganchada en el último alambre! ¡Ese seguro era su caballo!», habló mamá. Y guisa de corrido de rancho, ese amigo ese día no andaba de suerte, de los cuatro tiros que le dieron ¡los cuatro eran de muerte!

Continuamos hacia Sesecapa platicando: «¿Cuál sería el motivo de la muerte?». «¡La puntería del matón, al corazón, al cerebro y a los ojos!». «¡Podía estar muy enojado!». «¿Quién habrá podido ser?». «¿Cuánto tiempo habrá estado tirado?».

En Sesecapa pasamos a informar del cadáver. Y continuamos nuestras actividades.

Ya de regreso, no estaba ni el cadáver ni el caballo con montura. Mi mamá me dejó con el caballo y ella con la mercancía. Me dio lástima un fuete bonito que estaba tirado entre el caballo y el muerto.

Nunca supimos ni quién era el muerto, ni quién lo mató y creo que ni las autoridades. El mayordomo no fue porque no hay en los ranchos.

La radio daba noticias de estos casos, pero tampoco averiguaron. «¡Seguro es un caso sin resolver en una caja polvosa en un ministerio público chico, de Mapastepec!».

En el rancho se llora a los muertos, y ya.

Si les hacen su novenario, o los cuarenta días. ¡Luego, la vida sigue!

Por ese evento, soñé una batalla y fui derrotado. No pude sentarme a llorar mis muertos. Lloro con el ojo izquierdo, a medio dolor.

El capítulo de los robachicos

Había tres radios y un televisor en todo Nicolás Bravo I, y una radio estaba en casa de los antiguos con AM, FM y alta frecuencia. De día era para las noticias y las radionovelas y de noche lo utilizaba papá para buscar programas internacionales en radio Cuba, radio Italia, en el fondo creo que por eso en ocasiones contaba cuentos de Andersen o de los Hermanos Grimm con una soltura de cuentacuentos profesional. Ya de grande, leyendo a Hans Christian Andersen, *Fairy Tales*, encontré una historia que cuadraba perfecto con una que había contado en la sobremesa en una fogata de la comida en la milpa. Otro antecedente puede ser el bisabuelo militar y pastor protestante, ellos leen mucho para preparar sus sermones, aunque no le haya enseñado a leer o le contaba o le leía historias de sus libros viejos. «¡Que eran pocos pero que tenían sustancia!», decía él. La que más cuidaba era una, su Holy Bible de papel arroz. Pero ando divagando. Estábamos con «¡lo oí en la radio!». Andaba de moda que estaban desapareciendo niños en las comunidades, que había robachicos, ¡que cuidaran a sus niños! Ya se rumoreaba de una camioneta blanca. ¡Que era por la trata de personas! ¡Que vendían sus órganos! ¡Que ya los habían encontrado sin córneas, corazón, pulmones, hígado y sin genitales! En cada boletín le aumentaban: ¡Que ya encontraron unos deditos en unos tamales! Ni *Kalimán*, *Águila Solitaria* y las radionovelas juntaban tanta gente para chismear que las noticias.

Y como les conté, habían puesto una tienda y nos mandaron a hacer un pedido a Tony y a mí, a Sesecapa.

Son tan solo siete kilómetros de camino y a paso normal nos llevaba una hora el trayecto, pero con las noticias cargadas de miedo, íbamos haciendo escaramuzas para no ser atrapados. Venía gente a caballo y nos metíamos al potrero, a escondernos hasta que pasaran. Y volvíamos al camino. El colmo fue cuando vimos una camioneta blanca a lo lejos; casi zurrados del susto cruzamos el alambrado, pero el colmo del colmo, del susto, fue cuando se detuvieron a la altura de donde cruzamos el alambre. A velocidad del rayo nos subimos en un árbol, Tony gritó: «¡Ya nos destazaron!». Cuando escuchamos: «¿No se van, ya falta poco? Vamos despacio, tenemos tiempo». Bajamos aturrullados.

Y seguimos a pie, pero ya con menos miedo, cuando menos, ya no corríamos al ver un adulto. Pero de esa aventura no contamos nada a nadie.

¡Se hacen chiquitos los coyolitos con tanto miedo infundido por un medio masivo!

Eran tiempos cuando el tuca Ferreti metía poderosísimos golazos. Ahora está viejo cascarrabias y dicen que es un gran entrenador.

Del episodio del viaje en tren a Mapastepec

Desde que llegamos a acampar al patio de la tía Suny, a menos de cien metros pasaba la vía del tren: dos rectas de metal que en el horizonte parecían unirse en ambas direcciones. Por ahí pasaban largos trenes desde ocho hasta veinte vagones, y de una a tres locomotoras. A este tren le decían el Pollero y yo entendí que era porque mataba pollos; ahora entiendo que era porque transportaba mucho extranjero para el norte, lo veía pasar cargado de plátano, de madera, a veces llevaba puros contenedores. El de pasajeros, cuyo último vagón era amarillo, era el más interesante; me contaron que era el del personal del tren. Yo no llegaba a comprender cómo podían ir para un lado y para el otro sin chocar, en una sola vía, hasta que me explicaron que en todas las estaciones hay dos vías, y que un personaje llamado guardagujas se encarga de que no choquen. Además, en zonas de carga hay hasta diez vías para maniobrar, pero eso es anécdota de cuento, también tenían puntos especiales para obtener agua, combustible y madera. Y había unos minicarros con una palanca de sube y baja, con la que lo hacían avanzar o retroceder; les decían armón y había los de simple tablas hasta unos de motor amarillo tipo Hummer.

Llegó un día en el que tanta humedad, andar descalzo y la misma costa me enfermó, me salieron costras en la piel polvorientas como mazapán, rebordes con escamas, manchas blancas en la cara, los talones los tenía cuarteados y pancita de niño caguamero. Me estaba empezando a poner triste ya y todo, y aunque la lógica diría que me estaba volviendo pez, en realidad estaba enfermo. Mi mamá me llevó en tren al doctor a la ciudad de Mapastepec. ¡Cuánto carro había! Pero me llamó la atención que en los pasillos iban gallinas, guajolotes, puerquitos, cotorros, loros, pericos, iguanas y pasaban para allá y para acá unas señoras enaguonas, que llamaban juchas, vendiendo pan, atole y tamales, totopo, queso, camarones, pescado fresco, seco y asado, y yo sin hambre ¡qué pecado!

Ya en la ciudad caminamos hasta llegar con el galeno, que atendió dos o tres consultas antes que a mí. Entonces palpó mi abdomen, auscultó, vio las lesiones, puso unas escamas de mis costras en el microscopio —muy raro que tengamos eso ahora, pues se dividieron los quehaceres de la práctica médica—, entre dos laminitas de vidrio puso la escama con una gota de un mejunje con potasio y habló de hifas ramificadas y de esporas. Me mandó un desparasitante, además debíamos de ir a una botica que parecía la cueva del diablo por como olía por unos sobres de azufre. Sí, de ese que dicen que es el perfume del diablo, que me lo debía dar en leche y una medicina guatemalteca con vitaminas y hierro.

En unos días, cagué lombriz como espagueti y se me quitó lo panzón y las costras, pero lo que más me gustó del viaje al médico fue el ruido de las ruedas de metal contra metal, el ruido de los durmientes en su cama de grava y la vía, que son líneas de metal de acero. Desde el centro, enfrente empataban dos, intercaladas, se llevaban medio riel, y la llanta de metal o rueda tenía un borde sobresaliente interno que le servía como muesca de guía. Además, en cada unión se oía el ruido del apretón de las puntas de los rieles y el rebote al soltarse; esa posición de los rieles hace que el tren lleve un bailecito tranquilo y contento que invita a leer. Ahora le creo a Gabriel García Márquez del tren que se llevó cientos de cadáveres de las compañías bananeras. Y las películas de Pancho Villa, una creo del Tren de Troya.

Del episodio de la caída del árbol de cuiles

Le dicen cuil al árbol en la zona, aunque en otros lados los llaman jinicuiles, y frutecen en unas vainas verdes de hasta treinta centímetros, que están rellenas de unas semillas verdes recubiertas de una pulpa blanca algodonada muy dulce y rica. Había unos árboles enormes de hasta veinte metros.

A finales del verano maduraba la fruta (en algunos lugares la llamaban vaina) y era una aventura el ir con los primos y las primas a cortarlas, ¡qué recuerdos tan deliciosos en muchos aspectos!Como les cuento, los genes que dice Darwin que tengo de chango funcionan de maravilla. A veces el tronco era muy ancho y las primeras ramonas muy altas, pero me las ingeniaba, ya fuese con árboles vecinos, subir e inclinar mi peso hacia alguna rama o bien pararme sobre el caballo, y agarrarme de la parte distal de las ramas más bajas; ya de ahí no había quien me detuviera. Las mejores vainas estaban en las alturas ¡y allá va el chango! Más lo hacía para apantallar a las primas que por el fruto.

Ese día fatal subí hasta la cima del mundo, cortaba varias vainas o cuiles (jinicuiles) y me comía una. En la parte más distal de la rama, ya de por sí muy delgada, estaban unas hermosas vainas, y al ir a por ellas me doy cuenta de que hay un panal grande de avispas ahorcadoras. Del susto, se rompió la rama, y al mismo tiempo me clavó el aguijón una atrás del cuello cerca del omóplato izquierdo, así que comencé a caer al mismo tiempo que la rama rota y el panal. Y aunque intentaba agarrarme de la fronda de una rama y rebotaba a la fronda de otra rama, y luego a otra rama, y así de rama en rama, veía que mis primos y amigos, en lugar de ver que estaba en peligro, huían despavoridos de las ahorcadoras como alma que lleva al diablo. Unos tres o cuatro rebotes más, caí como una iguana en el tronco de una rama horizontal y a cuatro metros del piso boca abajo; me golpeé desde el hombro derecho hasta los güevos con tal fuerza que se me fue la luz, pero abracé la rama con brazos y piernas, y lloré y lloré en silencio porque me iba a morir solito. Me deslicé por la rama lo más lejos que pude en reversa, me descolgué para aminorar mi distancia del piso, salté y rodé por el suelo, para que las avispas no me consideraran su objetivo. Acabé con un dolor increíblemente fuerte, sentía como si el fuego me quemara en el cuello, los bajos y la panza. Tomé mi morraleta y, llorando aún, levanté las vainas más bonitas. Después, esperé sentado a que las avispas se controlaran y volvieran mis hermanos, primos y amigos.

Les pedí que no contaran lo que había pasado, porque si no ya no nos dejarían salir a otra aventura, o se enterarían de lo cobardes que habían sido dejándome solo. Me revisaron una bola de la hinchazón atrás del cuello. «¡Si te pica unos centímetros más adelante... te mueres!». Dos veces libré a la pelona ese día.

El consuelo que me queda es que más de uno se empachó tragando tanta pulpa.

Las avispas ahorcadoras son muy peligrosas, no le lancen piedra a su panal, y si las alborotan, corran por su vida, creo que el dolor debe ser semejante a las hormigas fuego.

Del episodio de la iniciación a la hombría sin testigos y sin gloria

Cuando los caballos andan sueltos pastan en manada, es muy raro verlos solitarios. ¿A quién mandaban a por el caballo? Al Jim. Para que Blanco se mantuviera guapo y rozagante, le dábamos diario maíz en una morraleta, colgada tras sus orejas y metida como funda en su trompa. Siempre se lo acababa, no sé cómo le hacía para alcanzar los últimos gramos de las esquinas. Mientras comía el maíz hacía un sonido vibrante como chichina o maraca de granos de maíz, muy leve, esto lo explico porque participa en la aventura. Un caballo garañón como el mío rodea a sus yeguas y a otros caballos para mantenerlos juntos y defenderse en grupo de los depredadores, y así huir juntos de los hombres que los quieran lazar. Tenía el truco de que cuando andaba de jefe de la manada, me acercaba, previamente había cortado una liana de zacate estrella —que predominaba en todos los potreros— y me la ponía en el cuello. Los caballos son curiosos, y más si te acercas de espaldas, pues ellos se acercan para oler tu miedo o adivinar tu intención, así que se me arrimaba como hasta cinco metros y ya que estaba al alcance de mi voz, imitaba el ruido del maíz dentro de la morraleta casi llena de maíz, entonces se acercaba más, tratando de mirar por encima de mi hombro. Y en cuanto sentía sus belfos en mis hombros me volteaba y lo abrazaba del cuello rodeándolo con el zacate estrella y le decía: «¡Caíste!».

Le hacía un bozal con el zacate estrella y le decía: «vamos a buscar tu maíz real».

En una ocasión, estaba completamente del otro lado de la manada, me arrimé a una yegua mansa y me subí con mucho esfuerzo. Pero me paré en sus paletas y, sin pensarlo, empecé a correr sobre los lomos de los caballos hasta que salté sobre Blanco y le dije también: «¡Caíste!».

Nadie lo vio, nadie lo filmó, corrí peligro de muerte tan solo por la adrenalina y llevar a Blanco a casa.

Me recordó a la Ceremonia Hammer del rito de iniciación a la hombría en Etiopía.

Pero era solo un niño. Le conté a los cuates y solo se rieron.

De cuando se oía en la radio la eminente erupción del volcán Chichonal: su erupción y la caída de ceniza

Era una temporada de lluvias, me acuerdo muy bien, porque al levantarme y poner mis pies en el suelo me llegó el agua más arriba del tobillo. Solo saqué el pene y me oriné, y pude ver que el agua corría hacia el sur. Cuando llegué a la cocina, en el noticiario de la radio hablaban del volcán Chichonal, su posible erupción, de la destrucción que va dejando la nube piroclástica, de hasta dónde llegaría la ceniza esparcida, la cual iba tapar al sol, y que el vulcanismo es otra teoría de la desaparición de los dinosaurios.

En la noche, ya todos en la cama, le pregunto a papá:

—¿Dónde queda el volcán Chichonal?

—Está aquí cerquita, por la frontera con Guatemala.

Tal era el miedo que tenía de morir rostizado por el volcán, que les empecé a argumentar que debíamos regresar a Guerrero, alejarnos de los peligros. Mi papá nada más se reía. Luego, mientras nadábamos en el patio, se nos olvidó. Uno de esos días amaneció una capa de ceniza volcánica, me dio taquicardia y pasé un miedo terrible.

No me hicieron el menor caso.

De cómo sufrimos el ataque del ejército una noche y nos hicieron huir a todos, hasta que se fueron

Creo que en todo América existen este tipo de hormigas migrantes, parecidas a las cortadoras de hojas conocidas como arrieras, pero esta mientras el grupo se desplaza va matando todo tipo de insecto y animal pequeño, incluso los destrozan aún vivos. Una noche, ya muy noche, sentí un piquete, luego otro y otro, y desperté. En ese momento empezaron a gritar todos y dijeron que teníamos que irnos de allí. También entró el ejército a decirnos que nos fuéramos; gritaban nuestros padres y huían hasta los ratones. Nos pusimos a espiarlas y revisaron hasta el último rincón. De igual manera, vimos a los grillos intentar huir, pero eran atrapados por una y se juntaban más para despedazarlos, se subían a los árboles, volaba lo que estuviera durmiendo, y en un de repente, ya no había nada. Desaparecieron como por arte de magia. Y todos volvimos a la cama. En el recuento de los daños por la mañana, algunos pollitos eran puro esqueleto, a un puerquito solo le dejaron los sesos, y unos pichones de un nido en el alero de la casa estaban como si llevaran días de muertos, por lo limpio de los esqueletos.

Del nacimiento de Charly, el nuevo juguete de todos y grandes viajes de aventura

Una mañana fría, muy temprano, mi papá nos llamó a la casa grande para enseñarnos a un bebé recién nacido, el Charly. Yo, primero en la fila, lo miré con envidia, pues estaba todo envuelto; sin embargo, yo tenía que ir por las vacas para ordeñarlas. Aun así, le toqué la cabeza y sonrió. Teo, nada más lo vio, se devolvió a dormir; Malquiria se acostó al lado del nene, creo que aún no quería perder el puesto de príncipe que tenía. Es verdad que cuando era muy pequeño no hacíamos caso del bebé, pero después, que ya se sentaba solo, se convirtió en un verdadero juguete. Lo amarrábamos sentado a una silla y lo jalábamos por turnos: iba acostado riendo. De hecho, hacíamos viajes intergalácticos, las patas de la silla eran las ruedas del tren siguiendo una vía, y en los puentes de madera uno de los otros dos chamacos agarraba la pata de la silla y lo cruzábamos. En ocasiones, en alguna curva cerrada hasta rodaba el chamaco, sin que llorara. Todas las sillas quedaron con las patas tan desgastadas que parecían punzones y el que se sentaba con fuerza se hundía y podía caerse de espaldas.

En esa época, mis padres pusieron una tienda y se ocupaban de surtirla en sábados y domingos; de Sesecapa a Nicolás llevaban la mercancía en caballo y mulas. Por consiguiente, yo me encargaba de atender a los tres chamacos y darles de comer lo que había hecho mi madre. La verdad es que no sé cómo sobrevivieron, ya que no soy muy apegado a alimentar a otros; pero cuando les daba cólico y no sabía qué hacer, lloraba junto con ellos a moco tendido. Si funciona, compartes el sufrimiento al dolor, y no es lo mismo un llantito caguengue a tres berridos desaforados.

El toro fue robado

Ya habíamos logrado acumular nueve vacas, varios becerros y unas vaquillas, y por fin había comprado un toro semental joven; negro de manchas blancas en el tórax, bonito el animal. Mi papá invitó a sus tíos Raúl y Miguel a la marcación del toro. Es una ceremonia pequeña pero solemne, donde se calentaba un fierro al rojo vivo con unas letras para diferenciar quién era el propietario de las mismas. Era un bonito toro, y a veces nos lo pedían para preñar vacas de otros potreros y, aunque pagaban, yo no sabía de precios. Un día, al llegar temprano a ordeñar, fui a buscar las vacas y no encontré al toro por ninguna parte. De repente vi que en el alambrado sur los dos alambres de abajo que daban a las ruinas de la hacienda estaban cortados. Una vez que dejamos la leche, me subió en ancas y fuimos a seguir las huellas del toro, que era fácil de seguir, pues estaba pesado y la tierra húmeda. Los toros sementales desde chicos son entrenados para ser jalados y dóciles; lo interesante eran las huellas del caballo que lo jalaba; una herradura trasera se arrastraba hacia adentro, y yo la había visto en Nicolás Bravo I, el ladrón era local, bueno, el que llevaba el toro. Por un camino paralelo siguió camino hasta Sesecapa, cerca de las vías. Allí encontramos un tendido de hojas de plátano y de palmeras, el cuero del toro y las huellas de una camioneta. Las huellas del caballo se alejaban hacia la vía. Mi papá puso cara de enojado nivel encabronamiento. Se le salieron unas lágrimas, me montó en el anca y se subió. Después Blanco arrancó en trote suave, desanduvimos lo andado y llegamos al rancho y nos pusimos a reparar el alambre roto. Finalmente nos fuimos a la casa.

El siguiente domingo vi a un jinete muy conocido con un caballo grande que arrastraba la pata izquierda, era el hijo del comisariado ejidal.

Mi papá lo sabía, yo lo sé, pero lo calmaron sus tíos y en la junta mensual no sé lo que se dijo, pero el muchacho se fue del pueblo. Así entendí que llegas a una edad en que no cabes en tu casa o tu pueblo y buscas irte, y él buscó dinero fácil para migrar en el abigeato.

Un primo, el segundo más inteligente, promovido antes de tiempo en dos grados, pues antes se podía, le vendió unas vacas en nombre de su tío, con todo formal y papeles, para ir a Ciudad de México, ahora es chofer. Allá había algo que los atraía, en el fondo quizá era el anonimato. Y también oí que los Estados Unidos de América. Pero nos quedamos sin toro.

De los rumores al hecho, el volcán Chichonal hizo erupción

Amaneció nublado y lloviendo, una nube negra tapaba el sol y llovía ceniza, ceniza de volcán. Los animales eran color gris y la radio advertía de los peligros a las comunidades cercanas, con lo cual todos teníamos temor. Y aunque tratamos de hacer una vida cotidiana, ya que nos pusieron a barrer las cenizas de las partes de los patios y enjuagar con agua los techos de lámina, no podíamos lavar al sol, que era una rueda de luz gris lóbrega. Y la ceniza es peor que la arena del mar: se te mete por todos lados y mojada se pega como cemento.

No cabalgamos en busca de las vacas, íbamos al ritmo que los caballos establecieran, pues pensábamos que las vacas se iban a enfermar por comer pasto con ceniza. El agua estaba toda con una capa sucia y ni ganas daban de nadar en las pozas.

Mis hermanos y yo pedíamos irnos más lejos del volcán, pero con lo que no contábamos de niños era que la muerte te lleva de la mano, está en todo lugar y el tiempo que le toca morir es la tómbola que tiene Dios para divertirse: ¡Cuando saca tu número, te mueres!

No entendíamos el concepto de distancia; ellos decían cerca, pero eran como doscientos kilómetros. Sin embargo, el susto no anda en burro, andaba en nosotros.

La lluvia deshizo todas las huellas de la ceniza, reverdecieron los campos, y comenzaron otra vez las corretizas, escaramuzas de buscar vacas, de jugar y competir.

¡Pronto se nos olvidó que nos cagábamos de miedo recientemente!

La radio no se olvidaba, hablaba, y hablaba del volcán activo, del peligro de nuevas explosiones, de daños y efectos colaterales.

¡Nosotros queríamos olvidar y olvidamos! ¡Bendita niñez!

Del episodio de la multiplicación de los panes versión de rancho

Como en toda familia, en ocasiones, nos proponemos salir todos juntos, y un día mamá propuso ir al río Sesecapa para que nadáramos y pescáramos. Llevaba tortillas y verduras apropiadas para un caldo con los pescados que sacaríamos, también llevábamos el visor de papá para pescar buceando, pistola con arpones de pescar y un chuzo: una barra de madera con arpón largo en la punta y resortes para disparar de manera veloz a un pez. Como todos los papás, el nuestro nos llevó la ropa que se lavaría en el río y se fue a ordeñar. Nosotros, con nuestras cuerdas y anzuelos y masa de tortilla pescamos sardinitas, y una que otra mojarrita que pudiera comer o cupiera en su boca la bolita de masa. Mi mamá terminó de lavar, tendió la ropa en los arbustos y nos dijo que como no había llegado papá, que íbamos a hacer el caldo con lo que habíamos pescado. Entonces hizo una fogata, un fogón con unos troncos y debajo de una gran higuera pusieron a hervir como doscientos gramos de pescaditos y bastante verdura. También calentó las tortillas en las brasas, y entonces comimos un delicioso caldo con minipescaditos. Cuando mamá iba a levantar la ropa seca, apareció mi papá y comió solo la parte de su caldo. Nosotros nadábamos y mamá amarraba el hato de sus cosas.

Pululos zombis

El río Sesecapa es la frontera natural del ejido por el lado oriente. Y ocasionalmente a papá le gustaba pescar con pistola buceando, así que la parte más profunda y con posibilidades era la frontera sur con Nicolás Bravo II y, aparte, era la temporada de mangos y pasábamos por dos pozas lagarteras: en la orilla del río había un viejo árbol de mango criollo muy frondoso. No salimos muy temprano porque no me dormí en el anca. El caso es que vimos a unos cazadores furtivos de pericos y ellos cazan de madrugada, con unos cañones disparan una red sobre el árbol donde duermen, imagino que simultáneamente más de una, la red hace una parábola y los que vuelan se enredan, luego ellos traen espolones para trepar árboles y cargan a mecapal varias jaulitas repletas de pericos escandalosos. Se acabaron los mangos y dejaron varios pericos muertos. Le pregunté a papá:

—¿Por qué dejaron varios pericos muertos?

—Los fracturados o heridos no les sirven, entonces los matan —me contestó.

Lo más espantoso lo vimos al llegar al árbol de pesca. Había muchos zopilotes, pero lo terriblemente cruel eran los pululos zombis, pelados de cabeza a cola, caminando sobre sus muñones: ¡desollados vivos! En ese momento, mi papá me bajó con la mano derecha, sacó el rifle 22 y una caja de balas de sus respectivas fundas, se lo colgó al hombro y llevó a amarrar el caballo al camalotal. Con las lágrimas en los ojos, fue de cocodrilo en cocodrilo a darles el tiro de gracia. No hacía más que llorar, se quedó como estatua y al terminar o acabarse las balas dijo:

—¡Ya no van a sufrir!

¡Vámonos!

Los cinturoneros siempre hacen eso. ¡No tienen siquiera ni tantita piedad! ¡Tampoco los periqueros! ¡Son cachucos!

Y en la televisión de paga pasan *Hombres de pantano* atrapando con un anzuelo, y los matan de un tiro entre los ojos, violencia pagada por televisión.

Siento que las lágrimas de cocodrilo de mi padre eran más por lo inhumano de la situación. Lo tardado que es para un cocodrilo morir de acidosis láctica y deshidratación, además su fisiología los hace más resistentes, la mioglobina reserva oxígeno.

Ver sus lágrimas fue como ver una ventana de bondad que parecía siempre estar cerrada.

Y la hierba se movía

En muy raras ocasiones, a la hora de ir a amarrar los becerros, se nos unía mi mamá y mi papá. Eso era para mí un punto de tensión, pero porque quería sobresalir, hacer las cosas bien. Así que corría a por la manada de vacas y becerros, ayudado por Blanco, que les mordía el trasero para que se apresuraran. Una vez estaban todas las vacas en el corral, amarraba a los becerros en puntos estratégicos para que no alcanzaran su teta a través del alambrado, porque sus madres eran muy ingeniosas a veces con tal de alimentarlos, y yo me llevaba un buen regaño si una vaca no producía leche por mi falta de atención.

La parcela estaba dividida en cuatro espacios, pero la división real eran tres hectáreas iniciales vistas de frente horizontales y tres paralelas a ella posteriores. Una hectárea que dividía el arroyo, que era, por así decir, el huerto familiar en el que había plátano macho, guineo, caña roja, caña morada, cacahuates. Además, había una planta más alta que una de maíz delgada y con espigas parecidas al maíz, pero sus semillas estaban en la espiga, le llamaban caña de barco y tenía unos canutos más delgados que los de una milpa aunque más largos, ¡muy dulces, por cierto! También había un tomatal de los enormes colorados, unas cuantas de tomatillo, con racimos como las uvas, un camotal, un cacahuatal y plantas de yuca. Cuando iban ellos era en plan de cosecha. Plátano macho maduro picado por los pájaros, me tocaba; tomate picado por los pájaros o mordido por ratones, con el machete le quitaban el daño, y enjuagados, me tocaban. Me ponían de mesa unas hojas de plátano, creo que si querían más tiempo me cortaban una caña. ¡Mascar caña sí entretiene!

Por eso me gustan tanto los tomates crudos. Y me dejaban porque iban a ver qué más se podía cosechar. En esa edad no sospechas nada y comer frutas solito es lo mejor que podía pasarte, otra suerte era si estaban tus hermanos.

En alguna ocasión que llegué a terminar la tragazón antes de que regresaran traté de encontrarlos, y a unos metros adelante la hierba se movía, y grité: «¡mamá!», pues siempre es lo primero que gritamos los hijos. Ellos me dijeron: ¡espéranos allá, ya casi acabamos!».Ella dice que la hierba se movía porque con el azadón estaban arrancando cacahuates. Cuando llegaron estaban bien sudados, para un montoncito de cacahuatitos que arrancaron. ¡Creo que era por la falta de costumbre! ¡Casi no me acompañaban!

Rescata el pululo hijo

La temporada de lluvias y la posterior, mientras los zanjones iban desecándose, la plaga eran los cocodrilos que en la jerga local eran pululos. Solo mirabas como iban los patos nadando, y en un repente uno se hundía para no salir jamás. Lo otro que se observaba era que si andaban puerquitos, pollos o gallinas buscando lombrices, salía como una flecha un pululo y se lo llevaba para nunca más volver.

Mi papá tenía un rifle 22, única arma que se podía tener y portar con permiso del Ejército Federal, para uso personal y caza. Tenía mucha puntería, podía volarle la cabeza a un guajolote a cien y doscientos metros, en concursos de torneos locales con armas largas ocasionales.

Cuando eso sucedía, los fines de semana, nos ponían a pescar bagres a la orilla del zanjón, no para que nos comiera el cocodrilo —¿o quién sabe?—, sino para localizar sus ojos y su punta de la nariz, que duran horas sin moverse. Cuando se localizaba, corríamos a decirle a papá, él lo ubicaba, buscaba un punto estratégico para poder apuntar entre ojos y nariz, único punto mortal para ese tipo de arma de fuego, y a veces era un árbol, una escalera o una silla.

En algunas ocasiones tardaba hasta una hora en decidirse a disparar y, cuando lo hacía, ¡bang!, se bajaba del punto alto que estuviera y decía:

—¡Hijo, saca el pululo!

Vieran qué miedo me daba, pues las aguas eran turbias y era un animal que casi podía comerme de dos bocados. Sabía que mi papá tenía buena puntería, ya llevaba cuatro hijos, pero los cocodrilos son de sangre fría, pueden moverse hasta horas después de ser heridos de muerte. ¿Y acaso podías decir? «No, tengo miedo». (¡Eras un Morrison, chingao!). Cogía la vara, el cinturón y ponía una cara de pocos amigos, luego me lanzaba en *short* nadando y tanteaba con el pie donde estaba el cadáver. Si podía, lo tomaba de una pata trasera, pero si se movía, casi me cagaba del susto y gritaba.

—¡Está vivo, está vivo! —Se lo robé a Mary Shelley.

—¡No seas collón, son los últimos espasmos de la muerte! —decía mi papá.

Y ahí voy de nuevo, todos los saqué muertos con una bala en la frente, y algunas personas les cortaban la cola para tasajearla y comerla. Las personas originarias de Guerrero traían una cultura todavía impregnada de costumbres hebreas de no comer algunos tipos de animales.

De los torneos de fútbol, jaripeos y encuentros deportivos

Aunque el terreno de la primaria era amplio —dos hectáreas o los de dos cuadras de cien por cien metros— no era suficiente para encuentros con los ejidos vecinos. Eran populares el fútbol, béisbol, vóleibol y las charreadas *amateurs*. Cerca del pueblo, a menos de dos kilómetros, en los terrenos ejidales había una explanada con seis porterías reglamentarias, es decir, tres canchas con pasto de borrego y lo más que se inundaba era cubrirse el pasto a un nivel de diez centímetros en lo máximo de las aguas.

Era nuestra pista de carreras de caballos y estaba a medio camino de la poza más popular. Era un prado hermoso. Las fiestas se celebraban en Semana Santa o cerca de esa fecha. Quizá por el calorón o porque en esa temporada se podía ir en carro a todos los pueblos y podían llevar a sus equipos. El pretexto en el fondo era beber cerveza, chismear asesinatos pasionales, robos y traiciones. Solo participé en un partido oficial y duré el tiempo en que me daban un pelotazo en la panza, así que en ese momento me sacaron para que respirara; había un mar de niños y niñas, pero todos teníamos miedo, ¡eso creo! A las únicas que les podía hablar era a mis primas, y como tenía el negocio de la tienda cerca de las canchas, me volvía vendedor de refrescos, pero no podía ver bien los partidos.

Tuve cero récords de nuevos amigos. Mi par de costumbre: mi ángel y diablo, ellos sí andaban libres, debe ser buen trabajo. ¡Y, aun así, te mueres! ¿Ascenderán a uno y correrán al otro?

Estas actividades mías eran supercansadas: por las mañanas los deberes de ranchero, durante el día las labores del hijo de tendero, por la tarde otra vez vaquero y cuando regresaba iba a por las cosas de la tienda. Cuando aparecieron mis hermanos mayores mejoraron las cosas laborales, pero empeoraron otras.

Y aun así daba tiempo para darse un chapuzón, medio jugar con los amigos y saber algo de los otros pueblos. O reírnos de los pasados de copas o peleoneros. En una de esas fiestas populares, me encontré una mininavaja plegable verde. Pero le gustó a Tomás Salto, el castroso profesional del pueblo. Y en una de esas, tantito antes de entrar del recreo, la mayoría ya estaba en su salón; llegó por detrás y me sacó la navajita de la bolsa del pantalón, me levanté y lo empujé por los hombros, entonces cayó de espaldas y lo tundí a puños montado sobre él. Este se cubría la cara con ambas manos y, de repente, escucho un fuerte silbido y una pregunta: «¿a eso te mando a la escuela?». Era mi padre. Por lo que me levanté y, por otro lado: «¡Te voy a matar!». Tomás había desplegado la navaja y me lanzó una estocada, salté hacia atrás y corrí al salón. Mi papá, montado en Blanco, miró el evento completo. Pero ese día no hubo riña ni castigo en casa. Ni trascendió lo de que me quiso matar un enemigo real. El imaginario lo hacía con intentos naturales, como poner una rama baja al ir ganando a las carreras, y chocar con la panza y al mismo tiempo caer del caballo, enredar mis pies en pasto mientras buceaba, o arrimar cocodrilones mientras pescaba.

Pero lidiar con Tomás Salto era otra cosa.

—¡Te tendrás que descuidar y te la clavaré! —decía—. ¡Cuidadito y hablas, porque te mueres! —enfatizaba. Pero aquí venía toda mi banda a rodearme, los buenos buenos, los malos peores y los otros amenazados. Parecíamos los búfalos cafres en contra de un león. Vencía la multitud.

—¡No morí apuñalado!

Los juegos que todos jugamos

En la edad escolar lo que más importa es jugar, estableciendo normas y reglas para una sana convivencia, y variaban conforme aparecía la moda de otro juego. ¡Y a seguir en la vida! Ya tienes tu *Game Over* de tu vida.

El juego más común, el de siempre, era las carreras de caballos. Corríamos a la zona de las canchas, y el primero en llegar escogía la siguiente carrera, eran sin reglas, pero había que ganar claramente. Eso a campo abierto. Me valió muchos triunfos, pero también varias caídas de caballo adicionales.

En el recreo o en los patios de las casas eran otros los juegos: las traes o los quemados, es el clásico de corretear y contagiar si las traías. A ese también se jugaba nadando en la poza, ahí era más versátil porque podías bucear, y mucho dependía de tu velocidad al nado libre, ya que es un juego de ejercicio.

Había un juego que hacían hasta los adultos: el arrancacebollas. De una fila el integrante puntero se agarraba a un tronco y los demás se sujetaban de él —el siguiente del siguiente y así sucesivamente—, y se escogían dos cosechadores. Finalmente ganaba el que arrancaba más cebollas. Era divertido por los manoseos y arrimones, dentro de lo profesional del juego. En los atardeceres a veces los adultos lo jugaban más candente, creo era para calentar motores.

El juego de los tejos era el avión clásico, pero cuadrado. Estos iban numerados del uno al nueve y el diez era un círculo. Este juego consistía en lanzar un tejo cuadro por cuadro y vas y vienes cholenqueando o rengueando; el chiste es que si hay más de un jugador el salto a veces es inverosímil o hasta imposible. Perdías si ponías los dos pies y el círculo te autorizaba para darte la oportunidad de regresar.

Otro juego al que jugábamos era el de los trompos. No alcanzaba la paga para comprarlos manufacturados, por lo que cada jugador se hacía el suyo de manera artesanal o lo encargaba a un amigo que fuera mejor artesano, de roble, parota o guanacaste, y los más macizos de guayabo. No teníamos torno, así que los hacíamos con machete. A la madera escogida le clavábamos un clavo y partiendo de ahí le dábamos forma, con lo cual quedaban conforme la habilidad del artesano autor del mismo. Algunos hacían hasta por encargo para los que tenían un poco de paga. Al final se hacía la cabecita del trompo donde se sujeta el cordón de lanzar y se limaba la cabeza del clavo. Algunos además lo afilaban con lima de metal. El pulido final se realizaba con vidrio de botella rota. Eran modas efímeras.

En el trompo no presumo, sí luchaba y me defendía, pero había muchos mejores. Lo podían bailar en la palma de su mano, partir a algunos de maderas débiles; lo bailaban en el hilo. La habilidad máxima era clavar con el clavo de tu trompo a un trompo bailando o caído de quienes habían lanzado antes, y la apoteosis era clavar a un trompo bailando y que, una vez clavados, se mantuvieran bailando, ¡visto una sola vez!, y realizado por el karateka del pueblo. Pasaba la moda del trompo e iba la moda de las canicas.

El chiste de bailar el trompo era causar estragos en los de los enemigos, así que los tramposos afilaban la punta con lima para descascararlos o partirlos.

El mismo chico de la hazaña mencionada podía lanzar el trompo y que cayera en su mano y ya así hacía ataques directos.

Yo me hice un trompo de madera de guayabo muy macizo con el que no me dejaban jugar porque le resbalaban los puntazos y pesaba, y solo del impacto partía a los de roble. Tardé días en tornearlo con vidrio roto de botella; aparte del tiempo, costó rebanones y sudor más sangre. Cada trompo era una artesanía.

En las canicas era otra cosa, era un as. Se jugaban varias variantes. El de un agujero más una línea lejos. Donde inicias lanzando tu canica hacia la raya como en la rayuela, y conforme a la distancia a la que quedaras de la raya, te tocaba tirar hacia el agujero. Al lograr entrar al hoyo, se obtenía el poder de matar, y si es de apuesta el muerto te corresponde (la canica). Si no has adquirido el poder, puedes alejar a competidores con tu canica e intentar acercarte más al objetivo, pero si matas a más de uno con un mismo tiro ¡chiras pelas![3]

Otra técnica de juego era hacer un gran círculo y colocar en el interior regadas al azar las canicas que apostaste. Tenías que sacar canicas desde afuera

---

3 Chiras: pegar de rebote y sin querer.

sin que tu canica de tirar quedara dentro porque pelabas, es decir, con tu canica en el círculo morías y perdías tus canicas.

Logré llenar una botella de Nescafé con las canicas que había ganado.

Se inventaban trucos para acerarte a tu objetivo de disparo, lo decías y era como un hechizo. Geme se le llamaba a la distancia de la punta del pulgar a la punta del índice. Puño era poner tu mano en el suelo con el pulgar levantado, la izquierda por lo regular, y se usaba como punto de tiro. Pero juntando geme y puño ya ahorrabas una gran distancia y a veces no anunciabas tu truco y eso era trampa. Jugaba con una bola de tramposos. Me hicieron enojar al grado Morrison, y en un arranque tiré todas mis canicas al zanjón y les grité: «¡No vuelvo a jugar con ustedes jamás!». Ese, mi primer jamás, duró como tres meses. Estaba prohibido jugar con balín, canica de metal, porque rompía o cascaba las canicas de vidrio.

Las carreras de carros eran con una silla de madera de pino para llevar amarrado a un hermanito. El piloto era uno que jalaba del respaldo y uno controlaba los alerones, es decir agarraba las patas de la silla para que no girara en las curvas. Nos lo prohibieron cuando descubrieron que las sillas tenían las patas traseras como una navaja de lo filoso, y en piso de tierra se hundía tirando al ocupante, con lo cual se tenía que poner una tabla. Éramos unos tarahumaras corriendo sin parar. ¡Qué de risas y jolgorios pasamos con esas sillas!Declaro la guerra era un dibujo de caracol con cuadrados con nombres de distintos países que había escogido cada jugador. Se decía: «Declaro la guerra en contra de mi peor enemigo que es Turquía». Mientras hablaba y escogía enemigo nos alejábamos centrífugamente. Te tocaba calcular cuántos pasos había entre el nombre del país y su dueño. Si no adivinabas, volvías a hablar. Fútbol, vóleibol y basquetbol eran más de escuela, para recreos.

En temporada de lluvias, las tentas acuáticas se ponían de moda.

En tiempo de vendavales y relámpagos de agosto, hacíamos papalotes hexagonales, con papel de china o periódico, estructura con varitas de la hoja de la palma de corozo y con alitas y cola de trapo o de papel. Mi récord de vuelo fue dos días y noche, la noche quedó persogado. Treinta y seis horas de vuelo.

La gran pesca de bagres (peces gato, siluros)

En una ocasión, no sé qué le dio a mi papá por llevarme de pesca temprano. Después de la ordeña, se llevó su pistola de pesca y su arpón. Y cuando nos sumergimos en el río Sesecapa, había miríadas de bagres negros muy grandes, desde un kilo a mayores, todos corriente arriba, hasta yo al azuzarlos a lo bajito logré agarrar unos con las manos. Pescamos hasta llenar cuatro ensartas en reata, que apenas aguantábamos a cargar, y las amarramos a la cabeza de la silla. Al llegar a casa mamá se puso contenta y enojada; contenta porque íbamos a comer algo más que frijoles, y enojada porque como era mucha carne extra, tenía que prepararla para que no se pudriera, pues vivíamos en un pueblo sin refrigeradores ni electricidad.

Cuando nos vieron llegar los otros pobladores, se corrió la voz, de tarde y de noche se fueron a pescar, trajeron costales de bagres. Todos los tendederos, en lugar de ropa, tenían bagres para secar y salar.

Este chismecito lo conté por relatar una aventura con mi papá.

Tengo un tío que dice «¡Yo no digo nunca una sola mentira!». Y se refiere a que dice una retahíla de ellas.

Creo que les pasa a estos bagres como a los salmones. Regresan al tener la edad apropiada al mismo río donde fueron alevines. Nada más se debe atinar la fecha. Pero conociendo cómo somos los humanos, ya deben estar exterminados, incluso antes de documentarse este comportamiento.

El ataque de la chica cocodrilo

Como les conté, ya que se repartieron el ejido (los terrenos) dejaron el espacio ejidal. Nuestra parcela quedó a orilla de carretera, paralelo a la carretera quedaron tres hectáreas, a los cien metros perpendiculares a la carretera, seis hectáreas divididas por el centro por un alambrado de púas, y de fondo, de frontera un arroyo; pero este tenía corriente todo el tiempo que hubiera agua. A diferencia de un zanjón, en ellos permanece estancada el agua, solo ascendían y descendían de nivel. En este arroyo, en el estiaje, quedaban dos pozas con agua durante todo el año, provechosos para las vacas y ordeñar todo el año. En la poza de a medio terreno sembraron pasto alemán en las orillas, así que no se veía lo que tenía, pero sabíamos que cada año una cocodrila tenía sus crías allí, con lo cual no la molestábamos. La poza junto a la cerca norte tenía un árbol verde caído que utilizábamos como puente y ocasionalmente una cocodrila cuidaba a sus cocodrilitos ahí, ahora sí, que pululaban. En esos días, no traer resortera al cuello y piedras adecuadas en la bolsa del pantalón era como andar sin trusa; o guayabas tiernas, igual de duras que una piedra, pero por su aerodinámica, que dan más puntería.

Después de haber ordeñado, llevamos a beber a las vacas y vimos a los cocodrilitos. Creo que iba Malquiria, y entre los dos pudimos matar tres cocodrilitos que, con una vara larga, aventamos hacia la arena de la orilla. Luego, intentamos azuzar a los chiquillos, pero una gran hembra mordía la vara con mucha violencia, así que los dejamos en paz, fuimos a cerrar las puertas y nos fuimos a la casa a seguir con las labores.

Pero ese mismo día, por la tarde, mi mamá y mi papá, decidieron ir al huerto «a cosechar». Ellos no usaban el puente del árbol porque tenía como quince centímetros de diámetro; utilizaban un vado, alrededor de la poza, con la subida en el borde muy pronunciada, como tres metros de alta.

Al bajar el vado, mi madre vio en el agua un montón de tiernos cocodrilitos bebés, ternuritas y aparentemente torpes, fáciles de agarrar y abandonados de la mano de Dios. Quiso conocer de cerca a esos animalitos que crecen al grado de comerse a un humano. Entonces empezó a meterse a la poza, y cuando el agua le llegaba por la rodilla dice que sintió un tremendo golpe como un martillazo, y pegó un grito tan fuerte que la soltó. Como atrás iba mi papá corrió a rescatarla; los colmillos le habían perforado una vena varicosa, y varias partes de la rodilla, entonces le amarró su paliacate que siempre trae un vaquero, y su propia camisa. Ese día no cosecharon nada.

Ella dice que se curó al natural, sin doctor.

Acá entre nos, mis hermanos dicen que la escupió la cocodrila por su mal sabor, porque le supo feo, pues no se había bañado. O porque gritó tan fuerte que la dejó sorda. Más bien creo que solo fue un grito de advertencia de madre asustada: «¡deja a mis hijos!». Porque con el tamaño que tenía la cocodrilona, con el giro de la muerte, le hubiera destrozado los huesos y ahogado en poco tiempo aún con el viejón cerca, aún con su rifle y su pistola. No la matamos porque tenía crías que cuidar, porque gracias a esas dos cocodrilas (había dos pozas de maternidad) casi no robaban frutos del huerto, menos después de la fama del ataque.

Rumores de partida

Cuando llegan las brigadas de las vacunas.

Cuando en ocasiones anunciaban la llegada de los vacunadores de la Secretaría de Salud era como la fórmula mágica para desaparecer a los niños. Se metían entre los zarzales de la orilla de los zanjos, en los meandros de los zanjones, se subían en árboles a iguanear. Pero cuando a las madres les daban las cartillas de vacunación, a los hermanos de los candidatos a vacunar ya vacunados previamente, por el recuerdo doloroso y el rencor, los buscaban hasta vacunarlos, como reses al matadero. Las vacunas antes tenían fuertes efectos colaterales, casi te derrengaban, daban fiebre y dolor corporal, te tumbaban de muerte. No sé cómo completaban el esquema.

Con hojas de papaturro y varas, amarradas con zacate estrella, entre los zarzales y arboledas hacía refugios tan secretos que ni la CIA los podía encontrar. Lugares de mucha diversión, pero de mucho esfuerzo que realmente valía la pena, un suspiro azul debe ir aquí. Hice varias casitas en la temporada de secas, un zanjón en las secas es un camino, hasta hecho de plántulas, alfombrado; una delicia.

Por ese entonces, ya se comentaba que las tierras que teníamos apenas y alcanzaban para la familia, con los hijos que estábamos íbamos a heredar dos hectáreas y media, casi como un solar. Ya estábamos en antiguas tierras mayas, pero como a ellos se les borraba el rastro de donde habían venido porque le daba tiempo a la tierra de recuperarse, aquí con tan pocas hectáreas era difícil permitirles recuperarse. Se rumoreaba de unos lugares en la Selva Lacandona, donde te daban treinta hectáreas de terreno ejidal propio y veinte hectáreas de terrenos comunitarios ejidales.

Y empezó de nuevo el desfile de mi papá con sus tíos. Fue a las casas de tío Miguel, tío Raúl y tío Hermilo, los Morrison mayores, para convencerlos de volver a migrar. Les contó las cualidades y ventajas del nuevo destino y los convenció a todos. Pero le encargaron conseguir medio de transporte.

Los peros que más pusieron fueron que ya tenían vacas, ordeñaban y entregaban la leche, pero les dijo que iba a conseguir la forma de irse con ganado y todo, y así sí aceptaban.

El viaje a conseguir medio de transporte para volver a emigrar

Mi papá decidió llevarme a un rancho de un señor que tenía camiones grandes. Fuimos a Sesecapa en carro, luego rumbo a Tapachula a un lugar de cuyo nombre no puedo acordarme. Nos atendieron muy bien, rentaron dos camiones de los llamados Torton, con la condición de que aparte llevaría a las familias. Ese día se decidió quedar mi papá, así que comencé a recorrer las milpas; estaban recién sembradas, apenas unos diez centímetros las matas. Y me comenzó a seguir de cerca una niña de mi edad; y llegué a las ruinas de un casco de hacienda en la que había muchos fragmentos de objetos de barro, y oigo que dice:

—¡Aquí espantan, esto es ya muy antiguo!

Tenía ojos gatunos, y realmente me asustó, corrí hacia el rancho, pero no había nadie, y unos minutos después llegó la niña:

—¿Por qué corriste? ¡Espantan, pero no de día!

Me quedé en la cocina y ella se fue a su cuarto, donde vivía con su mamá, que era empleada del rancho. No tenía idea de dónde andaba mi papá, pero cuando apareció, me bromeaba que la había llevado a la milpa, que le gustó mi pelo, mis ojos. ¿Dónde se enteró?

Al otro día por la mañana continuó siguiéndome hasta que nos retiramos. Ahora entiendo que no había más niños que ella, y quería tener con quien jugar, pero en ese entonces me daban miedo las chicas que querían algo de mí, ahora no les tengo miedo ¡les tengo terror!

Nos regresamos. Había periodo de vacaciones, por lo que no había escuela. No imaginaba que pronto partiría a otras tierras.

Cuando por la tarde llegamos a la casa y nos juntó a todos nos dijo: «¡familia, nos vamos a otras tierras que quiero dejarles algo útil! Por eso he decidido emigrar de aquí rumbo a las tierras mayas. Estamos en ruta».

Segundo libro

La dura jornada hacia Quiringüicharo

Llegan los carros. Dos Torton no tan jóvenes. Las vacas, caballos y otros animales grandes se fueron en un solo camión; las cosas de dos familias y animales chicos nos fuimos en otro Torton: medio camión se llenó de camas, roperos y cosas del hogar y la otra mitad era un campamento de dos matrimonios y sus respectivos hijos. Además de puerquitos amarrados, gallinas, pollos, guajolotes, gallos y en una esquina tanques de gas.

Imaginen qué olor: mierda de pollos, gallinas, puercos, meados, pedos humanos, vómitos de niños y adultos, además del movimiento del camión, ¡qué fetidez tan fétida! «¡Íbamos como animales!», resumió mi madre. Pero al llegar a Sesecapa, en lugar de tomar rumbo al centro del estado, agarró rumbo a Tapachula. Si yo lo que quería era que nos alejáramos del volcán, no acercarnos. Pero el chofer adujo que por el camino de la frontera había menos federales y no admitían llevar personas en camiones de carga, y por traer animales los podían acusar de abigeato.

Otro aspecto atemorizante es que el camión apenas se movía, iba tan despacio que el tiempo nos rebasaba. Los primos que nos caíamos bien nos empezamos a caer mal, los que nos caíamos mal, nos caíamos peor.

Y salimos tarde. Llegaron de su pueblo ya de día, y el de los animales se fue a la poza, donde aprendí a nadar, a pegarse a la tierra como una especie de rampa para el ganado. Y el otro camión se comenzó a cargar con cachivaches del hogar: catres, camas, roperos, mesas, utensilios de cocina y, al último, el dobladaje de queso y frijol y guisos no perecederos. Y al final sábanas y cojines. Regresó mi papá y dijo que solo el tío Raúl y los camioneros se llevarían las vacas por la ruta de la frontera, que llevábamos papeles, pero era muy tardado, y como venía Blanco, y el caballo se lo iba a dejar a su amigo Ventura, allá se subía. Se me empezaron a saltar las lágrimas, me iba a quedar sin mi caballo, en un lugar desconocido, en la zona maya; esa era mi imaginación, salvaje a más no poder. A la hora de la comida llegamos a Huixtla; estaba apesadumbrado y todo comí, y buscamos dónde hacer las necesidades corporales. Nos dijo el chofer que nos acomodáramos en nuestros tendidos, porque vio que al dejar a Nicolas Bravo I, me subí a un tanque de gas que estaba en la esquina para gritarle a Blanco un adiós; corrió como cincuenta metros hasta donde había alambre y lanzó un relincho de «¡no te rindas jamás!». Y no lo volví a ver más que en fotos, que, por lo que sé, la humedad las desapareció.

Pegados a las cosas iban mi padre y mi madre, y el tío Migue y la tía Santy; y pegados a la punta, la primada, en *shorts* y trusas y ropa de dormir, era un tocadero de risas y medias risas. El cacareo de las gallinas y el piar de los pollos y los cantos de gallo ocasional eran un vibrato del demonio además del motor viejo. En una de esas dijo el chofer que venía un tráiler rebasando y se tuvo que salir del camino, y por la brusquedad se les corrieron las sábanas a los viejos. Los cuatro estaban desnudos en posiciones incómodas, y los chamacos no se diga, el pretexto: ¡hacía un calor tropical! Pero no pasó a mayores, el carro quedó intacto y continuamos, había muchas zonas sin pavimentar y otras zonas maltratadas por la lluvia. Adonde nos alcanzó la noche paramos a tomar café chirrio (diluido) y más de lo mismo. Los choferes pretendían también manejar de noche por lo feo del camino. Uno de los gallos, el que más cantaba, iba maneado en el mismo lugar que el tanque de gas en una esquina trasera, la derecha, y en un brinco de una piedra muy grande se levantó el tanque, el gallo metió la cabeza debajo y fue decapitado. «¡Ay, mi gallo!», decía mi tía Santy. Yo le decía: «tía, lo siento mucho pero mañana desayunamos caldo de gallo».

A la hora del desayuno, nos detuvimos en un río arroyo prístino, limpio, de aguas muy frías, y cocinaron el gallo con harta verdura y montes, creo que para que alcanzara para el peladaje, pero no faltaron las dobladas de frijol con queso recalentadas en las brasas. Los choferes aportaron unas latas de sardinas enlatadas; fue un gran desayuno.

Volvimos a arrancar. Cuando íbamos por el municipio de Palenque el chofer y mi papá nos enseñaron unas rocas blancas en el horizonte:

—Son las ruinas de la Ciudad Maya de Palenque, en donde nuestros ancestros gobernaron bastante territorio.

—¿Nuestros ancestros? —objeté.

—Sí, los mayas, venimos siguiendo su ruta. Se cuenta en el Chilam Balam, un conjunto de sus libros, que avanzaban, se asentaban, y cuando la

Madre Tierra se cansaba, avanzaban, pero como la selva se recuperaba, después no sabían de dónde venían.

Sonaba a cuento de abuelo. Y entonces entramos a una brecha, es decir, un camino más que rústico recién abierto en la selva, más que feo, de Pemex, porque andaban buscando petróleo mantenido más o menos transitable por una compañía maderera que estaba sacando la mejor madera de la selva. Si de por sí el viaje era lento, se ralentizó más; creo que a caballo o a pie les hubiésemos ganado. Al anochecer acampamos, tomamos café, pero ya se oían rugidos muy fuertes. Mi papá me dijo que eran de un chango llamado saraguato, que no nos asustáramos. De la costa, los cocodrilos y acá animales que rugen. Habiendo visto el destino del gallo me alejé del tanque de gas.

Luego, antes de llegar a la ciudad de Palenque nos desviamos hacia Boca Lacantún decía el letrero, y llegamos a un pueblo que se llama Chancalá Río Seco. Allí comimos comida de fonda, mojarras fritas, camarones de río, un pedacito de carne asada de vaca, pero fue un banquete. Pernoctamos entre las estrellas del cielo, había tanta luciérnaga, que te desubicaba del suelo. Un camino que ahora se hace en tres horas, cuando era brecha se hacían doce horas, ya que cada arroyo tenía un vado adyacente que alargaba los kilómetros.

A pesar de que nos levantamos temprano, en lo que cocinaban, limpiábamos el popó de los animales, empezaba la vuelta de rueda, y a comer polvo. En ese entonces había mucha selva en los laterales, ahora solo ves potreros y más potreros, y te encontrabas solo con camiones de Pemex y de compañías madereras.

Los niños más chiquitos ya solo lloraban y lloraban el largo encierro. Ya a punto de cumplir el tercer día de viaje, apareció un campamento militar llamado Boca Lacantún donde había un río enorme, un gran puente en inicio de construcción, muchas lanchas de motor fuera de borda, una panga, y mucho ser humano de Guatemala; cachucos les decían.

Y nos estaba esperando una lancha del patriarca del rumbo, de los Peñaloza, y ahí fueron los adultos los que ayudaron a cargar la lancha con los enseres domésticos, hasta que a la lancha solo le quedaron veinte centímetros sobre el agua. Ahí comenzó nuestro bregar sobre el agua, nos contaron que éramos afortunados, que antes navegaban desde Frontera Corozal, mucho más abajo, y que había remansos que se tragaban una lancha entera. Un remanso en la época de estío tiene el agua calma y gira varias veces en el mismo lugar antes de seguir su camino, pero en tiempo de lluvias es una licuadora tan grande que puede poner vertical una pochota, hacerla girar como trompo y hundirla por completo, además de sacarla cientos de metros corriente abajo. Sitios de temor y de gusto: grandes sitios de pesca. Decía el lanchero que por lo regular se hacía en dos horas, pero como iba tan lleno serían como tres, y por la tarde la sombra de los árboles en la orilla disminuía la visibilidad. El motor no podía acallar los ruidos selváticos, parvadas de guacamayas coloreaban el cielo y escandalizaban, gritando su disgusto de la gente. Los saraguatos en las orillas rugían su territorio o su agresividad, y había distintas aves. Todo me parecía grandioso. El lanchero advertía los sitios donde no nos podíamos mover para nada a riesgo de hundirnos, y señalaba los remolinos de los remansos más impresionantes. Llegamos casi al oscurecer y al saltar a tierra me hundí en el barro, hasta los güevos, luego tuvimos que ascender a cuarenta y cinco grados unos cien metros, con candiles. Los vecinos del pueblo de Quiringüicharo ayudaron a bajar las cosas de las dos familias. El tío mayor aún no llegaba con el ganado, pero se rumoreaba que ya había noticias de él. Nos bajamos en el remanso de Juventino. Su solar entero era un piñal, en su casa tenía una bebida fresca llamada tepache, la cual me dieron y me dio un gran sueño. Apenas llegamos a una casa que tenía un techo de lámina, sin cercar con piso de tablas rústicas de caoba, y caímos dormidos, y otra vez de «arrimados». Tuvimos la suerte de que había un solar de ellos con una casa de palmera, como las de la costa, así que nos la rentaron mientras se construía la nuestra, y el solar nuestro nos tocó contra la esquina del estadio de fútbol. En cuanto desayunamos frijoles y mojarritas, ya no volvió a faltar el pescado; entonces mudamos las pocas cosas a esa casa.

Nos dieron la bienvenida oficial, con tepache. A los niños solo nos daban pruebitas. Para colmo, llegamos en verano, tiempo de trabajo y no de escuela, mi papá no había llevado ganado, lo vendió para pagar los camiones del traslado, y al tercer día temprano por la mañana, me despertó: «agarra tu machete, y en la bolsa del bastimento metes este cordel, estos anzuelos y estas plomadas», y nos fuimos caminando unos kilómetros arriba, pues estábamos frente al poderoso río Lacantún. Y en uno de sus afluentes (acá les llamamos caños) siguiendo su orilla, decidió por fin labrar para su primera milpa. Me dejó chaporrear un verdolagal en la orilla del caño y él se abocó a bosque más alto. Ya a la hora de la comida, al terminar, en lugar de continuar labrando, sacó el cordel de *nylon* de pesca, los anzuelos y una barra pequeña tubular de plomo y dijo:

—Te voy a enseñar cómo se hace una cuerda de pescar.

Hizo la forma de una «u» con el cordel, y lo metió en el ojo de un anzuelo, lo deslizó hacia atrás y se trabó, luego hizo unos nudos y cortó 5 metros:

—¡A ver, haz el tuyo! —me dijo. Lo hice y después, como a diez centímetros del anzuelo, había una rebanada o anillo de plomo—. ¡La plomada es para que se hunda rápido y las sardinitas no se coman la carnada! —dijo.

—¿Y la carnada dónde está? —le pregunté.

—¡Vente, vamos a buscarla! —me contestó.

Fuimos a la orilla del caño donde me tocó limpiar y con el machete empezó a excavar lombrices de tierra. En una hoja grande de planta silvestre las iba acumulando con un poco de tierra, y le metió al anzuelo mío una lombrizota —como embutir chorizo— que llegaba por arriba del amarre del anzuelo. Es más, el metal no se miraba y él también le puso al suyo. Nos subimos a un tronco de árbol seco caído sobre el arroyo donde había basura arrastrada a la enramada por la corriente.

—Yo lanzo aquí y tu ahí, entre basura de palitos.

No llegó bien el anzuelo al fondo, nos mordieron al mismo tiempo a los dos, sacamos unas mojarras de las llamadas en el rumbo tenguayacas casi de un kilo. Me quedé impresionado, ya que en Nicolás Bravo la mojarra más grande atrapada con anzuelo era del tamaño de la palma de mi mano. Sacó dos o tres y se regresó, ahí me quedé sacando mojarritas, mojarrotas y mojarronas.

Cuando llegamos a la casa, mi mamá puso cara de: «¡ahora voy a tener que alinear pescado!». Pero le ganó el hambre y se preparó una grande frita, y mis hermanos con los ojotes pelados de que era proteína diferente de los frijoles. Hasta después, mucho después, que odiaba que pescáramos porque luego llegábamos casi ya de noche, con las ensartas de pescados, y levantarse a alinearlos y salarlos, porque no había electricidad. No se podía tener perecederos: lo que no se consumía se salaba y secaba al sol y al calor del humo del fogón.

Fueron las primeras ocasiones en las que nos sobró comida.

Y a partir de ahí se me pegaban a la pesca con anzuelo y cordel. Armados con resorteras y machetes éramos una amenaza. Nunca nos atacó un jaguar, puma, cocodrilo o serpiente. Tony, Malquiria y Charly me seguían. Incondicionalmente, Teo se quedaba en las faldas de mamá comiendo manteca refrita; nos enseñó cómo reparar un cordel al perder el anzuelo, cuándo llevarla enrollada en una tablita, cuándo ponerla en una vara, y a los otros no.

Un día nos fuimos buscando un lago, creo la Laguna Oaxaca, donde se veían mojarrotas a flor de agua, peces lagarto, peces aguja y ocasionalmente robalos. Sacamos mucha mojarra, un pez aguja y un pejelagarto.

Episodios de debajeo, tumba y quema

Poco antes de la temporada de siembra, no sé cómo le hacíamos, pero nos dábamos a la tarea de destruir la selva, para luego sembrar maíz, calabazas, yuca, frijol y otras plantas nada que ver con la majestuosidad de las plantas de la selva. El verbo debajear implicaba que con tu machete y un gancho de madera, haz de cuenta un bastón usado al revés, tumbabas la vegetación y lianas que cubrían los troncos de los árboles. Éramos piezas de destrucción masiva, papá con la motosierra y yo con el machete hacíamos cortes casi a medio tronco y a varios árboles, luego con un gran árbol derribado tumbaba a los demás con un efecto dominó ahorrando la mitad del gasto de fuerza bruta. Mi papá con la motosierra repasaba (terminaba de cortar) los que creía que no se iban a secar al quedar mamando sabia. A los macheteros nos tocaba desramar y una vez destruida una parte de la selva, hacíamos un cortafuego, una limpieza alrededor del cadáver de la selva y, llegado el momento, su funeral vikingo: quemarla hasta los huesos, iniciábamos el fuego a los alrededores para que se consumiera hacia el centro y disminuyera el riesgo de incendio forestal. En pocos minutos se quemaba la madera, nada más tardaban los troncos gruesos, y la señal que daba fuego eran las humazones y las cenizas. Se hacían verdaderos torbellinos de fuego abrasador. No sabía que se puede consumir el oxígeno en derredor y ahogarte, o lanzar lenguas enormes de fuego y quemarte, así que corrí con suerte. Y luego a la siembra, acá con una madera y una estaca hacían un hoyo, ahí depositaban de cinco a seis semillas y los surcos no eran tan rectos e iban librando troncos y palos gruesos. Y en lugar de arar, se chaporreaba, es decir, se cortaban plantas nuevas, que sabiéndose exselva[4] era una lucha constante contra pericos, cotorras, mapaches, tejones; resulta que a todo el mundo le gustaba el maíz.

Conocimos unos minicamarones que hacían agujeros en la tierra; si estaba fuera de su agujero, metíamos el machete de barrera, tapábamos su huida

---

4 Cuando siembras por primera vez una selva que talaste quedan tocones de troncos, trozos grandes de madera y ramas gruesas que impiden meter tractor o vehículos.

y lo atrapábamos. Con hambre sabe como cualquier camarón de coctelería, creó tanto cultivo y pastizal que debimos haberlos extinguido.

En la selva llovía tan fuerte y había veces que tan fuerte y tanto tiempo, que descansábamos varios días. También había una lluvia fina que le decían chipi, chipi o llovizna, a esa mi padre la llamaba lluvia espanta güevones. Y hubo varios veranos que, regresando de la escuela, era mi tortura; una vez que ya no estuvo, lo extrañaba, pero nunca nada volvió a ser igual.

De mi primera pesca con red

A fundar el ejido Quiringüicharo llegaron michoacanos, guerrerenses, veracruzanos, oaxaqueños, en términos locales oaxacos. Había un veracruzano que se dedicaba a construir lanchas de motor fuera borda, sencillas, de tablas de caoba y redes de pescar, conocidas como trasmallo. Casi todo el pueblo me decía «cuñado» por mi hermana, pero él tenía un acento especial veracruzano de decirlo, sonaba «cuñao».

—Si en verdad eres mi cuñado, invítame a pescar con trasmallo —le dije un día.

—¡Ya está! —contestó—. El sábado, temprano después del culto.

Así quedamos.

Ya había pasado la temporada de lluvia, y se habían destapado algunas playas del Lacantún.

Llegué más puntual que un inglés quisquilloso.

Por supuesto, llevaba a otros familiares. La red medía más de cien metros de largo por un metro y veinte centímetros de altura, que yo la sostenía por sobre mi cabeza, así estaba de sotaco. La parte superior de la malla tiene unos flotadores que la mantienen sobre el agua metidos en la reata entre la red y en la parte inferior tramos de reata forrados de plomo. El objetivo era hacer una barda dentro del agua semicircular de origen en la playa y fin en la playa.

—Te voy a explicar, cuñao, cómo es esto. Uno se queda en la parte superior con las dos reatas de ancla, con la lancha avanzamos perpendicular a la orilla, y cada cierto tramo salta un pescador que se encarga de que el flotador y la reata de abajo esté abajo. Tú te lanzas en lo bajito, antes que yo, abusado con las lisas y robalos que saltan como flechas para superar el borde —me dijo.

La red iba acomodada acostada a un costado de la lancha, en forma de dobleces zigzagueados continuos de modo que al arrojarla no se enredara, y fueron saltando uno a uno, hasta que me tocó a mí, que por chaparrito me hundía y pisaba la plomada. Me impulsaba para alzar el borde, hasta que don Rafa me jaló más a lo bajito. Se hace un cerco que encierra todo pez que no quepa en los cuadrados de la red o sepa el truco de saltar sobre de ella. Todavía estaba turbia el agua. Un robalo saltó y me pegó en el pecho, me sacó el aire, pero boqueando y con dolor no solté ni el pie ni las manos. Y ese día nos pasó que, con una sola tirada, sacamos lo de tres costalillas, entre mojarras, bagres, lisas y otras especies, incluso una tortuga blanca muy grande (¡Creo que ya las extinguimos en ese río!) Y dijo:

—¡Y por hoy, esto es todo!

Ascendimos corriente arriba hacia Quiringüicharo. Subimos en el paso5 de don Rafa.

—La costalilla que aguantes es tuya —me dijo.

—¡De veras, cuñado! ¿No me bromeas? —le dije sonriendo—. Es lo justo, fuimos cuatro, la tortuga para mí y una costalilla para cada otro, así que vuélale para tu casa —concluyó.

Hasta pando por el peso, recorrí las calles hasta la casa, sin decir qué llevaba. En la casa se llevaron una sorpresa, más mi mamá y hermana, que se llevaron toda la mañana alineando pescado. Casi era un héroe local por haber conseguido una costalilla de pescados ¡en un solo trasmallazo!

En ese entonces no era consciente de que íbamos a agotar a las especies y hacer que otras no productivas y dañinas prosperaran. También los difíciles de pescar: lisa y robalo. Todos dependen de todos.

Este señor era cuarentón y casado y con hijos grandes, sintió nostalgia, y vendió su parcela y se regresó a su Veracruz querido.

Del capítulo de los perros de agua o nutrias de río sueltas

En los días festivos, en las juntas de consejo técnico, cualquier equis motivó que no fueran los maestros, o sea, muchas veces hacíamos una actividad entre hermanos: Tony, Malquiria, Charly y yo. Nos íbamos por toda la orilla del río

---

5 Paso le llamábamos al sitio de embarcadero y nombrado de acuerdo con quien viviera frente a él.

Lacantún en contracorriente, lanzando los anzuelos, pescando, pero de una manera poco seria, llevábamos lombrices de tierra en un bote de plástico con tierra para que se mantuvieran frescas y vivas, y masa de tortilla recién cocida vuelta a moler para sardinitas, otro tipo de carnada, y para reserva calórica; a esa actividad se le llama: «ir anzueleando». Con las sardinas en las orillas con jimbales (una especie de bambú muy espinoso, que tiende a inclinarse hacia la corriente central del río, arroyo o laguna que esté), intentábamos sacar pejelagarto y tenguayacas grandes. De hecho, sacamos varios, pero lo divertido era que nadábamos horas y horas, pescábamos por ratos y cuando calculábamos cuatro horas de camino o más buscábamos maderos secos enredados en las orillas, de preferencia uno llamado guarumbo, hueco por dentro y cien por ciento de flotabilidad. El río es de cien a doscientos metros de ancho, depende de la temporada en la que estés, de todas maneras, era un gran río, con las ensartas amarradas a la cintura o a la muñeca, y las ropas en una bolsa de *nylon*, o puestas. Nos íbamos cada quien en un palo como tabla de surf, nadando al estilo mariposa; ya en el centro, flotábamos panza arriba, siempre cerca del madero como vía de salvación. El río tiene unos cocodrilos como de hasta cinco metros de largo, no sé por qué nunca nos atacaron. Es verdad que llevábamos machetes, pero eso nos hubiera servido un bledo, creo que el escándalo que armábamos era de veinte mil diablos sueltos. Nos respetaron el puma y el jaguar, eso que llevábamos de carnada al Charly. Y al que mandaran a desatorar un anzuelo, en un remanso o una poza profunda, no chistaba, se clavaba hasta sacarlo. Ahora sé que hay peces monstruosos de río que pudieron habernos matado, muertos de la risa. Opino que lo que los disuadió de comernos fue lo esqueléticos que estábamos, él o los machetes los clavábamos en la madera. Además, llevarlos en la mano era superpeligroso, ya que en el agua hacen efecto de zigzag con la corriente, son muy difíciles de manejar y mortales. Los cuidábamos como a un hermano. Una vez se me soltaron dos, gracias al cielo, era en el estío y el agua estaba cristalina. Buceé esquivando tajos, y los tomé de las cachas, floté y los mantuve fuera del agua hasta que llegué a la orilla, casi cagado del miedo.

—¡No, que no, cabrón! Te puedes matar y qué cuentas le entrego a doña Luz —dijo Tony.

Repito: preferíamos un tronco de árbol seco llamado guarumo o guarumbo, con el corazón hueco y harta flotabilidad e ir con las ensartas en el agua que era como mantener la pesca refrigerada, pues se mantenían vivos hasta que llegábamos a Quiringüicharo. Aprendimos a utilizar las corrientes que te llevaban de un lado a otro sin nadar, con solo flotar y a nadar, casi como nutrias.

Nunca nadie se nos unió, en la temporada de río hondo, en las lluvias, menos, había que cuidarse de árboles caídos arrancados por la corriente y el agua turbia dificultaba las maniobras.

En ocasiones pedíamos prestado un minibote hecho de un solo tronco de un gran árbol, llamado cayuco. Que, por falta de pericia, se nos hundía, se atoraba en troncos, o Tony lo hundía a propósito para medir nuestra tolerancia al miedo; lo desvolteábamos y lo achicábamos6. Una ocasión para poder destrabarlo de un tronco conseguimos un hacha y cortamos el tronco para liberarlo. Fueron tiempos en que sobró la comida. Pero no engordábamos, cada caloría obtenida la gastábamos en nadar, caminar o correr. Ahora ya los cocodrilos han atacado y hubo lesionados y un muerto, pero qué se va a comparar el ahora con el entonces: en ese entonces había pescado grande suficiente para que se alimentaran de los pequeños. Ahora los cocodrilos deben estar mejorando su técnica de ataque a humanos.

—¡Si te tiene mordida, arráncale los ojos y te soltará! ¡Prefiere perder una comida a la vista! —Se lo decía mi papá a mi mamá en *La verdadera reina del sur* poco antes de su muerte en un tres de mayo, día de la Santa Cruz y de los albañiles.

Por presumir de recuerdos o tratando de dormir a caballo

Después de regresar de mis primeras vacaciones de verano ya me sentía diferente, había mirado otros horizontes y hecho más tonterías, ¡ah!, y ver televisión. Aquí en Quiringüicharo tenían algunos caballos para arriar ganado y de transporte. No araban con ellos. Y mi papá compró uno de esos caballos desahuciados que se había roto una pata y logró consolidar; parecía su pata un tronco puesto de lado arriba de otro. Cabe señalar que la mayoría de los rancheros los sacrifican cuando se fracturan una pata. A este seguro que lo dejaron en el potrero para que muriera y fuera merienda de zopilotes; y sobrevivió, le llamábamos el Pipa, porque era muy panzón y huesudo, además de viejo, terco y retobado. En una reunión a caballo con los primos, los amigos, no recuerdo para qué, pero íbamos al Aeropuerto Internacional de Quiringüicharo —la calle principal— y cuando llegamos todavía tenía la función de aeropuerto. Entonces, empezaron las presunciones, ¡la mayoría montábamos a pelo, llevábamos solo las riendas.

---

6 Significa desaguarlo.

—¡Mírenme, lo hago caminar de lado y bailadito! —dijo uno.

—Miren —manifestó otro—, ¡yo me paro en sus paletas!

—¡Yo me puedo dar la vuelta y montar al revés! —comentó otro.

Sale mi enemigo imaginario en el anca de un Peñaloza: «¿Te vas a dejar?».

Pues yo en mi caballo Blanco podía acostarme en su espalda sin riendas y a pelo y caminar con él, no contaba que llevaba al cholenco del Pipa. Me acosté sobre su lomo con la cabeza en el anca, y me dispuse a apretar los pies al cuello, pero cuando arrancó a caminar, se resbaló mi cuerpo y caí en las piedras de cabeza. Me levanté como un resorte y me volví a montar, aunque algunos se dieron cuenta de que me escurría sangre por la espalda, pero no dijeron nada.

—¡Ni me dolió! —aseveré.

Se me había incrustado una roquita como de un centímetro de diámetro, pero la cabeza sangraba ¡como si te fueras a morir! Quité la roquita y presioné con el dedo, hasta que ya no hubo sangrado. Entonces, siguieron haciendo presunciones de cómo lazaban, pero ya no hicieron acciones peligrosas. «Con ese pendejo es suficiente», deben haber pensado. Otro accidente con el Pipa se debió a que aquí en el potrero, en los caminos se hacía muy pantanoso, y todos los caballos y vacas buscaban caminar por lo más seco, y en un camino junto al alambrado, lo más macizo era pegado al alambre. Con lo cual, me le colgué con mis escasos treinta kilos del freno hacia la derecha intentando retirarlo de la cerca, pero no le hizo caso al castigo del freno, y me serruchó dos surcos en la pierna izquierda. Con las púas del alambre, ya cortado, lo golpeé para que obedeciera, pero el mal ya estaba hecho. No dije a nadie de mi lesión. En cualquier lugar me hubieran puesto unos diez puntos de sutura en cada herida, aquí solo la mearon mis hermanos y a libre evolución. Siempre que me tallo recuerdo al Pipa. Se murió de viejo y se lo comieron los zopilotes. También lo monté mucho, pero era una herramienta de trabajo. No se ganó mi respeto o cariño.

El proyecto de granja cocodrilera.
Para cinturones y bolsos de piel

En la temporada de crianza de los cocodrilos, seguramente en puente festivo la retahíla de chamacos nos organizábamos para ir a la Laguna Oaxaca. Allí se narraban cosas extraordinarias del tamaño de los peces y también de los cocodrilos, pues hacia esa laguna llegaban varios arroyitos, y salía un afluente del río Lacantún. No faltó la pelota de masa de tortillas recién salidas del comal, hasta llevábamos cordeles en tabletas de madera con cintura, estilo costurero de hamacas, porque las varas se atoraban en la jimbalera y había jimba[7] para jimbar para arriba. Llevábamos una o dos machetes, un pumpo de agua, una morraleta, y lo más importante: ganas de conocer otros destinos. Eso sí, estaba lejos, más de dos horas a patín, ya que allá no nos prestaban caballo. Íbamos sin guía, solo con preguntas e indicaciones de los que ya habían ido. Corrimos con suerte, pues todas las indicaciones fueron certeras, y llegamos al arroyo que sale hacia el Lacantún y pescamos nuestras primeras mojarras. Tony pulió un gancho de una rama de jimba, para ensarta y sacamos un cargamento de sardinitas para tenguayacas, pejelagarto y mojarras muy grandes. Habíamos desarrollado una técnica de caminar sobre los trozos sin espinas de los bambúes, o el que iba adelante cortaba las espinas más groseras.

Se puede decir que caminábamos sobre el agua, despacio como perezosos, pero sobre el refugio de los peces más grandes, y por efecto de sombra no nos veían las víctimas al llegar, casi que podías poner la carnada en su trompa, hasta quitábamos la plomada para que cayera más natural la carnada. Sacamos grandes mojarras, saqué un megapejelagarto y en la poza que más prometía había una camada de cocodrilitos, el nido estaba recién rascado. Malquiria y yo íbamos hasta adelante, nos acomodamos y agachamos lo más que se pudo; una vez ahí, sujetamos por el cuello uno cada uno y los echamos en la morraleta. En ese momento, empezaron sus pujidos para llamar a su mamá, pero no se apareció, ya teníamos pescado suficiente para desquitar el haber venido, pero volvimos al camino para llegar a la verdadera laguna. En la orilla había un cayuco de unos campesinos que vivían en su rancho, así que lo tomamos prestado para anzuelear por arrastre sin plomada. Sacamos como cuatro mojarrotas más, pero al pasar cerca de una orilla vimos el arrastradero de los cocodrilos más ancho que el cayuco, y nosotros con dos criaturitas haciendo sus quejidos de llamada. «¡Vámonos, o nos van a comer!», pensamos. De regreso veníamos turnándonos las ensartas y la morraleta y pensando en voz alta sobre la granja cocodrilera, y Tony burlándose de nuestros sueños guajiros. A Charly le tocó sumergirse a sacar el anzuelo atorado de carnada de cocodrilo. Fue solo una vez, ¡pero no se lo comieron!

Al llegar a la casa, entregamos la pesca, y Malquiria y yo en el centro del solar hicimos un hoyo de un metro cuadrado y sesenta centímetros de

---

[7] Es una planta del género de los bambúes muy resistente y de unas espinotas muy sólidas.

profundidad. Nos agarró la noche, pero dejamos a los cocodrilos en su playita y su agua. Y a dormir después de mojarrota frita crocante.

Cuando al amanecer fuimos a ver nuestra granja, los cocodrilos ya no estaban, de ellos nunca más se supo nada. Sospechábamos de Tony, pero se acostó con nosotros y seguía dormido. Nos pasó lo del cuento de la niña del cántaro de barro sobre su cabeza y, al caérsele, también caen sus sueños.

Del zopilote navegante o el paso de cadáveres en el río Lacantún

Por ese tiempo estaba la guerrilla en Guatemala, y recién llegamos se había regresado una comunidad de refugiados que colindaba con el pueblo de Quiringüicharo de casitas de palos y techos de palmeras que era un pueblo fantasma de casitas amontonadas. Todos dejaron cañaverales de caña roja, morada y blanca. Cortábamos las más gordas y bonitas, y mascábamos caña hasta por horas. Creo que eso debilitó mis dientes, pero a lo que voy es que en una ocasión en el vado de Juventino estaba pescando la primera pigua más grande del mundo, con anzuelo. De repente, una tardecita en que se miraba el sol como a un metro de altura sobre los árboles de la selva al otro lado del río, se enganchó de la base de una de las tenazas, y estaba lidiando porque no me pescara mi dedo. La pigua era de casi un kilogramo con unas tenazotas, yo no las conocía, conocía las langostas de mar, pero esta estaba del mismo tamaño, colgando, trabada de mi anzuelo. Yo luchaba por agarrarla con una mano justo de ahí, pero me amenazaba, así que la alcé aventado y la sujeté de la cabeza, entonces pude ver a mi alrededor —estaba en una islita frente al vado— un zopilote flotando en la panza de un humano muerto, y como a tres picoteando la carne de otro, y varios más sin zopilotes, que giraban y giraban en las aguas del remanso de Juventino. Grité con todas mis ganas: «¡Unos muertos!», y corrí a avisar a los adultos, al comisariado ejidal y a todo el que se me atravesara; luego ya los adultos con lanchas con motor fuera borda fueron a sacarlos. Habían muerto de ráfagas de disparos desde muy cerca y se los llevaron a enterrar en tumbas individuales con cruces sin nombre.

Yo creí que eran guerrilleros guatemaltecos muertos en batalla. Pero al pasar el tiempo, y preguntando, supe que, aprovechando lo de la guerrilla, rancheros de más arriba del río contrataban a un grupo de trabajadores manejable, y al finalizar el mes les organizaban una comida: un evento para despedirlos. Entonces en el momento en que estaban distraídos todos comiendo y bebiendo los acribillaban a balazos. Una vez muertos o muriendo, los aventaban al río y decían que eran guerrilleros muertos en batalla; iban perdiendo la guerra, solo son rumores, no tengo ninguna prueba.

La pigua que pesqué no fue la primera ni la última, mi papá puso un cordel en la cocina donde se colocaba la especie de casco que es la cabeza, como trofeo, y se añadieron varios. Me pasó el gusto cuando en el mismo remanso de los cadáveres, sobre un cadáver de burro semihundido, una miríada de piguas macho y hembra comían la carne muerta. Mi papá decía que tienen la función de los zopilotes en el medio acuático: comen carne podrida.

Casi no hay muertes, más que de viejitos y accidentes, y de guerrilleros guatemaltecos, enterrados en los panteones locales.

Me atreví a preguntar a un cronista del pueblo de Zamora Pico de Oro si conocía esos criminales de guerra. Asintió y dijo que eran los dueños del pueblo. No mencionó nombres y se dedicó a otra cosa.

Ya que comenzaron a llegar las instituciones de la legalidad, se acabó la guerrilla guatemalteca y habían acumulado bienes para dedicarse al comercio internacional, más lucrativo, pero igual de chueco. Son un grupo que comete crímenes a gran escala y los convierten en negocios blancos. Si te conocen te permiten que trabajes en negocios propios, si no eres del pueblo, no te permiten negociar.

A mi madre la dejaron poner un restaurante, porque fue lo que aprendió en la ciudad, pero aparte de que la conocían era ya famosa por la narrativa oral, de Gil, el juglar del pueblo.

En este pueblo no hay ladrones

Ya un Premio Nobel contó una historia con este título. Pero la mía solo es una mentira más que voy a tratar de endilgarles.

Quiringüicharo se asentó; en la parte sur había michoacanos con riquezas de sus negocios comerciales reales y negocios subterráneos; en el centro, norteños; norte lado del estadio de fútbol, los de Guerrero, parecían solo gente trabajadora; y norte lado del río, los oaxacos, migrantes del estado vecino. En las orillas del río, veracruzanos.

Aconteció que comenzaban a tener ya varias gallinas, puercos y otros animales, como chivos, borregos y peligüeyes. Y empezaron a desaparecer gallinas. Pero no había huellas de ataque animal: plumas, huesos o restos, solo plumas en el cerco donde se tiraban basuras grandes, tambos, cubetas, bolsas de plástico. En el ejido de Quiringüicharo también estaba el grupo de ejidatarios, que eran en conjunto la ley judicial del pueblo y se organizaron para descubrir quién se estaba despachando gallinas y uno que otro puerco. Por los indicios, el ladrón se ubicó en el barrio oaxaco, y comenzaron a vigilar subrepticiamente hasta que atraparon a Javier jalando un puerco para su casa, que se resistía con mucha fuerza, a pesar de que dijo que habían mandado a bañarlo. En su casa se encontraron indicios de robos anteriores: plumas distintas, carracas; con lo cual le dieron un correctivo *ipso facto* sin juicio y sin esperar: una golpiza que evacuó sangre. Después, lo curaron metiéndole huevos crudos por el culo. Esa curación naturista jamás la había escuchado. Pero hay un viejo dicho que dice que gallina que come huevo, aunque le corten el pico. Ya recuperado empezaron a perderse más animales. Había un grupo de muchachos y señores que se iban a trabajar en la construcción en Cancún y contaban que rentaban una casa entre varios, dormían amontonados para ahorrar y regresaban en grupo, pero el Javier nunca regresó.

En seguida va mi mentira que susurraba el viento entre los árboles, vibraba en el agua y todos lo sabían, porque el crimen es casi nulo; se perderá un martillo, un machete, solo ahora en grupos grandes está sucediendo el abigeato.

Lo que susurra el viento es que el grupo de ejidatarios subterráneo a medianoche fue por Javier y le dijeron que lo iban a llevar a Cancún, quiso correr, pero estaba rodeado. Mientras caminaba a la salida, por la brecha del pueblo, recitaba un cuento de Juan Rulfo: «¡Diles que no me maten!». Le contestaban que iba a ser un ejemplo para todo el pueblo. A los tres kilómetros, había un árbol joven y cavaron un cuadrado rodeando la raíz del árbol, lo arrastraron, quedó su raíz con un cubo de tierra y entonces le dijeron: «Cava tu tumba». Mientras cavaba, lloraba y suplicaba.

En cuanto llevaba como sesenta centímetros de profundidad, le dijeron: «¡párate en la orilla! El pueblo te declara culpable, encontrado *in fraganti* en dos ocasiones, eres condenado a morir para ejemplo de todos».

Se paró llorando en la orilla y los que llevaban rifle se pusieron en fila: «preparen, apunten ¡fuego!». Cayó de espaldas; apalearon grava para cubrir el cadáver, arrastraron el árbol a su mismo sitio, acomodaron la vegetación y quedó como si aquí no hubiese pasado nada.

Cuando caminaba por la carretera, miraba con recelo: ¿qué arbolito protege un secreto de la comunidad? ¿Cuál será un ejemplo?

Cuando alguien no regresaba de Cancún te preguntabas: ¿se habrá quedado a vivir? ¿Migró a otro lugar? O es un ejemplo, bajo un árbol, de que el crimen es casi nulo en este pacífico pueblo.

No me crean a mí, vayan al pueblo y escuchen el susurro del viento o cometan un crimen y lo comprobarán.

El episodio de las chacuacas

Esta aventura nos sucedió con Malquiria. En la cara anterior del antebrazo izquierdo tengo una cicatriz con forma de labios como recuerdo. Se nos enseñó a portar el machete con la parte sin filo en el antebrazo izquierdo, tomado de la cacha como cargando a un bebé cuando se portaba desnudo; con funda iba en el hombro o el cinturón. De seguro nos mandaron a ver la milpa, porque solo llevábamos un machete cada uno. Íbamos por la playa todavía pequeña del Lacantún y en un escurridero de arroyuelo se había desgajado un gran terrón que lo mantenían unido unas plantas de güiscoyol, y en una de estas había un panal de chacuacas del tamaño de un balón de basquetbol, negro, hecho de tierra, madera y saliva de las abejitas. No tienen aguijón, muerden como hormigas y también son conocidas como enredapelo. El güiscoyol es una minipalmera espinuda, de unos seis centímetros de diámetro y de tres a cinco metros de altura, da un fruto cubierto de mucosa agridulce al madurar, y su carne dentro del coquito es igual que la de un coyol con el mismo sabor de el coco grande. Las varas de las palmeritas estas son durísimas, mellan los machetes.

Al ver el panal nos regodeamos, vamos a comer miel y polen, y está como mandado a hacer, recostadito y cerca del agua.

—¡Ándale, Malquiria, te está esperando! Dale dos machetazos, al caer se parte, tomas tu pedazo con miel, yo los míos y ¡a correr! —le dije. Me coloqué casi justo donde pensaba que iba a caer y partirse, aunque todavía no sabíamos que el palo era duro como una piedra y para que entrara el machete había que sesgarlo y con fuerza. Él comenzó a machetear atravesado y entonces salió una nube de chacuacas que me rodearon la cabeza y se metieron en la ropa y el pelo. Ni me había descolocado mi machete guatemalteco, fueron tantos mordimientos que hui despavorido al único lugar que podía refugiarme: al agua del río que estaba cristalina. Con el clavado que me lancé el machete se dio la vuelta y se resbaló cortando suave y profundo, bajo el agua luchaba por ahogar y quitarme el chacuaquero que me atormentaba. Al lado, Malquiria hacía lo mismo, pero el dejó el machete suyo en lo seco. Ya que se calmaron, saqué mi machete, y fue entonces que le puse atención a la herida; era tan fina que no se notaba, pero sí sangraba de manera abundante, así que la apreté hasta que ya no sangró. Como gatos remojados, mordisqueados, tiritando, ya herido, continuamos hacia la milpa, por la pena. No dijimos nada, no le moví nada a la herida, tuve la suerte de que no se infectó y cicatrizó bien; en la ciudad me hubieran dado ocho puntos, antibiótico y la vacuna del tétanos, aquí al natural.

Nos pasó porque ya habíamos comido antes panal de chacuacas, la miel es muy dulce con un tono agrio, pero el polen tiene un no sé qué muy rico y mareador, adormilante. La gula nos bloqueó en lo mental. Además, debido a esa experiencia anterior se había caído la rama por el peso y ya estaba abandonado el panal. Nada más fue de chupar y morder.

Cazando iguanas a mano

Ya sé que voy a sonar antiecologista, pero qué sabrosas están las iguanas verdes. Papá había agarrado más de una buceando, y con huevos en su interior, en la temporada de estiaje, por las vacaciones de Semana Santa. Las hembras son verdes toda la vida, pero los garrobos (los machos) al llegar a cierta edad se ponen anaranjados o colorados. Muy grandes. En una ocasión me encargaron una iguana para tamal, aunque la trajera destazada. Esta vez recurrí a Malquiria porque superaba a un mono araña subiendo árboles, de hecho, caminaba por las lianotas idéntico a un mono araña hasta treinta metros, se subía a mameyes, caobas, huapaques, higueras enormísimas por las lianas. Ya arriba del árbol, azuzaba a la iguana para que saltara, pero la mayoría seguían rutas que al saltar caían en el agua, y nadan ondulándose, ya que aguantan mucho tiempo la inmersión. En eso vio un garrobón como de dos metros y medio, naranja y le dio él por las ramas que estaban en el río, lo azuzó y se lanzó, lo vi venir y calculé corriendo caer en el mismo lugar, en un barranco como de tres metros para atraparlo del cuello y del tronco de la cola. Como era arena, la caída fue suavecita y, como de película del cazador de cocodrilos, me salió. Bajó del árbol de manera normal, de allá arriba vi donde se metió una. Le dislocó la uña de todos los dedos medios de las cuatro extremidades y utilizó el tendón para amarrar las manos tras su espalda y las patas tras su cola. Y así ya no se pudo mover. Había tres aduanas de una institución que se llamaba la SEDUE, Secretaría de Desarrollo Urbano y Ecología, que es la actual SEMARNAP. La acomodé en una caja de huevos al fondo, con mis libros y apuntes de tareas sobre él, con mi cara de póker, decía: «¡Llevo mis apuntes!».

Rogando que no se moviera, llegó y supe que se convirtió en tamales, pero no me tocó más que la embarrada de mierda de mis cuadernos.

También me lancé a buscar a la hembra, que estaba bajo un árbol hundido; de esa sí me tocó, la cocinaron con guajillo y estaba de rechupete.

Ahora sé que su poder de mordida puede arrancar dedos o pedazos de carne, y dice que lo atrapé tan fácil porque estaba atarantado del zapotazo que se dio en la arena.

No se traumen, ya hay granjas iguaneras, no están en peligro de extinción. ¡Nosotros sí!

Del episodio de la ardilla asesina

Este es un relatito que lo recuerdo en más de una versión. Será que lo viví más de una vez, aunque no lo creo, porque cuando lideras a la tribu, te cuentan todo lo que les sabe a puro dolor. Sucedió casi al final del verano, pues la aventura fue de todos al ir a la cosecha de elotes. Llevábamos al Pipas penqueando y mordisqueando a poco tren, y subían al chunco para llevarlo a la eterna carnada de cocodrilo. Todos llevábamos resorteras, pues no cargarla y no traer piedras en los bolsillos del pantalón era como andar sin trusa, te sentías a raíz, ya que nunca faltaba una tórtola, una iguana o cualquier víctima, por lo que a Charly le tocó el honor de llevar al caballo por el camino de las bestias, y a los demás, por la orilla del río. Los caballos en la selva se hunden en la tierra húmeda son lentos y atraen moscas hematófagas y tábanos.

Así que ya adivinaron la cara del Charly y su ánimo de ser vaquero, aparte iba sobre los pergaminos donde vendría la cosecha. Un pergamino es un costal de tejido de ixtle áspero, al que le caben cien kilos de grano. Pero no son gratos de asiento. Malquiria ya había matado pájaros carpinteros, iguanas, tetereques, tortolitas, así que era el que más puntería tenía, ya que lo demostró hasta con una niña que le había dicho groserías relativas a su higiene: desde sesenta metros le hizo un corte en la frente de tres centímetros, y se ganó sus varazos.

Ese día no fue la excepción. Cosechamos los mejores elotes y llenamos los dos costale. Y al llevar los costales a la orilla, vimos a una ardilla en una rama alta de perfil roer una semilla. Malquiria se cuadró, apuntó y disparó una parábola perfecta; le dio en la cabeza y cayó como piedra.

—¡Órale, Charly, a por ella! —le dijo al chunco.

Fue por ella y la trajo, parecía muerta y tenía sangre en una oreja. Por consiguiente, la pusimos en un costal y entonces amarramos el pergamino.

Cargamos al Pipas y subimos en el anca a Charly.

—¡Lo llevas a la casa! Cuidadito y tiras la carga —dijo Tony—. Nosotros vamos a navegar por el río. —Y se alejó.

Ya les he contado que en las puertas de alambre es casi universal que se haga un pantano, y el esfuerzo que hacían los caballos hacía que aflojaran o tiraran la carga. A Charly, en una de esas puertas en las que se le caían los costales, con sus ocho años encima y muy poca fuerza, se puso a revisar los costales caídos.

Al abrir en el que iba la ardilla, la vio completamente recuperada, la vio completamente despierta. En acto reflejo, la tomó del cuello y la ardilla le incó los dientes en el pulpejo y, por el otro lado, atravesó la uña, entonces con la otra mano la ahorcó hasta matarla, para que lo pudiera soltar. La puso en el poste del alambre, acomodó los costales y se puso a llorar y a apretarse su dedo.

Así lo encontró don Lencho, que venía de su chamba.

—Parece que se te cayó la carga, ¿no? —le preguntó.

—Además me mordió ese chingao animal —replicó.

—Trae el caballo, vamos a recargarlo, además ya vas a llegar —dijo don Lencho.

Y también lo alzó sobre el anca.

Llegó a la casa y descargó los costales, y llevó al Pipas a pastar.

Unas horas después llegó el trío calavera.

—¿Y dónde está mi ardilla? —preguntó Malquiria.

Y Charly nos relató con su dedo con costras levantado la historia que ahora mismo les acabo de relatar.

Ni tiempo nos dio Malquiria a reaccionar, lo agarró de una mano en ese momento y con violencia le dio varios golpes con saña de maldito, cuando lo agarramos, ya era tarde, Charly quedó todo maltratado con la piel levantada y sangrante.

—¡Para que aprendas a no andar pendejeando! —le dijo—. ¡Y no andes perdiendo las cosas!

Todavía destila rencor el Charly.

A Malquiria la violencia se le despierta al grado del asesinato. En una ocasión, tratando de que ya dejara de tomar le toqué el hombro para que regresara a la casa y me dio una patada de giro en la quijada. «¡Vótate al carajo!», le dije. Y dejé de verlo como en diez años.

¡Sí arde el rencor!

La increíble y triste historia verídica de vivir del chile

Como saben, Quiringüicharo es un ejido de rancheros ganaderos, agricultores y uno que otro pescador. Sin embargo, cierto día llegó un promotor de una compañía empacadora de chiles, no recuerdo bien si fue La Herdez o La Costeña —todavía se utilizaban rotafolios—, a decirles a los campesinos que sembraran chile jalapeño, y su rotafolio y marcatextos avivaban la atención diciendo que les iban a comprar toda la producción a precio preferencial. La casa ejidal estaba llena,

—Y si estamos en eso, ¿quién nos garantiza que ya teniendo la producción nos la pagan al precio que ustedes quieran si no está por escrito? —preguntó mi papá.

—Pues seguro producirán bastante, son tierras vírgenes —replicaron.

—¡Yo no me lo trago!

Y nos fuimos a la casa. Ese año dijo mi papá que íbamos a sembrar diez hectáreas de maíz, porque los demás iban a necesitar.

—¡No van a vivir del chile! —se sonrió.

Fue un verano de trabajo intenso y nos miraban como bichos raros.

Hay un costal de *nylon* casi transparente tamaño costalilla, al que le llamábamos arpilla. Cuando los chilares empezaron a producir, nos invitaban a trabajar por la cosecha, pagaban cierta cantidad por cada arpilla, pero había que cortar el chile sazón con todo y palito de sostén sin arrancar la rama. En realidad, algunos tenían técnica, pero mi velocidad era de tortuga, y no fue negocio para mí, pero tenía la milpa para irla a cuidar.

Las primeras veces estaban contentos porque sí les pagaron a precio preferencial. Pero las plantas de chile siguen produciendo si les tienes cuidado y esmero, y la siguiente producción se la quedaban o la malbarataban a precios irrisorios, así que llegaron a pagarnos la ayuda de la cosecha con arpillas de chile. Como cosechador tenías derecho a llevarte los chiles naranjas o rojos, ya maduros, porque esos no los quería la fábrica. Y comenzó el viacrucis para los culitos quiringüichareños, pues comer tanto chile repica; primero eran salsas, ensaladas, chiles rellenos, con huevo, en rajas, salteados, luego lo mezclaban con el maíz para tortillas chilosas, agua fresca de chile... Creo que lo único para lo que no se utilizó es para sustituir al olote o el papel de baño. Aquí parezco Buba contándole a Forrest Gump todos los usos del camarón. Si inicialmente les fue bien económicamente, en las consecuentes cosechas solo les alcanzaba para comprar suministros básicos: frijol, arroz y maíz.

—¡Míralos, campesinos comprando maíz, habrase visto! —Se reía cuando jugaban vóleibol. Nosotros solo eso habíamos sembrado, además de calabaza, plantas de Jamaica, ajonjolí y, en un pantanal, arroz.

Entonces fue que nos comenzó a ir bien a nosotros. Con la troje llena, toda la sobreproducción se comenzó a vender a precio más que preferencial, lo dábamos a precio de mercado alegando que no pagaban pasaje ni gasolina, hasta se atrevieron a decirle acaparador a mi padre.

—¡Yo les dije! —les contestaba.

Así que, el siguiente año, se vieron en la necesidad de destruir las hectáreas de chilar que iban a necesitar para el consumo anual, pero ese largo año que pasó todo campesino de Quiringüicharo cuando preguntaba: «¿Qué vamos a comer hoy?», le respondían: «¡Puro chile!».

Sé que esto no me lo creerán, pero es la pura verdad. La experiencia me sirvió para saber que del chile se saca capsaicina, un analgésico. Tolero un habanero masticado solo lagrimeando, y mi culo quiere huir cuando encargo mis habaneros.

Si le preguntan a los del pueblo lo negarán, no quieren aceptar que por un momento solo vivieron del chile. La enseñanza: en casa debe haber maíz, arroz, frijol y hortalizas y comerás bien y surtido. No cae mal puerquito, pollito, pescado, venado, vaca, tepezcuintle o iguana como complemento. Y el chile de condimento. Ya pasan los promotores a prometer, creo que los de La Patrona, para que sembraran palmera de aceite, y ya se ven palmares hermosos. Los que ya comenzaron a cosechar se están forrando de dinero, pero se llevó muchos años el crecimiento, así que mientras crecen las palmeras, se tienen que dedicar a los cultivos tradicionales.

Espero no contarles que pasó una compañía camotera poblana.

De la pérdida de la corona para siempre

Sucedió en el verano del ochenta y seis, y no se trata del mismo de cuando nació Simón, que al regresar al rancho en las vacaciones de verano al llegar a casa no me fue a abrazar mi papá, pues estaba en el corredor en un catre, con una bebita gorda, y colgada una cuna de caoba hecha a mano. Llevé mis cosas al cuarto del rincón contiguo al de mis padres. «¿No que no estabas embarazada?», le dije a mi mamá. Ya que en las vacaciones previas le dije a mi mamá que parecía que estaba embarazada, y lo negó. Fue mi primer diagnóstico certero solo con indicios.

Me morí de celos, lo confieso. No me hacían caso. Ni los chamacos. ¿Dónde está mi tribu? Dice Rose que fue la compensación porque yo ya lo había disfrutado muchos años: doce. Ese verano fue el más negro que recuerdo, no me supo a nada llevarlos a la Oaxaca, ir a un arroyo de buena pesca dentro de la Selva Lacandona, navegar en el centro del río, correr los caballos, ningún éxito me gustó, ¡esa niña! Pobre, la pagó muy caro, en el fondo cree que la levantamos de un basurero municipal, alguien se encargó de contarle su negro pasado. Para colmo, se parece mucho a mi primera hija. Así que no sean malos con sus hermanos, la genética se venga.

¡Ah! Y ese año el grupo Opus sacó *Live Is Life*, un superéxito de canción (y no es solo por relleno maese gineco. Así dice la canción, en la canción sí es escasa la letra). Campeón mundial Argentina del México ochenta y seis, pero sin mucha alegría. Ya nunca más fui, miren, este es mi hijo el que estudia en Tuxtla. El tiempo se lo llevó. Aparte de ser muy parcos en la demostración de cariño, el andar reticente por los celos no ayuda. Nunca me han conformado las migajas... pero creo que es mi amargo destino.

Tercer Libro

La jaula de oro
Del tronco a la realidad

Si se acuerdan, les conté alguna vez que una tarde pardeando el sol, un poco de llamas y troncos humeantes, en uno tirado cerca de la orilla del camino, mi progenitor, sentado, sudando, y yo también, me dijo:

—La vida del campesino, hijo, es difícil, te levantas antes que el gallo, y llegas a casa al atardecer. Te alimentas de lo que siembras, y el máximo trabajo local si solo tienes primaria es de peón o jornalero. Además, el trabajo es pesado y es desde el amanecer al atardecer; ya cuando adquieres experiencia te puedes encargar de un rancho cuyo dueño trabaje en la ciudad y te pague para cuidarlo, a esto le llaman caporal. O tienes la otra opción: estudiar, ahí con esfuerzo y dedicación algún día trabajarás con tu cerebro, te cansarás menos y ganarás mejor; decidas lo que decidas, te apoyo.

Me quedé mirándolo un rato y le dije:

—¡Quiero estudiar! Me dijo que tenía que ir a la ciudad a ver dónde me acomodaba, mientras yo cuidaba de la casa. Faltaba poco para salir de sexto; así que, aunque zotaco, ya comenzaba a pensar en grande. Me consiguieron un padrino de graduación —un tal señor Mario— y fuimos él y yo a formalizar el asunto. Yo no tenía idea de qué era lo del padrino. En la ceremonia de graduación del pueblo de Quiringüícharo, Chiapas, don Mario me tomó de la mano hasta la mesa del presídium a recibir mi diploma de haber concluido la primaria. Déjenme decirles que en varias ocasiones escuché que los hijos de campesinos no terminamos la primaria porque los ocupaban de mano de obra barata hasta que se cansan y se van del yugo paterno, o emigran a una ciudad grande a trabajar en lo que se pueda, de obrero, peón de la construcción o jornalero.

Así que en un error estadístico me convertí ese día de graduación con diploma. El padrino me regaló unos zapatos color café que me gustaron y de mi talla. Por primera vez noté una celebración a mi nombre, hasta hicieron un mole por mi graduación.

Cuando regresó mi papá, supe que para entrar a la secundaria había que hacer un examen de selección y quien lo pasaba seguía en la escuela, en la secundaria. Pero me dijo que me llevaría antes para que me enseñaran qué estudiar; una tal tía Dely iba a entrar al CONALEP y podría enseñarme lo que recordaba.

Para las fechas que llegamos ya todas las secundarias habían dado ficha, solo quedaba la Federal de San José, la Ricardo Flores Magón.

Me dejaron al cargo de mi tía Ilíada, una mujer de armas tomar, menudita. Me dijo frente a mi papá que estaba para obedecerle en lo que me mandara, y que el único tiempo que respetaría era el de la escuela. Así que en cuanto se fue mi papá, me llevaron al cuarto de tía Dely y me dijeron que ahí iba a compartir y que ella escogía lugar: creo que llevaba tres mudas de ropa, de una vez para ser retrato todo el año. Mi tía Dely estaba de vacaciones, por lo que al otro día me llevó a sacar ficha para el famoso examen; de hecho fue mi primer escalón de sufrimiento, de una torre, porque la secretaria al saber que era de rancho y pensando que no me iba a saber la palabra dijo: «¡Otro chanchito!». Y yo le dije: «¡Qué puerca, la más gorda de su casa!». Desde que empecé a leer a *Kalimán, El libro semanal, Duda, Alarma, Memín Pengüin* y otras novedades culturales del rancho, les tomé mucho cariño a los diccionarios, porque me resolvían dudas que mis padres, hermanos y compas del pueblo no sabían contestarme, nada más se rascaban la cabeza. Los sigo considerando maestros aún en esta era tecnológica. Alguna vez llegué leyendo a la página cuatrocientos de uno de mil páginas, y antes la che era la «ch» y tenía su sección. Y chancho es sinónimo de puerco, cerdo, lechón, marrano, cochino; con lo cual me dolió que solo por ser de rancho me catalogara así. No trascendió y se hizo la disimulada. El siguiente evento traumático nada más salir de la oficina de la secretaria grosera era llenar un cuestionario sencillito, pero al final decía nombre y firma ¡y yo no sabía firmar! Ahí mi tía Dely me explicó lo mejor que pudo, pero si mi ignorancia era tanta cómo iba a poder con la secundaria.

—¡Haz un garabato que recuerdes siempre y represente quién eres! Así que hice un gancho, otro gancho, hasta que me acordé de los fierros para marcar ganado en los ranchos, con las iniciales o una característica especial y no te roben tan fácil tus vacas, caballos, chivos. Escribí una jota y la doble «u» y los uní con un gancho y ahí estaba mi firma, que ahora apenas y puedo escribirla. Ese *lapsus brutus* me hizo llorar como una hora. Así que, si algún día un ranchero lee este tramo, enséñele a su hijo a firmar, puede evitarle un incómodo encuentro en la ciudad. Regresamos a la casa y la tía se dio tiempo de darme una clase de ortografía, de las palabras con be y uve, qué palabras las llevan y por qué no es lo mismo bebe que bebé. También aprovechó para tocar las agudas, graves y esdrújulas, las sobreesdrújulas se le complicaban; y sumar, restar y multiplicar, que todo eso iba a venir en mi examen, que practicara. «¡Si no pasas, te regresan al rancho!».

La ciudad me da la bienvenida

En la misma semana mi tía Ilíada me dijo que la acompañara al mercado. Vivíamos en la colonia Fovisssste II, en los suburbios, lejos del centro. Había en ese entonces tres rutas principales de transporte. El Tuguchis, que era un camión guajolotero verde que recorría desde San José en Terán hasta La Central de Abastos en el oriente, pasando por importantes puntos en el centro de la ciudad. Un camión naranja del mismo estilo que recorría del centro de la ciudad a San José, y El Delfín, que era amarillo y recorría la avenida central desde la Escuela de Trabajo Social en el oriente, allá por la salida a Chiapa de Corzo hasta la Pochota, la salida poniente de la ciudad.

Me dio una morraleta, y en ella puso su monedero y caminamos hacia el Boulevard, que es la avenida central también, a esperar al camión. Finalmente, ganó el Tuguchis, nos subimos y detrás de nosotros subieron esos payasos que se gritan payasadas tontas de la puerta de adelante a la puerta de atrás. Cuando ya íbamos a llegar a la zona del Mercado de los Ancianos —antes estaba en la segunda poniente de sexta a novena sur—, me pregunta mi tía:

—¿Y el dinero?

—¿De qué dinero me hablas?

—En el morral eché el monedero, ya no está.

Pedimos la bajada. Y empezó la cadena de regaños, ya que nos habían robado lo de la comida de la semana. Desconsolada y avergonzada, pidió apoyo para pasaje de regreso; solo caminamos una cuadra, de la quinta sur a la sexta sur, y tomamos el camión de regreso.

Creo que escuché todas las frases que dicen los grandes de ganar el dinero, no cuidarlo y perderlo, que esa semana iba a ser austera para mí, calladito sin chistar me aguanté su discurso hasta llegar a la casa. Allí creo que para que yo aprendiera a desquitar lo que se perdió, lo que se gastaba en lo que se comía, la luz, el agua, se dedicó meticulosamente a enseñarme cómo se hacía en la casa la limpieza para que quedara a su gusto. Como no lo hacía ella, solo decía: «¡quita acá, pon aquí, barre allá, trapea acá, devuelve las cosas a su lugar!». Me acabo de acordar de que tengo alguien así en mi vida. Somos víctimas de patrones de comportamiento. Terminada la limpieza total, incluido deshielar el refrigerador en su zona congelada. Deben de saber que los refrigeradores antiguos hacían escarcha en el congelador, hielo sólido que había que desbaratar, ocasionalmente, para que cupieran los perecederos. Los actuales se autodescarchan ¡qué chévere! ¡Qué sigue! Planchar y doblar ropa, las mejores clases de planchado que recibí, de ahí que odie planchar, pero sé hacerlo muy bien.

Entonces, con su cara triste y de prisionera Dely me dijo: «¡Listo para las lecciones de hoy?». Con sueño y cansancio hice algo que me sirvió para pasar el examen de ingreso a la secundaria. Para esto, apenas pasé. La deficiencia educativa actual es evidente, antes era peor, las clases eran de martes a jueves; incluso menos días si había junta de consejo técnico o una fecha de puente (en nuestro querido México en cada héroe nacional, o fecha importante, se descansa para celebrarlo suspendiendo clases) venía a media semana.

Otra medida carcelaria era el toque de queda, por consiguiente, no se podía trabajar más tarde de las diez de la noche, porque se gastaba la luz y nosotros no la pagábamos.

Como vivíamos en los suburbios, la tortillería más cercana se encontraba en Los Laguitos, colonia como a dos kilómetros de a pie de distancia que abría a las cinco de la mañana. Me levantaban a las cuatro cuarenta, pero cuando llegaba, ya había cola. Ahí conocí de vista a mis primeros amigos de toda la vida, en la ciudad era huraño y algo agorafóbico, no tenía la banda que me cobijara. Encima de ir por las tortillas de la casa, me encargaban tortillas otros dos o tres departamentos más. Otra vez a los desvelos por causa diferente. Debía tener una velocidad de crucero superior a la normal, ya que tenía que llegar a barrer y trapear toda la casa, aunque era departamental, chiquita, yo no era una caja de músculos que digamos. Traía de uno a dos músculos por paquete muscular. El pequeño hurto que cometía era comer dos tortillas recién horneadas, acabadas de salir de la máquina, de cada encargo; toda ocasión que acudí a comprarlas y aún en la actualidad cuando me toca hacerlo una o dos tortillas son víctimas de la gula, aunque la energía se gastaba rápido con las caminatas, barridas y trapeadas.

Mi primer culto dominical

Los fines de semana descansaban ambos tíos en sus respectivos trabajos. Tenían por costumbre irse a la casa de la mamá del esposo, pero cuando no lo hacían iban en familia al culto, ceremonia religiosa protestante, muy similar a una misa, pero con sus variantes. Aquí la hostia es mensual y en lugar de Eucaristía le llaman La cena del Señor. Ya de por sí, no era muy adepto, desde mis clases de costura y más desde que me dieron un varazo que casi me revienta la piel por fanatizarme un poquito.

El ir en montón facilitaba un poquito las cosas, pues el cargador de cosas era yo; la función de nana era de la tía Dely; Ninfa y ambos esposos iban de comandantes de tropas.

Al llegar a la iglesia Emaús me presentó con un adulto joven, encargado de La Escuela Bíblica Dominical, le explicó que era candidato a estudiar secundaria, poco lerdo y que me ubicara. Tienen un sistema de adoctrinamiento por grados escolares como en la escuela pública: párvulos, preescolares, por grados de primaria, por grados de secundaria y adolescentes.

Fue la primera vez que entendí la palabra *apartheid* (la segunda vez con Balun Canan de Rosario Castellanos). Como era nuevo y de rancho, mi modo de hablar era diferente, de otro origen, ni siquiera de clase media baja, me relegaron a un rincón. Primer encuentro con los cristianos: cristianos 1–Jim 0. De la Biblia no me podían contar, en mi hogar había lectura en voz alta de Proverbios, Salmos y Eclesiastés todo el tiempo. Aunque mi padre no fue a la escuela, aprendió a leer por su cuenta, leía más revistitas de monitos que otra cosa, pero nos presumía su lectura en voz alta con sus libros preferidos de la palabra de Dios todo el tiempo, hasta antes de un castigo. Pero jamás les dije que sabía. Sabía varias cosas que ellos no imaginaban. Ya tenía dominado lo de la división en Antiguo y Nuevo Testamento, no tenían idea de cuáles eran los del Pentateuco, el periodo de los jueces, el periodo de los reyes. Los grandes héroes de la Biblia los conocían más por la televisión que por palabras impresas por una imprenta en papel arroz.

Debidamente advertido de no estar cerca de ellos, ahí no hice más que un amigo: Juan Carlos, hijo de una mujer recién convertida, abandonada por su esposo, hijo único, propietario de un estacionamiento, y mientras pudieron obligarme a acudir a escuchar la Biblia, él fue mi ancla de salvación. Como en dos ocasiones me permitieron ir con él a su casa y por las mismas razones que a mí. Su mamá vendió su casa y el estacionamiento, luego se fueron a rentar al Barrio de San Francisco a una minicasa. Y luego les perdí la pista. Como no tenía mucha ropa, era un retrato, siempre llevaba la misma: limpia y bien planchada, pero la misma, y me lo recalcaban, mucho más las niñas, que a esa edad parecen más grandes de estatura, pero el cerebro igual de chiquito que siempre.

Siempre regresaba triste de la iglesia. Dely también, pero no nos consolábamos; ella tenía su misión con los niños y yo la mía con la limpieza general.

El fin de semana me enseñaron que era el aseo superexhaustivo: atrás de muebles, vidrios de ventana, *closets*, recorrer las camas, y deshielar y lavar el refrigerador, aparte de dejar la estufa como espejo. Así que no me mudaba porque era su trabajo previo, además de los niños.

La otra costumbre que tenían era irse a la casa de los padres del tío, un pastor protestante; en la colonia Bienestar Social.

Eran esas ocasiones, posterior a la limpieza total, de una libertad de andar por la casa encuerado total, encerrado bajo llave. Podía andar desnudo, ver la televisión, oír la radio, leer, jugar conmigo. Pero, insisto, quedaba bajo llave. No le podía abrir a nadie, ni invitar a nadie. Eso no lo entendí, la magnitud del peligro de estar encerrado en una cuarta planta hasta mi primer temblor fuerte.

Con el tiempo también descubrí cómo adivinaba qué parte de la casa no había limpiado el día de la limpieza a fondo, y cómo ser libre totalmente, con mucho miedo al riesgo y a los castigos ejemplares que me daba. Ejemplos de cómo hacer las cosas bien para que no se me olvidara, y en la iglesia ofrecía mis servicios de sirviente de casa confiable, que también fue un alivio, cuando menos para conocer otras casas y otras aventuras locas, muy locas. Nunca supe si cobraba por mis servicios, lo que sí sé es que a veces recibí buenas propinas.

Baño de sangre

Al fin llegó el resultado y pasé el examen, con lo cual me acomodaron por la tarde porque tenían a tía Dely para encargarse de los niños por la mañana. Aprendí la ruta de Los Laureles para ir hasta la secundaria en San José a pie, practiqué los tiempos de ida en pleno medio día y aprendí a ser puntual caminando, encontrando atajos. En ese entonces, todavía se miraban carretas tiradas por bueyes en pleno Terán y quedaba una ruta paralela de carretas junto al boulevard Belisario Domínguez. Debía estar despierto antes de las cinco de la mañana, partir por las tortillas, regresar y hacer el aseo completo y si quedaba tiempo era para hacer la tarea; como la Biblioteca Central de la UNACH quedaba cerca, para eso de andar a pie. Estaba hermosa, se buscaba por fichero: había de temas y autor, manuales. Aunque la tecnología era escasa, tenía aislados con escritorio y sillas, y salón con máquinas de escribir. Olympia era un refugio encantador para hacer tareas presentables. Su niña entraba al *kínder* a las nueve de la mañana y el bebé lo cuidaba la tía Dely; en una ocasión al regresar del trabajo, le entregaron un papel de que habían revisado el cabello y que habían encontrado piojos, que revisara en su casa.

Al llegar de la secundaria, todo era conmoción, la tía Dely tenía un gorro de plástico en la cabeza, le habían puesto Okko líquido y el gorro era para que no brincaran los piojos. La tía Ilíada trabajaba de secretaria en una oficina de gobierno que se llama PROFECO (Procuraduría Federal del Consumidor). Tenía uñas muy largas y afiladas, no sé si eran naturales o artificiales, pero que tenían filo pronto lo comprobaría.

Me sentaron en donde había más luz y me revisaron entre todos hasta la niña del *kínder*. Me encontraron piojos y liendres, o eso dijeron, me mojaron con Lindano (insecticida organofosforado) el cuero cabelludo, le quitaron el gorro de plástico a la tía Dely y me lo pusieron una hora. ¡De milagro no me intoxiqué! Poco después de que se fue el tío, me desnudó y me sentó en una silla en el minipatio, aún estaba preadolescente, no tenía caracteres sexuales secundarios. Mojó la cabeza, tomó detergente de lavar trastes y me talló con sus uñas; fue sumamente doloroso, además de traumático. Conforme tallaba y espumeaba mi cabeza comencé a sentir que escurría algo en mi frente, espalda y cachetes, lo toqué y era espeso: sangre, me había sacado la mugre hasta de la sangre. Cuando comenzó a enjuagarme les juro que miraba una cortina roja y el agua parecía roja, los cortes no debían ser muy grandes pues hizo hemostasia con el puro enjuagado. Desde entonces si miro piojos, leo de piojos: me da comezón, siento pasos en la cabeza y recuerdo la cascada de sangre.

Todo lo explicó con lo de la limpieza, costara lo que costara —en este momento me rasco—. Después, seguía los rastros de sus rascados profundos en las costras; que además sacó unas tres noches con peine piojero metálico.

Me he topado con pulgas, chinches de cama, pero no he vuelto a tener piojos.

Aunque ahora existen las permetrinas, no tan tóxicas como los organofosforados, que gracias a la mugre que me cubría no me intoxicó de muerte. ¿Quién puede saber?

Sí le creo que haya tenido mi piel su cáscara protectora de detritus porque en el rancho la mayoría de los baños eran en el río; que íbamos a estar llevando jabón.

Aquí había que bañarse una o dos veces al día con jabón y *shampoo*, sobre todo no oler. Porque comenzaba con sus discursos comparativos: ¿por qué no era como Juan de la Cruz? Siempre bien peinado, limpio y arreglado, además perfumado o ¿cómo no eres como Tomás Perdomo? ¡Con su piel tan blanca!

Podían golpearme, lastimarme, sangrarme, pero dañarme con comparaciones era cruel y doloroso, y sin poder replicar. En palabras cortas y llanas me decía: «¡me avergüenzo de ti!». Lo pueden comprobar, en seis años que viví con ellos no salgo en fotografías. Creo que por eso tomo muchas fotos, mi afán de existir.

Parte de como soy se lo debo a su daño espiritual, que me costó casi un año de terapia. La psicóloga prácticamente me hizo lo de la canción: *La mato dentro de mí, antes que ella, me maté primero.*

Pero tenía tantas ganas de estudiar que me prometí aguantar vara, viniera lo que viniera, para bien o para mal, seguiría estudiando mientras no me corra.

La jaula de oro

Les voy a descubrir la casa a la que llamo como la canción de Los Tigres del Norte, primero porque toda la secundaria quedé bajo llave, me dieron a resguardar un juego hasta que inicié la preparatoria. No pendía de un balcón, estaba hasta arriba en un edificio de cuatro plantas. La unidad habitacional es de interés social Fovissste 2, en la colonia había varios conjuntos de edificios idénticos; este estaba al fondo, precisamente frente a la Prepa 2, donde iría más adelante. El edificio constaba de cuatro plantas, en las primeras tres, para cuatro condominios diferentes, y en el tercer piso, un condominio de cada lado de la escalera central con una ventilación de treinta centímetros en cada planta, con una trabe central, y abajo del primer descanso las llaves de paso del registro del agua potable, y los medidores y *switchs* de la luz. Al terminar la escalera, para el techo había una puerta metálica con candado y escalones metálicos empotrados en la pared bajo ella. Todos los inquilinos tenían una llave del candado. La casa estaba en la tercera planta, subiendo la escalera al lado derecho. Para más seguridad pusieron una puerta metálica extra de rejas en el pasillo de acceso; entrando de frente estaba la sala, si cabía la sala de tres piezas, con sillón de tres plazas, sillón de dos plazas y monosillón que no le gustaba a nadie. Había una mesa de centro, en la esquina una televisión a color, tras ella, el minijardín con puerta de aluminio y ventana de vidrios cortados, de los girables por palanca para ventilar; a la derecha, el comedor de ocho lugares, una vitrina en la cabecera de fondo y un librero con el estéreo en la otra cabecera. Junto a esta, una minicocina, apenas y cabían el refrigerador y la estufa, y el pasillito en la cocina solo podía ser usado por una persona a la vez. Un patiecito. Un baño con taza y regadera muy juntos. Un rincón junto al baño como centro de planchado y tres recámaras, la principal avanzando de frente a la izquierda, a la derecha, al fondo, la habitación de los niños; y a la derecha, la de Dely, y una colchoneta para mí. El patio y el jardín estaban bardeados con ladrillos intercalados, de un metro para arriba, como escalones; podía subir al techo hasta cargando una canasta de ropa, ya que me tocaba tender y descolgar la ropa. Aparentemente inexpugnable, luego verán por qué no. Más tarde sucedió que un fin de semana que nos dejaron solos, invitó a casa a su novio del CONALEP y unos meses después, se casaron, lo bueno es que alcancé a terminar el primer año. Me pasaron a la mañana para que atendiera a la niña en sus tareas escolares y al niño en todo: cambiarlo, bañarlo, hacerle sus biberones, cargarlo y entretenerlo. Charly me había dado suficiente experiencia, pero no me alcanzaba el tiempo para hacer mis tareas escolares antes de las diez de la noche, así que aprendí a tapar las ranuras de la puerta para que la luz no se notara y me regañara por usar la luz de más.

Todas las ventanas de la casa eran de tiras de vidrio sostenidas por aluminio, incluida la que daba al jardincito. Todas las otras tenían mosquiteras metálicas. Un día que me tocó limpiar las ventanas con franela y con periódico, al tallar se zafó un vidrio, pero como lo tenía agarrado con la otra mano no se cayó. Lo intenté con otro y también se zafó. Como en mi espalda estaba la supervisión, tía Ilíada fue a por una pinza y dijo: «¡Recolócalos! Y doblas más el aluminio con estas pinzas».

Pero una idea de libertad brillaba en mi cabeza. Y ahí la dejé arrinconada. Iba a servir y muy bien.

Jaula de oro, aun sin llave, no me vas a detener.

El primer trimestre del segundo año de mi encierro, calculé tiempos lejos de casa de ellos, practiqué quitar dos vidrios y tres vidrios. El tiempo que me llevaba correr del estacionamiento, escalar al techo, y recolocar los dos vidrios y tres vidrios que había quitado. Contaba mentalmente, pues nunca tuve reloj, pero sabía que cada número equivalía a un segundo.

Escribí ensayos y los practiqué para responder pretextos de por qué andaba afuera y cómo le había hecho. Por tanto, al poner el aluminio en uno de los vidrios quedó flojo, y ella al abrirlo lo tiró, se le cayó y no pudo detenerlo y se le rompió. ¡Qué alivio! ¡Le tocó! «¡Luego lo compro!», dijo. Cuatro años se quedó sin vidrio. A partir del segundo año comencé a vivir la ciudad. Inicié incursionando una hora para andar libre y otra para regresar, hasta récord de diez horas ¡qué riesgo!

Luego, mi primer temblor

El diecinueve de septiembre de 1985, cuando ya empezaba a amanecer, todo el mundo había desaparecido antes de las siete de la mañana. Estaba por servirme el desayuno, entonces encendí la televisión y en el Canal 2 de Televisa transmitían las noticias Memo Ochoa y Lourdes Guerrero. En ese preciso instante, se comenzó a balancear el escenario al mismo tiempo que mi edificio, y al mismo ritmo que lo de afuera, en una sincronía que hasta parecía un efecto especial en el que se zarandeaba el exterior y las consecuencias se notaban en el interior. Me acordé de que estaba bajo doble llave, pero como se movía muy feo, escalé al techo lo más rápido que pude. Me di cuenta de que salía agua de la cisterna en el techo por el oleaje de la oscilación, luego hubo una especie de brincoteo. Pensé que era mejor caer sobre el edificio caído que debajo de él.

También tardó en volver la luz, que se había ido por un apagón, y luego la televisión no tenía señal. Me puse nervioso, pero no pasó de eso. En esta época no había celulares y teníamos escasa televisión satelital. Ya que pasó el temblor bajé a terminar de desayunar. Revisé y solo había una fisura en la pared oriente del cuarto de los niños y una en el nuestro.

Cuando aparecieron los tíos y sus hijos, ni siquiera preguntaron cómo estaba, solo dijeron: «¿No se cayó nada?, ¿no se ha roto algo?».

Creo que ellos consideraban las cosas materiales mayores que un ser humano, es decir, de más valor.

Como tía Ilíada llegó y se enteró de que estaba incomunicada la Ciudad de México debido a tanto edificio que se había caído, los teléfonos de tarjeta clásica se redujeron a bulto. Por lo que me enviaron en El Delfín hasta la zona militar allá en oriente, para hablar con sus dos hermanos. Sí pude realizar la llamada pidiendo favores y creían que se me había muerto un familiar, por lo que atrajeron el caso en un hospital, que anotaba las personas que iban acompañando en todo «personas perdidas». Yo se la coloqué lejos de la pared de tareas, de reordatorio: ¡Todos vivitos y coleando! Esos días vi la conmoción de personas que perdieron a sus familiares y el regreso de algunos con estrés postraumático, que contaban cómo vieron en ventanas caídas pedazos de cadáver, mosqueándose y a algunos completamente aplastados. Todavía era evangélico bautista sufriendo *bullying* de adolescentes cristianos.

Mi primer Halloween y primera pedida de calabacita tía

Pronto me hice compañero de juego de pelota de algunos y algunas vecinas que hacían que no me miraban, pues traía la ropa de siempre. El último día de octubre vi cómo adornaban las casas con motivos funerarios, de susto y ponían un altar con frutos, pan de muertos y mucha flor de cempasúchil entera y despicada para que vinieran los muertos a comer y beber el alma de las cosas de la ofrenda. ¡Me daba risa! Pero el primero de noviembre por la tarde me invitaron:

—¡Vamos a pedir calabacita, tía! ¿Tía Ilíada, me dejas ir a pedir dulces?— Es una fiesta pagana, pero ve —me contestó.

Íbamos de cada casa a cada casa, cantábamos así o parecido: «Somos angelitos, bajados del cielo, pidiendo conserva para que comamos». Y nos daban dulce de calabaza seco, hervido nada más con canela, caña, frutas, cacahuates... ¡nos hartábamos! Además nadie se andaba fijando en qué clase de angelito eras. Hasta me quedó para lleva a la casa. Fue mi experiencia con los chavos católicos. Y si en la casa de la pedida no daban nada gritábamos al unísono: «¡Que muera la tía para el otro año!» (para que hubiera altar y tocara dulce).

Nos llegaban rumores de lugares muy tradicionales que aparte de organizarse para adornar su barrio daban mucho: eran la Colonia del Issste, Tuxtla centro y otros barrios. Apenas nos alcanzaba el tiempo para la colonia local. Decían que en Copainalá y Cintalapa eran más tradicionales. Yo solo podía acudir donde me llevaran mis pies y pudieran traerme, no me daban pasaje ni me llevaban. Fue un día alegre.

De mi primera fuga

Habiendo aprendido a reacomodar vidrios de ventana de la mismísima tía Ilíada, un fin de semana típico se les ocurrió dejarme encerrado para hacer el aseo a fondo. Subí la radio hasta explotar, tenía un estéreo doble *deck*, tornamesa y bocinotas. Lo hice metódicamente, y un ansia de libertad recorría toda fibra de mi ser. A los que les compraba sus tortillas ya me conocían, los de las tienditas donde compraba mercancías menores, también. Así que, ya que todo quedó que mirabas tu reflejo, de limpio, quité dos vidrios de la ventanita que daba al jardín. Las acosté una sobre otra, dejé la pinza al lado de ellas, le bajé al estéreo, a como lo escucha toda la gente, me subí por los ladrillos intercalados, y me paré sobre la barda, dieciséis metros de caída libre por un lado y dos por el otro. Caminé, equilibrándome, al techo de la vecina maestra; ya en techo firme, fui a subirme a la cisterna de los tíos, a otear el horizonte, pero no se veían por ningún lado. Bajé la rampa de la escalera, me descolgué por el agujero de ventilación, y salté al último descanso ¡era libre! Caminé en *short*, playera y chancludo por toda la Unidad Habitacional Fovissste II, donde se podía por delante y atrás hasta la frontera con el fraccionamiento más fresa al poniente, la orilla de un arroyo al sur y el río Sabinal a la salida, del puente del río Sabinal en el Boulevard Belisario Domínguez ya no pasé. ¡No hay nada como la libertad! Se respira más aire, el sol brilla mejor, el hambre no se siente tanto.

¡Pobre del que vive sin libertad! Regresé pronto, porque viéndolo desde acá el Fovissste II no es muy grande.

Varios compañeros de la secundaria vivían ahí, pero yo no lo sabía.

Con habilidad de mono araña, subí al techo, bajé al jardincito, contorsioné mi esmirriado cuerpecillo, entré y coloqué los vidrios en su respectivo lugar. ¡Aquí no ha pasado nada! Me bañé para que no se notaran los raspones, y desnudo vi la televisión: ¡en total rebeldía! Luego seguía: bajar la ropa, planchar doblar y acomodar. El impulso lo daba el haber podido estar en libertad.

A pesar de vivir en un cuarto piso, sufríamos inundaciones.

Mi primera inundación

La ciudad de Tuxtla Gutiérrez está a quinientos veintidós metros sobre el nivel del mar, y se inunda. Es atravesada por el río Sabinal, llamado así por sus tremendos sabinos o ahuehuetes que viven en el medio y las orillas, y tiene varios afluentes entubados por la civilización, y otros que aún se defienden. Pues cada año en un tormentón se desbordaban El Sabinal y el arroyo de Los Laureles, venía además del cerro una corriente de lodo y ¿qué creen? El estacionamiento del edificio era el remanso donde todos dejaban su lodo y ¿a quién mandaban a lavar? A Wensley, solo uno que otro ayudaba la parte de su estacionamiento y ni gracias decían. Esto lo hacía aparte de todos mis deberes de casa, me tardaba días, más si llovía seguido; pala, escoba y cubeta eran mis amigos.

Por fin, primer día de clases en secundaria

El primer día me guiaría mi tía Dely, porque estaba en la tarde. Así que me llevaría mucho más temprano para enseñarme la ruta a pie. Tomamos la avenida central del Fovissste II, que creo que se llama Jaime Sabines, con rumbo al fraccionamiento de Los Laureles, atravesamos lotes baldíos que salían al Boulevard de la actual plaza de Los Laureles, pasaba frente a la casa de Uca y cerca de las hermanas Machaca, luego por el Boulevard doblábamos a la izquierda a la altura del encierro de Los Tuguchis, hasta llegar a la altura del Sabinal otra vez. Por ese rumbo ya enfilábamos para la gloriosa, Honorable Honrosa y Hoyuda Secundaria Ricardo Flores Magón para los del CONALEP dice un *standupero*, la Richard Flowers Bigwizard para los leídos. Ni siquiera se acercó a la secundaria, me indicó dónde estaba y me dijo que el regreso a la casa era por el mismo camino, que no fuera por los baldíos, sino por la calle alumbrada, y se fue.

En una ocasión invitó a la casa a su primer novio del CONALEP en una fecha en la que no estaban los tíos, y eso bastó para que terminando el ciclo escolar los casaran. En la misma fecha de un año después tuvo su segundo hijo, creo que tenía ovulación refleja.

Por pura casualidad, me tocó ser el penúltimo de la fila, había alguien más chaparrito que yo, Carlos, de Usumacinta, pueblo que se inundó en la construcción de la presa Chicoasén. Lo llevaban a diario en camioneta. Fue mi primer amigo. En las vacaciones de Semana Santa, no me dejaban ir al rancho, solo en verano, pero esa vez le planté frente a la tía y pedí permiso para ir con Carlos a su pueblo. Le expliqué que sabía nadar muy bien y cuidarme, además pasarían por mí con sus hermanos para el permiso oficial; entonces me dio permiso para dos días. Aparecí al sexto día, no había teléfono local, solo se soñaba con los celulares, pero traía muchas mojarras de a kilo, así que me puso a deshielar el refrigerador para que cupieran. De esta manera, libré la gritada y regañada, pero no el discurso de si el permiso es de tantos días, tantos días se deben respetar. Por otro lado, a la familia de Carlos le iba bien porque pescaban y vendían su producto.

Me divertí mucho, demostré que era un pez en el agua, que no eran puras pato aventuras lo que le contaba.

Ya saben, el primer día es el homenaje, himno a la bandera, himno nacional mexicano, himno a Chiapas, el cual es muy pacifista, anuncios y amenazas de que un día te tocará dirigirlo a ti con tu grupo.

El primer día, en una reta de fútbol en una explanada de concreto entre el taller de electricidad y el edificio de los primeros, uno de los retadores me trabó los pies en una falta garrafal; me levanté, me le aproximé y le di un puñetazo en la nariz, e hice una equis en mi cara con las manos porque me tundió a puñetazos. Era de los de segundo, más grande, y todos los del equipo le echaron montón, entonces me prometió una partida de madre particular por haberle sangrado la nariz. Sin embargo, al final de año quedamos amigos, pero sí le sacaba la vuelta.

Una vez casada la tía Dely, necesitaban cobertura de cuidados infantiles en turno vespertino, por lo tanto, me cambiaron al turno de la mañana. Por mis calificaciones y buen comportamiento me pusieron en el grupo A de la mañana, lo que fue una bendición.

Mi otro primer día de clases en la secundaria

Me levantaron media hora antes de las cinco. Porque ahora debía dejar listo todo para llegar a trapear después de lo de las tortillas, y que antes de irme a la escuela estuviera todo listo.

Aquí también me ganaba dos chaparritos, a uno le apodaban Chapalito, con entonación sensual, y al otro el Chacha. Después de un tiempo supe que me apodaban el Muerto, por flaco y ojeroso. Los más grandotes eran Uca, Reyesón, la Jocha, RALS; de mi tamaño, los chinos: chino Yong y chino Aquino, Juancho, que se convertiría en Juanchononón, algunos de ellos serían mis compadres. La secundaria tiene eso, que haces amistades que te hermanan.

Ya había grupitos que se habían formado del ciclo escolar anterior, y empecé a darme cuenta de a quiénes podía considerar bases de apoyo y a quiénes temerles.

De las mujeres, como es otro mundo, no les voy a contar mucho. Me ha tocado sufrirlas.

Con los primeros que entablé conversación fue con los vecinos de asiento. Inicialmente nos sentaban por orden de lista, después se descomponía por los distintos comportamientos.

El primero que me invitó a su casa, cuando después del refrigerio hubo horas libres, fue Juancho. Al abrir la puerta le pidió a su mamá algo para comer y le lanzó un bolillo tieso que despostilló la pared junto a la puerta: ablandado en café supo delicioso. Ya era amigo de Milton, de Chino Yong, de Yeri, de Jorge Edy; por chiras, también se hicieron mis amigos. Me contaron que ya llevaban dos intentos de ir al cerro de la cruz, el Mactumatzá, pero no habían alcanzado la cumbre. Presumí de mis conocimientos selváticos y les aseguré que los llevaría a la cima. No había objetivo más fácil que una cima. Todo es ir para arriba.

De los entretenimientos de los días de prisión

La biblioteca del tío —porque la tía no leía ni en defensa propia— era escasa, unas diez novelitas de vaqueros, de Marcial la Fuente Estefanía, y otros autores, como yo les decía, mi hora de balazos con final feliz. Esta colección era rotatoria, porque se intercambiaban títulos en el trabajo, *Bajo el estigma del quinto sol: la novela de Pancho Villa*, de Earl Shorris, un megalibro que trata a Doroteo Arango como un salteador violentado de niño, macho calado, más como antihéroe que prócer de la nación. Para él es una novela, un cuento largo para conciencias nacionales, eso es lo que recuerdo, pero no lo pude secuestrar porque era un enorme lastre. Ahora tengo la biografía de Pancho Villa, periodística de Paco Ignacio Taibo II, bien leída. De *Robinson Crusoe* de Daniel Defoe podía recitar párrafos enteros, peroero me brinca más el reclamo de Vicente Huidobro: *Robinson ¿por qué volviste de tu isla?* Aunque no hubiésemos conocido su historia, sospecho que hubiese vivido feliz. Y un tomo de selecciones del *Reader's Digest*, que traía *La dura jornada hacia Abilene*, de John H. Culp; *Al filo de la tristeza*, de Edwin O'Connor; *Un albergue para el emperador*, de Oliver Statler; *La abadía de Kirkland*, de Victoria Holt y *Los vigías del estanque*, de Franklin Russell. Todas las historias me quedaron muy gravadas en la memoria. Cuando leí de Ricardo Güiraldes *Don Segundo Sombra*, la historia copia al carbón de *Dura jornada hacia Abilene*, descubrí que existen historias paralelas en el mundo: una de *cowboys* americana y otra de gauchos en la pampa entre Argentina, Uruguay y Brasil. Y lo chistoso es que su español suena chiapaneco. Me recordaba mis días de vaquero juvenil, libre, entre polvo y sol, oliendo el campo con aromas y hedores mezclados.

El otro entretenimiento era un estéreo con grandes bocinas, doble reproductor de *cassettes* y tornamesa; tenía a Cri-Cri en discos de los llamados de larga duración, Los Bukis y Los Yonic's, que no me llamaban la atención. Considero que conocí tarde a Gabilondo Soler. Venía de rancho y de inicio me chocaba la música moderna de la radio, hasta que me empezó a gustar. En esos días sobresalía Pat Benatar, Bruce Springsteen y otros, empezaba el *Rock en tu idioma*, surgía Soda Estéreo y una apoteosis, así que intenté grabar mis propios *cassettes*, aunque costaba mucho solo grabar la canción, sobre todo esperar a que pusieran la que te gustaba. Ahora con las *streaming*, que te ponen lo que vas pidiendo, casi he podido reconstruir mis mezclas, pero mis cintas se fueron quedando en diferentes destinos. Aún me quedan algunas, y hay donde tocarlas, pero más bien son piezas de museo. Si en alguna cantina o en una fiesta llegan Los Cantafeos, les hago coro con las de rancho que están cinceladas en el fondo de la memoria. Y por la radio, también redescubrí la música *country*, pues de chico la escuché con mis parientes ancianos y cuando mi papá repasaba la onda corta.

También veía televisión, pero cuando estaban ellos, o cuando tenía terminado todo: aseo, ropa y tareas. Sobre todo, deportes. Había escasos canales de televisión abierta. Eran Televisa e Imevisión, entre cuatro y cinco canales.

¡Intenté escribir con métrica y rima!, pero mataron mi ilusión por partida doble. Les contaré.

De nuestro primer viaje al Cerro de la Cruz

En primer lugar, pensando en mi fuga, pedí que fuera en domingo. Iba Milton, el chino Yong y Juancho. Nos citamos en el panteón de Terán, en ese entonces a las afueras de Terán. Todos llevaban su botellita de agua y sus respectivos lonches; los llevé hacia atrás del panteón donde había una huerta de tamarindos grande, por ella había un camino que apuntaba al cerro, donde había alguna que otra casa desvencijada. Luego tomamos un camino brecha perpendicular que enfocaba más hacia el cerro, pero era más inclinado; en algunas partes la hierba era tan alta que nos raspaba la cara, y apenas se distinguía. Entonces, en una puerta del camino nos encontramos un ancianito que nos preguntó de dónde éramos, y el chino rápido dijo: «¡Soy de China!». El viejito se rio y dijo: «¡Yo también!». Nos quedamos con cara de *what?*, porque no tenía rasgos orientales. Al vernos así aclaró: «¡Soy de Chinacantán!» (se escribe Zinacantán, pero sus ciudadanos la zeta la dicen como che). Y contó un chiste que ninguno entendió pero que terminaba en «¡No hay elote!». Llevaba unos tramos de bambú recién cortado. Preguntamos si íbamos bien para la cruz y de momento nos la señaló: «¡Allá está, no hay pérdida!».

Continuamos y llegamos a una pared completamente vertical, y ahí desconsolados dijeron que hasta ahí habían llegado antes, y ya se les estaba acabando el agua a todos. Les dije que ahí había huellas remarcadas y que parecía un camino siguiendo la pared. Lo seguimos y, efectivamente, al avanzar unos metros apareció un tipo trepadera de venados, de escalada casi vertical, pero como con escalones, lianas, troncos y bambúes delgados como un dedo para irse sujetando. Como unos ocho metros más arriba los minisenderos se inclinaban a cuarenta y cinco grados o menos, encima con las hojas secas de encinos y de bambú era muy resbaloso. En ese tramo se acabaron el agua, y ya se querían regresar, pero les dije que en minutos llegaríamos, que en un tramo de camino alcancé a ver la cruz y, efectivamente, en menos de diez minutos estábamos ahí. Se pusieron eufóricos, nos subimos a la plataforma de la cruz, nos crucificamos y creo Milton se subió hasta el travesaño. Se comieron su desayuno y me invitaron un poco cada uno, pero se lo bajaron a brincos. Les dije que por el camino vi árboles de limón para no deshidratarnos por completo. De bajada, bajábamos demasiado aprisa, y muy recto, nos sujetábamos de árboles y bambú, por lo mismo llegamos a una pared vertical como de doscientos metros, todos con miedo de desbarrancarnos. Les dije de ir a la derecha hasta encontrar el sendero; entonces, siguiendo caminos de conejo entre el molesto bambú, por fin apareció. Estábamos muertos de sed, pero ya con camino conocido, a menos de dos kilómetros les dije que vi limones. Arrastrando los pies llegamos y los partimos a vil mordida. Andábamos entretenidos en eso cuando, de repente, escuchamos pasos y vimos a un hombre con un rifle y vociferando: «¡Esto es propiedad privada!». Todos salimos corriendo en dirección contraria, pues nos pareció oír disparos, pero no nos quedamos a averiguar. Sin aliento, deshidratados y acalorados, llegamos a la civilización. Y ya estaban planeando las siguientes incursiones al cerro. La adrenalina es adictiva.

Quedé todo quemado por el sol y no sé si se dieron cuenta mis tíos, pero fue una gran aventura.

De cómo conocí a Uca

De verlo y saludarlo, desde que entré a segundo, pero conocerlo fue cuando en Ciencias Naturales nos dejaron hacer una explicación vía dibujo o maqueta proporcional de la célula eucariota. Me citó en su casa, y resultó que su acera era mi camino a la secundaria. Como su mamá tenía una tienda, él ya tenía la lámina a colores de la célula eucariota, papel cascarón colores y acuarelas; le faltaba el cómo. Entonces le dije:

—Tenemos que cuadricular la célula para hacer el dibujo proporcional, y también el papel cascarón con líneas tenues, cinco a uno —le dije.

—¿Cómo es eso? —me preguntó. Tracé el rectángulo que abarcaba doce por quince centímetros sobre el dibujo de la célula.

—Ahora haz un rectángulo de sesenta por setenta y cinco centímetros, y lo mismo con los cuadritos. Voy a ir calculando y tú marcas puntos de referencia.

Al final unimos basados en el dibujo muestra. Mientras punteábamos y marcábamos, me contó que tenía una colección de revistas de Spiderman que yo no había leído. Además de contarme la responsabilidad del héroe y los villanos que atacaban al Hombre Araña, salió su vena artística, y con las acuarelas, colores y tinta, no necesitamos ni dimensionar con otras cosas, la perspectiva daba el gatazo. Lo que lo hizo sudar fueron las tarjetas resumen para la presentación. Ahí destacaba yo, por eso siempre bromeaba: «¡Yo te enseñé a escribir, compadre!».

Jugando tochito lo tackleé una vez, y arrastró colgando en su muslo como treinta yardas, pero no fue *touchdown* y dio tiempo al tackleo pandilla.

Él era el más alto y fornido del salón y yo estaba entre los tres más flacos y chaparros, y en un recreo al sonar la chicharra que daba por finalizado el mismo, corrimos todos al salón y éramos los últimos del montón; se me adelantó como dos cuerpos de él, y se metió al salón. Por la inercia se me resbaló la mano derecha hasta el rincón de las bisagras y él, por travesura, cerró la puerta y se recargó en ella, prensándome el meñique. Del dolor no podía ni hablar, le decían: «¡ábrele, ábrele! Algo le pasa». Alguien dijo: «¡Está goteando sangre!». Abrió la puerta y gritó: «¡Wensley, ya te arranqué el dedo!». Lo despegó con cuidado del quicio de la puerta y quedó colgando de cuatro milímetros de piel; y nos llevan a la prefectura. Yo iba chorreando lágrimas de dolor, pero él decía: «¡ya te desgracié! No te preocupes fue accidental». Y en la prefectura: «¿Otra vez tú, Morrison? ¡Te voy a regalar una rameada! ¡Es la quinta vez que te veo! ¡Vámonos a la Cruz Roja! ¿Por qué juegas con los grandotes? ¡Vámonos a la Cruz Roja! ¡Si pierdes el dedo, le vamos a decir a tus papás! —decía el prefecto. Luego me regaló una playera del uniforme deportivo bañada en agua bendita.

En la Cruz Roja me pusieron anestesia en la punta del dedo como tortura medieval, me pusieron varios puntos y dos agujas de jeringa, una por cada lado del dedo como férulas, dijeron. En siete días tenía que volver para quitar agujas y puntos. Me las quité solo, y no volví más a la Cruz Roja.

No dije nada en la casa, y si se dieron cuenta no dijeron nada, lo más seguro es que ni se hayan enterado.

No pagué nada, no supe si fue Uca o el prefecto, o antes si era gratuita la Cruz Roja, pero cada que me veo mi dedito meñique derecho me acuerdo de mi compadre. Varias cicatrices tienen nombre y apellido.

Recuento de cicatrices

Y las heridas que va acumulando el alma, también dejan cicatrices, en la mía hay cicatriz sobre cicatriz, tal como en la piel.

Pero para qué achicopalarse, estas mentiras dolorosas deben estar alegres. Les contaré de la servilleta que es mi piel costurada con heridas que dejaron cicatrices con nombres y apellido y muchas fueron autoinfligidas accidentalmente. Ya les narré una que me hizo una puerta empujada por mi compadre y les conté la tropezada de mi enemigo imaginario, que dejó una cicatriz en el índice izquierdo de la mano. La rodilla izquierda tiene una cicatriz sobre otra, la primera herida me la hice en la cancha de Nicolás Bravo I, en un partido aguerrido de fútbol, me barrí frente al Conchas, un grandote, dándole al balón y él azotando por la inercia, pero mi rodilla izquierda iba doblada y un vidrio de botella se introdujo entre la rodilla y la rótula, cara interna. No pude estirar la pata, literalmente, el delantero ofendido por su gol perdido venía a reclamar un *fault*, y vio la herida y la sangre y la punta de un vidrio verde sobresaliendo de la herida.

—¿Te puedes parar? —inquirió.

—No puedo estirarla porque se clava más —le dije.

Inesperadamente ese gigantón asustadizo tomó la punta de vidrio y tiró de él; consiguió sacarlo y después se fue a hacer concha a otro lado. Yo volví a caminar, todos mearon la herida, la cura tradicional. Sin suturas y sin medicamentos rengueamos hasta cicatrizar.

La segunda dosis de herida fue en el solar en Quiringüicharo, al subir a un árbol a desramarlo con el hacha para que no fuera a caer a la casa. Al primer hachazo rebotó en la cáscara y la cara interna se clavó sobre la rodilla y cayó al suelo, y otra vez a sufrir una curación natural de una herida, sufría más por no poder ir a nadar mientras hacía costra.

En la ceja izquierda tengo una cicatriz repetida por 3 ocasiones. Dos en la secundaria y una en la preparatoria.

De la primera ya tuvieron un atisbo en mi primer día en la secundaria. Fue en un pleito de *soccer*, di primero, pero me tundieron a golpes; aunque tenía mis brazos sobre la cara un nudillo logró alcanzar mi ceja y sí cortó, y a la prefectura. «¡Desde el primer día, tú, Morrison, vas a ser problemático!», decía el prefecto. A los dos nos pusieron vendolete, se puso dos dedos en los ojos —símbolo de los estoy vigilando— y nos despidió.

Mi segunda cicatriz en el mismo lugar, cuenta para un título individual, aquí va un resumen. Jugando tochito en el estadio de la secundaria, estábamos al ataque, me lanzan un pase y lo atrapo, entonces me enfilo a la zona de anotación, me alcanza por atrás Reyeson, me atrapa de la cintura y me levanta como un simple trapo, y gira a la derecha con intención de azotarme. Y en el giro pega mi cabeza contra la cabeza del cuñado (cuñado era un atleta velocista, que después se volvió epiléptico y calvo). Quedé con una herida sangrante, pero el cuñado quedó grogui y, trayendo la pelota (el ovoide), se dirigió contra su propio lado del terreno diciendo: «¡Sigamos jugando!, ¡sigamos jugando!».

Y allá vamos a la prefectura para oír: —¡Otra vez tú, Morrison, y en el mismo lugar! ¡Ya te tengo hasta tus vendoletes!

Tenía una hoja de radiografía pegada en su cubículo con citas adhesivas y microporosas con vendoletes prefabricados.

—¡Fue un accidente, señor prefecto! —le dije defendiendo a mi banda.

—¡Los estoy vigilando, ni crean que se van a salir con la suya!

La última fue en la Prepa, en una riña, por molestia clásica del chiste aquel de «como que te llueve, y sale otra vez picado las costillas y la espalda», y por lo chinga quedito que estaba, volteé en un repente y le di un puñetazo bien dado en la nariz y un: «¡como que te parte un rayo!», y él me tundió a golpes; uno alcanzó la ceja. El profe Serrano estaba escribiendo en el pizarrón, estaba de espaldas, y con el alboroto de «¡pelea, pelea!» corrió a separarnos.

—¿Qué pasó, muchachos? Si los llevo a la dirección los van a expulsar dos días.—Perdón, es que me tropecé y molesté al compañero —le dije.

—Usted tenga unos clínex y límpiese la nariz y ese raspón en el ojo —le dijo al Adrián—. A usted, Morrison, le toca la enfermería, le toca un vendolete porque está sangrando.

Tengo una cicatriz en la cara interna del antebrazo con forma de labios finos, en la izquierda, que me provoqué huyendo de unas chacuacas y por culpa de la tradicional forma de portar el machete. Ya contado en un episodio anterior.

En un evento para conmemorar la Revolución un «veinte de noviembre» hacíamos un desfile cívico militarizado deportivo. Hacíamos coreografías, pirámides y figuras con el cuerpo, y en una de ellas me tocó con Milton Enrique, el Cotochi. La figura consistía en ir parado en sus rodillas mientras él sostenía mis rodillas dándole la espalda, a la vez que avanzaban caminando unos cuantos metros; y el de arriba, cual águila, extendía los brazos, y el muy cabrón puso las manos en mis tobillos y los agarró. De repente, la gravedad azotó mi barbilla contra el suelo de tierra, sin alcanzar a poner las manos, partiéndola de orilla a orilla. Y otra vez el montón a la prefectura, hasta el maestro de deportes me consolaba diciendo que era por el bien de la patria. Y el prefecto: «¡Tengo tus vendoletes, Morrison, hasta con tu nombre! ¡Ya eres cliente distinguido!». Cómo exageraba.

En los dos tobillos tengo cicatrices por afuera y por adentro. Recuerdo de mis enseñanzas a mis hermanos a usar el machete en el chaporreo de la milpa, y de paso no cortarse como lo hice, en esos casos solo meábamos la herida, aunque estuviera profunda, solo era compresión hasta que dejara de sangrar y meados.

Las de los dedos de la mano, muchas fueron elaborando trompos o pelando cañas.

Tengo una en la cara interna de la ceja izquierda, que me la hice como a los ocho años tratando de pasar colgando de las manos por una cuerda delgada, la cual no aguantó y se reventó y caí en una mesa de carpintero con la frente. Esa se juntó con una que me hice con el machete de mi padre cuando comenzaba a caminar, con el crecimiento se deslizaron, así que también tengo la barba partida ¡de un machetazo!

En la cabeza tengo una de las llamadas alcancías, porque una vez Tony estaba partiendo leña con el machete de mi papá, que era un guatemalteco que afilaba por ambos lados, y al levantarlo para cortar la leña el golpe me cortó —se siente impresionante—. Como la cabeza sangraba mucho se asustó Tony y se fue corriendo a esconder a los zarzales, pero quedó en que fue accidente y me curaron al ahí se va.

Dos cicatrices de la pantorrilla derecha son del mismo accidente, fue jugando a los vaqueros. Creo que fue con Tony, él cargaba el rifle 22 de la casa y andábamos en caballos de madera, al girar a la derecha, oí un disparo, y tropecé y caí:

—¡No manches y estaba cargado! —dijo Tony. Y se arrimó a ver el agujerito—. Pasó limpio y no te hirió ni un vaso —dijo de nuevo. A pesar de que la bala cauterizó al pasar, tardó en sanar.

—¡No manches, me disparaste en serio! —le grité. Claro que interrumpimos el juego de vaqueros—. ¡Perdí!

El Pipas me dejó unas en la cara externa de la pierna izquierda en forma de rieles, al arrimarse demasiado al alambre de púas para no enlodarse.

Mi dedo meñique de la mano derecha casi tunco se lo debo al compadre Uca, ya les conté.

Y así gané mis cicatrices, quizá me faltan, porque aún vivo, quizá no mucho más, pero mientras el corazón lata a tratar de ser feliz, como sea. Duele la vida. Pero Sabines supo la esencia en el poema *¡Muérete y ya!*

Segundo viaje al Cerro de la Cruz (Cerro Mactumatzá)

Una vez que se enteraron de nuestra auténtica aventura concluida con éxito al cerro de la cruz todos querían ir. Yo solo podía el domingo y temprano y a la mayoría no los dejaban por costumbres familiares; en esta ocasión nos juntamos Juancho, chino Yong, Milton, Yemmy y yo, increíble que le dieran permiso de ir con esta panda de malandrines a campo abierto, eran otros tiempos. Ahora sí llevaban mochilas con lonches y suficiente agua. Nos vimos también por rumbo de la casa del chino, delante del panteón de Terán. Le dimos hacia el tamarindal, una vez que empezamos en los terrenos de pastizales secos, ocasionalmente, aparecía una choza, desvencijada, pues parecían abandonadas.

En una casa, que no dabas un peso por ella, chueca, con la puerta descolgada de una bisagra, a Milton se le ocurrió agarrar una piedrota y en cuanto la azotó muy duro contra la puerta gritó:

—¿Hay bolis?

Imaginando que solo había fantasmas. Se apareció un señor con cara de pocos amigos con un machete en la mano.

—¡Así no se piden los bolis! No hay. No molesten —nos azuzó.

Luego los conduje a través de terrenos a la intemperie y ya cerca del cerro, encontraron un panal de avispas ahorcadoras y todos empezaron a lanzarle piedras al panal.—¡No les tiren, son muy malas! —les decía. Hasta que Milton lo tumbó—. ¡Corran por su vida! —les dije.

Predicando con el ejemplo y aun así me picaron dos o tres porque iba hasta atrás, y me raspé la cara y las manos atravesando el monte, al ir abriendo pasto y vejucos. Llegamos a la base de ascenso, y yo estaba todo adolorido, pero lo importante es que llegamos. Comí de todos sus lonches. Y estaba contento. Con angustia de cómo me iría al llegar la familia. Regresamos sin novedad. No creo que me pusieran atención, ni siquiera me preguntaron de los raspones varios en los brazos y antebrazos. Los piquetes en la espalda quedaban ocultos. Pero qué dolor. Volví con varios grupos, pero los primeros dos viajes clandestinos fueron memorables.

Se murió de un palito

Sucedió un tres de mayo de mil novecientos ochenta y ocho, que volviendo de la escuela vi que ya estaba de regreso la tía Ilíada con los ojos llorosos, y me dijo que había muerto un pariente de Quiringüicharo, pero no me aclaraba quién. Se me destapó el sexto sentido, el de la intuición, y una angustia me atenazaba el cuello, se me hacía difícil respirar. No pudo animarse a informarme, tuvo que pedir ayuda a la maestra vecina.

Yo ya sabía que había muerto mi padre, porque cambió la versión del muerto por uno muy mal herido, aunque no mintió, herido de muerte.

Y la maestra me sentó en la tarde en el centro del sillón grande en medio de ellas y me dijo:

—¡Tu papá falleció en un accidente!

Y entonces pude respirar, pero me destapé en llanto incontenible, y me abrazaron las dos, pero como media hora después paré y dije que no me verían llorar más. Yo soy fuerte. Soy ahora el hombre de la casa.

La tía Ilíada tenía otras ideas. Me dijo:

—No te voy a dejar ir porque si no ya no vas a regresar a estudiar y tú lo que necesitas es estar preparado.

—¡Tú lo que necesitas es tener a tu esclavo! —repliqué.

Por lo que no pude llorar a mi muerto. Hasta el siguiente verano me contaron cómo fue su fallecimiento. Y lo imaginé así, porque así trabajábamos cuando éramos equipo.

Hacía cortes previos en cuña de muchos árboles, para que cuando hubiera muchos precortados pudiésemos tumbar un árbol grande para echárselos encima y así empujara a los demás para ahorrar combustible. Sin embargo, el árbol que escogió para empujar a los demás era alto y frondoso, de fronda amplia, y al árbol que iba a empujar inicialmente era uno agachado al cual no precortó, raizudo. Entonces, al caerle el gran arbolón no le hizo ni cosquillas y el tronco empezó a resbalar a nueve punto ochenta y un metros sobre segundo al cuadrado, pateando hacia el cuerpo de mi padre; esto me lo explicó Física de Tippens. Nada más imaginar el tonelaje de ese gran árbol por la velocidad de la gravedad daba una medida en Newtons terrorífica, ¡de muerte! De las que llaman instantáneas, pero fisiológicamente el cerebro muere entre cuatro y cinco minutos y los demás tejidos a la hora de la anaerobiosis. La prueba fue que varios de los árboles con corte no cayeron. Imagino que estallaron corazón, pulmones, hígado, bazo y riñones, y un gran *knock-out* técnico le licuó las neuronas. Fue un megaputazo. Lo encontró su compañero de trabajo, otro talador, que estaba al otro lado de la tumba al ir a buscarlo porque no oía la motosierra.

Dice que lo encontró acostado bajo la punta del tronco asesino con la mano alzada sobre él, quizá el último intento reflejo de defensa, y la motosierra apagada en la pata del palo. Fue enterrado en el antiguo panteón de Quiringüicharo, junto a las actuales escuelas.

Eso dispersó a la familia: Tony se fue al ejército, Flora, al antiguo Distrito Federal, y mi madre cayó en una depresión severa que la llevó al alcoholismo y a vender las parcelas, hasta que reaccionó tres años después. Parte de su ausencia fue este evento catastrófico, y después el tener que mantener a sus hijos que aún le quedaban. Trabajó de todo, hasta de cocinera de cultivadores de cannabis. Creo que solo le faltó ser agente federal.

Ya sin papá, no me apetecía regresar a la selva. No soy chango.

El gran viaje para conocer al abuelo Solomon o *le grand tour*

Fue en el siguiente viaje al rancho, un verano posterior a la muerte de mi padre, sin mucha emoción. De alguna manera les mencioné que el abuelo había algo así como exiliado a mi padre por desobediente y como no me dejaron ir al sepelio, no me pudo conocer. Y me encontré con la novedad de que había dejado dinero para que fuera a verlo para conocerme. Por primera vez en toda mi vida Teo se ofreció a guiarme porque él ya había ido. ¡Y eso! Esto era novedoso. Supe que dejó suficiente dinero que alcanzaba para los dos y para alimentos. Y por ser verano, en los medios de transporte nos cobraban medio pasaje. Entonces le acepté la propuesta. Tenemos fondos y tiempo. ¡Vámonos! Seguimos una ruta larga, porque así lo había aprendido. Llegamos a Palenquey de ahí a Tuxtla; conoció a tía Ilíada, y de milagro no me puso a hacer el aseo. Compramos boletos para el otro día para el Distrito Federal, llegamos a la TAPO (la Terminal de Autobuses de Pasajeros de Oriente), inmortalizada por el TRI de México en «estoy esperando mi camión en la terminal del ADO, para que me lleve a la chingada de aquí». Mi Chiapas es llamado la Chingada. Conocí el gran metro, el tren subterráneo y muy económico, trasbordamos en el Tasqueña–Toreo, y nos bajamos en el Toreo para abordar el microbús rumbo a Dos Ríos, Huixquilucan, donde vivían parientes. Aquí fue donde comencé a escuchar de mis parientes Morrison «¿qué quieres?, ¿a qué viniste?».De entrada me lo preguntaban. «¡Nomás vamos de paso!», les contestaba. Ese primo hermano al setenta y cinco por ciento, hijo de una hermana de mi mamá, y de un tío de mi papá, hermano de Solomon, me encendió la furia, y decidí no quedarme con ellos. En el rato que estuvimos con ellos me chismearon de la vida de mi hermana.

Pero antes la ruta hacia este destino atravesaba Chiapas, luego Oaxaca, después Veracruz, Puebla y en todo el camino había puestos del Instituto Nacional de Migración y policía que bloqueaba mojados extranjeros. Groseros, pedantes y agresivos. Así nos tocaron.

A medianoche, en la carretera en Oaxaca, se subieron y de mala manera pidieron identificaciones. Teo iba dormido y el agente de migración le dio en el abdomen un lamparazo al mismo tiempo que preguntaba:

—¿De dónde eres?—¡Soy de Guatemala! —contestó Bravo airado.—Para abajo, usted acaba de confesar que es guatemalteco.

Lo jalaron y lo iban golpeando con las lámparas en los costados. Y fui detrás, le dije al chofer que nos aguantara. ¡Di mi mejor discurso para justificar las respuestas para la respuesta abrupta y justificar las reacciones al ser despertados con violencia! ¡Teníamos credenciales de respetadas instituciones mexicanas y nuestros rasgos semejantes! Fue casi media hora de controlar a Teo que estaba que bufaba de coraje y el público del camión porreándolo ¡Ya déjenlos! Y me lo soltaron. Y ya después que se apaciguó la bullanga de los pasajeros y se serenó le dije:

—¡Acéptalo, di que eres un pendejo!

—¡Sí, lo acepto, soy un pendejo! —confesó.

Y le iba a tocar su desquite.

Después de una comida ligera y tomar café, dijimos que íbamos a saludar a Flora, que estaba a menos de un kilómetro, cerca de la vía, en un cerro, del mismo ejido. Vivían en un conglomerado de casas de la matriarca, hijas, hijos y nietos, incluido donde vivía mi hermana; para esto estaba su pareja, y dos de sus hermanos. Nos recibieron como a las siete de la noche con más café con pan. Y una vez que estábamos relajados me salió decirle lo que me había mandado a preguntarle acerca de su matrimonio.

—Dice Inmar que por qué te casaste con un desobligado. Se pararon los dos hermanotes y el más choncho me levantó del cuello de la camisa (era un enclenque de menos de cincuenta kilos).

—¿Quién lo dice? —preguntó puño en ristre.

—Pues mi primo, pero dice que tendrías que golpear a todo el pueblo, porque él dice que todos lo dicen, que hasta le da gasto su mamá —le solté con miedo.

Me soltaron y el cuñado sacó a sus hermanos para que no nos golpearan.

Muy temprano en la mañana, salimos en microbús. Para colmo, el hermano choncho manejaba el camión, y con cara de furia no nos cobró, pero nos mandó para atrás, a sentarnos lejos; entonces Teo solo tuvo que decir:

—¡Admítelo!

—¡Soy un pendejo! —le dije, a mucha honra.

Llegamos al metro Toreo y directo a Tasqueña, que son punta y punta de la misma ruta. Nos fuimos hasta el otro lado, donde estaba y está la terminal del sur en la que salían camiones para Acapulco. Nuestro siguiente destino. Compramos nuestros boletos, pero por adormilados, no escuchamos el aviso de nuestro camión y, al buscarlo, ya se había ido. Fuimos a la oficina de la compañía de autobuses y dijeron que había una cláusula del pasajero quedado; si había lugar, se podía ir en el siguiente con mismo destino o que pasara por ahí. Cuando ya conseguimos estar sentados en el camión rumbo a Acapulco nos quedamos mirando y casi al unísono dijimos:

—¡Somos unos pendejos! —Con gran exclamación.

En Acapulco, me llevó a conocer a una tía hermana de mi papá con hijos variopintos. Y muy pobres, cooperamos para un pollo para caldo de piedra (historia clásica), y temprano salimos al otro día hacia la terminal donde salían camiones para Lázaro Cárdenas, Michoacán, que pasaban por los ejidos por donde vivía el abuelo.

Hay dos San Luises, uno de apellido San Pedro y el otro De la Loma separados por el río Santa Lucía, que sus panteones casi están más grandes que los pueblos y también compiten en tamaño separados por el río Santa Lucía en La Costa Grande de Guerrero. Nos bajamos en San Luis de la Loma. Llegamos a la hora que había camioneta para la sierra, nos encaminábamos al ejido Santa Lucía, de donde era vecino el rancho del abuelo.

Al conocer a mi abuelo, me dijo que estaba tanto o más feo que mi papá, su hijo, y nos llevó a la cocina del Rancho Las Uvas.

Los tíos nos miraban de manera hosca. Después supimos que pensaban que íbamos a reclamar herencia, pero ni al caso, al saber, el verdadero motivo por el que el abuelo me mandó traer para conocerme. Se relajaron las cosas y nos trataron a cuerpo de rey. Solo uno no me tragó. Ahora dice como dice la canción: «olvidemos el pasado».

Este viaje sirvió para hacerme amigo de mi hermano Teo, con reservas, pues antes no lo catalogaba ni dentro de la tribu, porque no nos seguía.

Años después, en el sepelio de mi hermana, el cuñado me preguntó:

—¿Te acuerdas cómo me llamaste cuando me conociste? —Solo asentí.

Ya no lo he vuelto a ver. Pero sin la matriarca, todo se derrumba. Falta preguntar:

—¿Y tenía razón? ¡Soy un pendejo!

Me proyectan de talachero

Después de ser promocionado como limpiahogares, me atreví a decir que no me gustaba. La tía buscaba que tuviera un oficio, pues no me veía un futuro más allá, como ella luego de la secundaria hizo secretariado, creo me consideraba lelo, por no protestar ni alegar. No sabía que en mi cabeza estaba mi futuro y no podía echarlo a perder. Me decía rana y yo saltaba.

¿Se acuerdan del amigo del CONALEP de mi tía Dely? Tenía un hermano talachero, y la tía consiguió que fuera su chalán. Así se forma una persona en un oficio: ayudas al experto, lo igualas, y cuando lo superas, te independizas. Pero era un oficio grasoso y sucio.

Obedecí, me empeñé todas las tardes, tomándolo en serio, pero es algo que el aprendizaje con un coeficiente mínimo, en unos meses lo prende, y el maestro realmente no dejaba aprender, no soltaba a libre albedrío. No había ciencia en sacar clavos de llantas, parchar las cámaras de llantas, de técnicas de tapar esos agujeros.

Una vez al reparar la cámara de una llanta de tráiler, al colocar un aro de metal que sostiene la llanta en el ring metálico, estaba enseñando la precaución de que si se inflaba de más, podía salir disparado y te puede decapitar. De repente, saltó el aro y rebotó en el techo y la pared, y no quise arriesgar mi vida así.

Otro peligro es poner el gato, pues te puedes aplastar de manera accidental.

Traer los bordes de las uñas llenas de algo negro y la sensación del cuerpo grasoso no era lo mío. Además, tenían un hijo unos dos años menor que yo, que sí tenía el coeficiente intelectual para elegir ese oficio. Aparte de las propinas de reinflar una llanta, no había salario, me pagaban «con conocimiento», el chavito agarraba de las propinas y el papá le hacía caso, además le resolvía sus tareas. Cuando reclamé enseñanza, nos juntó y nos dijo que yo no tenía madera de talachero: «¡Eso seguro, yo quiero estudiar!», y decidió despedirme. Fue lo mejor que pudo hacer porque yo seguí yendo a prepararme para mi oficio, pero era que me iba la biblioteca de la Unach, hasta que se encontraron personalmente y le contó que tenía meses que me había despedido (corrido debe de haber dicho en su folclore) y me dieron una santa regañada, que dónde me metía.

—He leído y estudiado de dos a tres libros por semana, tía, y todas mis tareas iban al día.

Yo no pienso quedarme aquí, quiero estudiar.

—Pero eso que quieres necesita dinero. Lo que quieres es de ricos.

—No te preocupes, yo lo voy a intentar.

—¡No lo vas a lograr! —remataba—. Necesitas un oficio.

Ya no buscó otro oficio, seguía consiguiendo limpiezas en otras casas.

Empecé a desear el mundo de los libros y de las letras, pero en los mismos relatos se habla del hambre del mundo literario, por eso no me incliné a las letras.

¡Quería ser doctor, desde los cinco años, antes que otra cosa!

Había casos de médicos que habían logrado publicar. Así que me enfoco a los campos biológicos.

El monje Morrison

Todas las tardes que fui aprendiz de reparador de llantas me llevaba mis tareas en los ratos libres, que eran bastantes. Ayudaba a resolver las tareas del hijo del patrón y, si este se ausentaba, escuchaba los chismes de la señora, que no paraba de hablar, sobre vecinas y vecinos, pintaba triángulos, cuadrángulos y pentágonos amorosos inciertos del rumbo, incluyendo a su marido que había ocasiones que venían por él justo después de haberse bañado para servicios especiales, ponchaduras lejanas o en algún lugar de un gran país. Me resultaba más fácil hacerle la tarea que enseñarle, no entendía; con las tareas le iba bien y con los exámenes nada más no.

—¿Qué le espera a mi hijo?

—¡Heredar el taller de su padre, señora, no le queda más!

No me replicó.

Había una embotelladora de refrescos El Rey, absorbida por la Pepsi Cola. Hacía una promoción con corcholatas que traía de premios refrescos gratis. A la primera propina compraba uno y, si salía premiado, tomaba otro a media tarde. Los de las combis pasaban seguido a recalibrar sus llantas, y daban buenas propinas, sabían del bote. ¡Esta para el bote! ¡Y esta para ti!

Pero debido al consejo de su madre y mi bocota, para cuando el patrón decidió enseñar a su hijo y me corrió, descubrí un refugio hermoso: la Biblioteca Central de la Unach: Tenía una sección de enciclopedias que antes era lo más parecido a internet. Había de conocimientos puros como la *Enciclopedia de física*, por ejemplo, pero no la entendía, aunque las fotos a color ¡estaban buenísimas! Leí obras completas de Freud. Llegué a pensar que estaba capacitado para psicoanalizar al que se me atravesara. Leí también la

Enciclopedia de la vida sexual. Sabía todo sobre teoría, pero en el fondo era un analfabeto en ese tema.

Había una sala de lectura con muebles mejores que la sala de la casa en color gris acero. Aparte por todos lados había unos estantitos con ruedas para dejar libros o trasladarlos. Iba a la sección de los clásicos y sacaba, por ejemplo, *Platero y yo*, *Doña Regenta* y *La canción del verdugo*, un tomo de Freud, un tomo de la *Enciclopedia del mundo natural* de la National Geographic. Me leía de diez a veinte páginas de cada uno; luego, otras de otro, para no aburrirme. Calculando que me diera tiempo de volver a acomodarlos, los clásicos los colocaba detrás de los otros volúmenes de su localización para que mientras los leía, no me los ganaran. Llegué a leer hasta tres libros enteros serios en una semana, resaltando textos y copiando frases célebres. Me divertía encontrando notas de otros lectores, como en *Amor en los tiempos del cólera*: «esto se repite tal cual en la página tal para el otro personaje». «Ver mi nota de tal página». Conversaba con lectores desconocidos.

Intenté conocer otra biblioteca pública que estaba frente al INDEPORTE, que también estaba enorme, pero no le llegaba a los talones a la de la Unach, y quedaba lejos de casa. ¿Y qué creen? Me desplazaba por la ciudad corriendo y caminando ¡no tenía dinero! Por eso no compraba libros ni iba a bibliotecas que estuvieran a más de una hora de lejos.

A la biblioteca universitaria podía llegar en menos de media hora y cuando me cansaba de leer me iba al sótano: había libros extranjeros, que no sabía leerlos, pero las fotos estaban en español.

Veía muchos libros americanos, aunque al inicio era un auténtico antiyanqui. Esto duró hasta 1988, año en que le regalaron Depeche Mode a Juancho Violator y para entender qué estaba escuchando me puse a traducir las letras (*lyrics*). Esos *cassettes* originales traían una tira larga de papel plegado con las letras, con diccionarios a mano y un ánimo de trabajar antes de que se den cuenta de que no vas al taller y te prohíban venir a este refugio paradisiaco. Recuerdo que primero traduje *World In My Eyes* (*El mundo en mis ojos*), que es un poema erótico hermoso; poco a poco empecé a tener facilidad para traducir: leía y las palabras que no entendía —al principio eran muchas—, las anotaba y buscaba las definiciones. Ya con todas las palabras resueltas me arrancaba a la traducción. Descubrí que con el inglés tanto como en el español se pueden escribir cosas hermosas, y entonces se me empezaron a destapar los ojos para leer a T. S. Eliot y otros autores. Pero era mañoso, buscaba un autor, traducía el título y variantes que podrían ubicarme en español y ya me iba a buscarlo a títulos en español y/o autor para encontrar la traducción. Así leí a William Faulkner, Henry Miller, Ernest Hemingway, Robert Louis Stevenson y varios autores más, que en ese sótano solo juntaban polvo.

Mejoraron mis calificaciones en todas las materias, además dejé de ser antiyanqui; no todos eran Doctrina Monroe.

La otra cosa que me pasó fue descreer de mis héroes nacionales; Benito Juárez no abandonó el puesto por elección, se tuvo que morir, fue un dictador, ilustre, pero dictador; Maximiliano de Habsburgo era liberal; Santa Ana fue un vendepatrias. Más traidor que Judas.

Lo que más me marcó fue descubrir que las ideas, utilizadas para hacer otras ideas y reciclar ideas te ayuda a repensar y generar nuevas ideas, nuevo conocimiento: esto nos ha hecho los humanos que somos en la actualidad.

Sigamos reciclando ideas, y pensar es gratis, todavía. En la actualidad con internet, hay tutoriales desde cómo cuidar pollos hasta manuales para construir una bomba atómica. Y mucha basura intelectual. Ambas cosas te llevan a pensar.

Había unas salas con paredes cubiertas de corcho, ventana de vidrio para que supieras que eras observado. Con una mesa central, sillas cómodas, pizarrón y una sala a la que podías llevar tus *cassettes* y oír música.

Cuando íbamos a trabajar en equipo, con la credencial de la escuela te prestaban la sala por cierta cantidad de tiempo. Tenía alfombra y podías acostarte. Ahí si podías platicar a gusto, además de que tenía aislamiento para la bulla.

Contaba con una sala grande con máquinas de escribir Olympia grandes, para hacer tus tareas bonitas. Pero cuando me cacharon, que no iba a aprender para ser vulcanizador, me regañaron y me prohibieron ese santuario una temporada.

Lo de monje lo menciono porque estaba encerrado y sin hablar, pero leyendo y meditando mucho. Hay una colección de clásicos de Editorial Porrua, la colección Sepan Cuántos... Y me había propuesto leerla completa. Ya había empezado con los cuenteros: Poe, Quiroga, Kipling, Wilde, Höfman. Me dio una gran tristeza, porque el día que podía fugarme no abrían la biblioteca. Y no había descubierto que tienes la opción de suscribirte y tener derecho a préstamo de libros, era mero lerdo.

Me guardé de contar qué había leído, porque la tía creía que no tenía madera de universitario. Y con los maestros, pues no creían que hubiera alguien que pudiera leer tres libros por semana. Puedo presumir que leí *Azteca* de Gary Jennings en ocho horas, sin comer, beber, mear ni cagar. Leo un bolsilibro Bruguerra en una hora si me concentro solo en la lectura.

Mis amigos, que sabían mi amor por los tipos continuos, empezaron a buscarme libros que leía y se los devolvía. Llegué a leer una hora en Ciencias Naturales, porque el tema era circular, mientras los demás luchaban por no dormirse. Y decía: «¡Listo!». A la salida les tenía que contar el contenido del libro.

Encontré una colección de Astérix, y me gustaba Obélix, anduve en la Galia.

Me hice adicto a la lectura y no se me ha curado la adicción.

De Pionero Por vivir en el FOVISSSTE II los familiares tenían derecho a las actividades recreativas del ISSSTE. Dentro de ellas estaba el grupo de Boy Scouts, que por tener directivos antiyanquis no nos llamábamos así, éramos en español Los Pioneros, pero pertenecía a la Federación de Boys Scouts de México. Nos reuníamos las tardes de los sábados en la primaria ubicada en la misma colonia, junto al afluente de El Sabinal que venía de Los Laureles bajo un chicozapotal.

Teníamos un *coach* tamaño familiar al que todos nos referíamos como el Choncho. Un metro ochenta y ciento cuarenta kilos de pasión NFL. Nos dedicábamos a hacer nudos y aprender la Historia del Escultismo y el juramento, especie de credo que rezábamos todos, que va más o menos así: *Yo prometo por mi honor hacer cuanto de mí dependa para cumplir con mis deberes para con Los Pioneros, mi patria y mi hogar...* En nudos me los bailaba a todos, en el rancho se aprenden por necesitarlos, aunque aquí no los enseñaban con nombres cultos. Se trata de enseñar a los niños y muchachos a sobrevivir al aire libre, y en eso yo era un maestro, sobresalía en pistas y en hacer armas con lo que había en la naturaleza, hacer trampas para cazar palomas y otros animalillos.

El entrenamiento y que éramos parientes de derechohabientes viviendo en casas de interés social nos ganó un pase para un Jamboree Nacional en el Cerro del Ajusco en Ciudad de México en el entonces Distrito Federal. Supe de ese grupo por Juancho y chino Yong. Conocí a mi segundo afromexicano, el primero fue mi abuelo, Pablo Wensley, padre de mi madre, mulato de ojos verdes que me heredó lo Wensley. Le apodamos Buru, apócope de burundanga. También conocí a un grupo de niños que llamabamos los Goonies.

Estaba de moda esa película, pues había pocas niñas, la mayoría éramos niños. Todavía no éramos incluyentes, pero las aceptábamos a regañadientes.

A la mera hora como las inscripciones las pagaba el ISSSTE, la gasolina del camión y el camión era institucional. La mayoría que éramos lobatos hicimos nuestra ceremonia para unirnos a la tropa y ganar el paliacate y las borlas del calcetín con gritos estrafalarios tipo: «¡Osos: siempre peludos!». Había estado practicando para fabricar flechas con una espiga de planta de pantano, parecida a la de la caña, con punta de clavo y estabilizadores de pluma de guajolote.

Llevaba tres prefabricadas.

Entre todos Los Pioneros, entre lobatos y tropa llenamos el camión. Fue una cantadera de las clásicas de viaje como «Al chofer no se le para, al chofer no se le para … no se le para el camión», «¡acelérele, chofer, acelérele, chofer…, que nos viene persiguiendo la mamá de su mujer».

«Las mujeres de mi grupo no se bañan en la tina porque dicen que hay en ella una reata submarina», y muchas peladeces más.

Antes había solo carreteras libres y era un día de camino de veinticuatro horas para llegar allá. De ida, llevábamos lonche casero: sándwiches, bolillos rellenos y agua. Llegamos al campamento en el Cerro del Ajusco al anochecer del otro día. Nos ubicaron a cada tropa en un cuadrado de cuatro metros para instalar nuestras casas de campaña. Yo llevaba una especie de colchoneta hecha de retazos de tela elaborada por la tía Ilíada; que sirvió de mucho al final pero que no parecía fea, estaba horrible, fea con ganas. Lo increíble: como salimos ahí mismo en el FOVISSSTE todos fueron a despedirme, ¡ah, y porque fue gratis!

Una vez instalada la casa de campaña, de todas nuestras tropas y lobatos, ayudamos a la inauguración y nos citaron para surtir la despensa, para el desayuno comida y cena del otro día. Pero para seres tropicales como nosotros hacía un frío infernal, con lo cual abandonamos todos la inauguración y fuimos todos a surtir despensa, cada tropa pidió para Chiapas. Si preguntaban decíamos, según Choncho nos iba diciendo, cada tropa un lugar de Chiapas: Llegamos los osos.

—¿De dónde son?

—Chiapas, Tapachula.

La siguiente:

—Chiapas, Huixtla.

—Chiapas, Ocosingo.

—Chiapas, Comitán.

Y así nos dieron leche, huevos, pan, frijoles precocidos y panes y postres, con los que llenamos el camión toda la parte de carga de pertrechos.

Al otro día era el concurso de arco y andábamos buscando madera flexible: la regla era que tenía que ser casero.

Pero en la noche se desató un frío infernal, y con la colchoneta Frankenstein de remiendos envuelto me enterré entre unos arbustos y me quedé dormido. Ya casi a medianoche me cargaron unos extranjeros y en una tienda para dos personas amanecimos ocho con todo el sabanaje encima, y la colchoneta hasta arriba. Al toque de levante fue una sola persona. Y argumentó que no tolerábamos el frío por lo tanto nos retiraríamos.

¡Estaba seguro de que íbamos a ganar el tiro con arco!

Ni tardos ni perezosos empacamos todos y nos fuimos directos al Distrito Federal, al primer parque que encontramos para el primer desayuno preparado por nosotros mismos. Con los policías no tuvimos problemas, ellos al vernos uniformados y que veníamos de Chiapas nos apoyaban para llegar a los parques. Y la gente nos saludaba y daban la bienvenida. El chofer estaba de acuerdo en gastar el tiempo que estaba presupuestado, y pudimos bañarnos en los baños públicos, ya que abundan en la ciudad. Estuvimos en la Alameda Central, en la Alameda Sur, en Chapultepec y algunas cabeceras delegacionales, dícese parques. Hagan de cuenta como turistas en camión particular, pero solo aguantamos tres días. Y luego empezamos el regreso a la carretera a vuelta de rueda, hicimos dos picnics bien hechos y actividades de entretenimiento para que aguantaran el trajín los párvulos. Los niños son unas balas, nos estresaban las alimentadas a orillas de la carretera, pero desde ahí, empecé a verlos con interés laboral y en tener unos míos ¡je, je! Fueron los tres días más largos y divertidos de la vida. Se extrañaron por la falta de medallas, y nunca supimos qué pasó con los otros municipios a los que les madrugamos, ni qué fue lo que dijeron los lobatos a sus padres porque solo les dijimos que nos retiramos por el frío.

Tuve más aventuras educativas con niños, pero relación alumno-maestro. No de la misma tropa. Que te defienden a muerte y vida.

«¡Seamos todos hermanos!» (¡ja, ja, ja, me recuerda a perros y gatos en un costal!).

Me narran la incursión poética del profesor Memelowsky

En segundo, en la secundaria, conocí a un amigo muy serio al que apodábamos el Meme, apócope de Dr. Memelowsky (un personaje de *Odisea Burbujas*). Un genio ecologista. Tenía un corte de pelo al estilo Príncipe Feliz muy parecido a la peluca que traía el actor de *Meme*.

Redactó un poema de su autoría donde las mariposas «se escuenden» y lo leyó ante todos. Fue motivo de cotilleo. Mas por ser tan serio, pareció no afectarle. Flemático dirían los ingleses. Pintaba para gerente de banco y creo que en eso se convirtió. Nuestras pláticas eran de dos a tres frases, y así seguimos.

Aún le salen poemas interesantes, pero por su ambiente bancario realiza poco, se cura en salud. Sigue conversando poco.

Lo que me gusta de él es que, siendo parco en palabras, es constante, de vez en cuando se comunica para decir «¡hola y adiós!».

Pareciera contento con su vida. ¿Quién sabe cómo está?

Quizá su apodo le haya quedado a su genialidad y a su modo, lucha con El Ecoloco y todos los gandules que estamos destruyendo el planeta.

Las reuniones de la secundaria, promesas libidinosas

Juancho se puso a ahorrar, y un buen día, ya que consideró que le alcanzaba la paga, nos fuimos a la plaza Crystal, para una sorpresa decía. En la plaza entramos en la tienda Chedraui y agarró un *brandy* Veterano. ¡Para unos novatos!

—Oye, pero está prohibido venderles a menores de edad —le dije.

—Tú aguanta.

En la caja nos cobraron como si nada. Imagino que pensaron que era un mandado de nuestros padres. Nos sentimos unos delincuentes realizados, por lo que tuvimos que darle una catadita en caliente.

—¡A boca de botella, como debe ser!

—Para los nervios.

Dio un calorcito sabroso.

Con el éxito obtenido, comenzó a organizar tardeadas, pues siempre encabezaba el barullo de las fiestas. Para eso sí era *Follow the leader, leader!* El plan de la parranda era marear a las chicas y volvernos unas fieras sexuales y guapos conquistadores.

Para esto hubo contrabando de alcoholes, cervezas y refrescos, y según uno de los vándalos que consiguió yumbina, un supuesto «excitador» del ganado, pero una pastilla que le pusieron a una olla de veinticinco litros no alcanzó ni una dilución homeopática. Esta vez no mencionaré nombres ni apodos de participantes porque se quemarían. Sí mencionaré al anfitrión que era frecuente, el Reyesón, una casa por el rumbo del aeropuerto de la fuerza aérea, allá por Terán, hijo de un héroe nacional por su primer vuelo.

Todos nos preguntábamos a qué hora iba a hacer efecto. Y nunca pasó nada. Mientras llegaba la hora *hot*, bailábamos ponchis ponchis; hagan de cuenta que parecíamos varios de esos anuncios accionados con un ventilador, pies fijos y moviendo el cuerpo como convulsionando un gran mal de manera controlada. Más era una comedera; pero nunca se pusieron fáciles las chicas ni fáciles los chicos.

Falló la química y la farmacéutica.

A pesar del nulo éxito con las chicas, se siguieron organizando tardeadas.

Se hizo famosa la frase de la Jocha, pidiendo ¡una de outfiul[8]!

Más que divertirnos, teníamos miedo de las chicas, tan maduras que se veían, daban la impresión de saberlo todo y nosotros tan imberbes.

Varias me dieron clases de baile, pero yo no sabía nada de coqueteo, ni de relaciones sociales y tampoco mis compañeros.

Los maduros, que ya sabían de esas cosas, ya no participaban de estos trotes.

¡Sigamos jugando! ¡Sigamos jugando!

Uno de mis amigos con más futuro deportivo en la secundaria era el Cuñado. Tenía varias hermanas en edad adolescente y, obvio, todos nosotros nos apuntábamos. Ellas estaban preciosas en ese entonces, pero qué se iban

---

8 Grupo musical The Outfield, autores de *All The Love In The World* y *Your Love*, con pronunciación local.

a fijar en nosotros, chaparros, flacos, adolescentes deformes. Sin embargo, el Cuñado corría más rápido que todos, cien, doscientos, mil y dos mil metros planos nos llevaba de calle. Al fútbol jugaba decente y con en el fútbol americano, llamado tochito, jugaba de receptor abierto, si atrapaba un pase era casi segura la anotación. A pesar de ello yo no era tan mal esquinero, y en una recepción corría en diagonal para plancharlo, pero Reyesón lo alcanzó por atrás, lo tomó por la cintura y lo giró ciento ochenta grados para azotarlo, y su cabeza con el hueso temporal dio en mi ceja izquierda. Ahí, empezó el sangrerío, él cayó al suelo y todos comenzaron a auxiliarme; luego se levantó caminando como teporocho, bien borracho, fue a buscar el balón ovoide, y comenzó a caminar hacia su propia zona de anotación bien grogui diciendo: «¡Sigamos jugando! ¡Sigamos jugando!». Después nos enteramos de que convulsionaba. Muy en el fondo de mi conciencia, alguna vez pensé que fue por mi culpa.

Este día del trancazo volvimos a escuchar: «¿otra vez tú, Morrison? Te vas a acabar las gasas», dijo el prefecto.

Años después lo encontré, era un erotomaníaco monotemático, divorciado, aferrado a los recuerdos, no con lagunas mentales… ¡tenía océanos!

Con todos esos golpes en la cabeza y calcificaciones cerebrales por cisticercosis tenía convulsiones frecuentes con deterioro neurológico.

Quizá parte de lo que vivo en la actualidad se deba a tantos golpes en la cabeza con lo del fútbol americano; más tarde descubrieron un fenómeno que deteriora a los jugadores después de varias conmociones cerebrales.

La última noticia antes de la gran pandemia es que vivía rumbo a la salida que va a Suchiapa, por la Bodega Aurrerá.

No creo que le hayan tocado cuñados tan amigos como nosotros.

De mis decepciones literarias y por qué hasta ahora me atrevo a escribir estos renglones

Nunca le había tomado importancia a los apellidos hasta que la profesora Manuela Mendoza Coutiño, propietaria de un coche Caribe de la Volkswagen azul celeste en el cual me dio «un aventón» en varias ocasiones, durante una clase me dijo: «Usted debe ser muy tranquilo, porque tiene sangre teutona y anglosajona, su segundo apellido es de origen alemán algo modificado de Wentzel, por eso es usted Wensley, y Morrison. De los Morrison ha habido dos presidentes norteamericanos con ese apellido y personas ilustres; ¡usted tiene sangre de atole!».

Me sentí un pavorreal en medio de un gallinero, ¿cómo les quedó el ojo?

En tercero nos tocó una maestra que era tía de nuestra mejor amiga de la banda, la hembra alfa, Yemmy. También daba Español.

Y en la clase de la función social de las fábulas pidió de tarea escribir una fábula en verso y con rimas. Ayudaba a rimar a los demás, pero esta te la rimo, y les solicitaba palabras que rimaran con lo que iba escribiendo. Escribía que un lobo por comida segura dejó su ferocidad y se convirtió en guardián, pero en el fondo no perdía su alma salvaje. Y al presentarlo me dijo:

—Te voy a poner un cero, porque esta fábula te la copiaste de un libro.

Entonces le pedí apoyo a los muchachos, y le dijeron que ellos me habían dado palabras para que rimara mi escrito. Entonces me preguntó:

—A ver, ¿qué es un diván?

—Es un mueble para recostarse.

—No, eso lo usan los psicoanalistas —me dijo—. Vete, no vas a mejorar tu calificación.

De ella prefiero no saber su nombre.

—¡Qué vas a estar rimando!

Me sentí un pusilánime. Y abandoné mis anhelos poéticos.

Ya más grande vi una convocatoria de concursos florales por el carnaval de primavera en Tuxtla Gutiérrez. Y me puse a escribir *Lluvia de abril*. Una colección de poemas dedicados a la primavera, al amor, las lluvias, los elementos del ambiente, algunos hasta con métrica y rima, juegos de palabras y cambios de ritmo. Le pedí a un profesor del taller de lectura y redacción, José Gustavo Ruiz Pascacio, que revisara el borrador, y se lo llevó. Al otro día —¡órale, qué rápido lee!—, me dijo que no servía porque estaba en rima, que lo que se llevaba era la poesía libre, el pensamiento máximo, la vida. No tenía ni una nota. Creo que leyó una página.

Tomé mi cuaderno de forma italiana y pasta dura esa misma tarde y cuando corría para la ciudad deportiva donde ahora está el estadio de fútbol, lo lancé al río Sabinal, voló cual gaviota herida, se hundió y me despedí de las letras. Hasta nueva orden.

Mi corta edad y mi corto razonamiento me hicieron pensar que no servía para hilar palabras que no me eran afines. ¡Viéndolo bien!, la tía de Yemmy en el fondo me dijo que estaba tan bien que parecía copiado, pero me había deprimido. El maestro de prepa creo que estudió letras Latinoamericanas y no había publicado nada. Estaba frustrado.

Voy a por otro intento, ahora si me dicen algo, les diré:

—¡Sí, soy un pendejo! Pero terco.

No encuentro los cuadernos de *Corazón de cemento*. Ni el de *Por mí hablarán los niños*. Ni el *Viaje al destierro*. Seguro que en los diferentes traslados los puse en otras cajas.

Maldad pura

La tía Ilíada tenía una máquina de escribir portátil Olivetti de esas que traían funda y colgadera; se la podía llevar al hombro, podía utilizarla mientras no estuvieran para no molestar con el ruido del tipear. Servía para hacer tareas más o menos decentes. Utilizaba casi nada más los índices y como ella era secretaria, traía gomas limpiatipos y laminitas correctoras Kores.

Era de un verde fuerte, bien aceitada. Su hermano Dennis, un adulto joven sin oficio ni beneficio, ni en el rancho ni en la ciudad, pues nunca supe qué fue lo que estudió; solo llegaba «de vacaciones» y luego se iba a México o a Guerrero. Platicaba, escasamente, le daba flojera hasta gastar palabras. En una ocasión que coincidimos casi a la hora que llegaba su hermana, me preguntó:

—¿Te sirve? —Señalando la máquina de escribir.

—¡Claro que sí! —le contesté.

Entonces la tomó con las dos manos, la levantó hasta la altura de su rostro, me miró con los ojos idénticos al maldoso enemigo imaginario, y luego ¡la dejó caer! Se le salió el rodillo, se rompió el casco de plástico al estrellarse y se doblaron varias teclas. No dejó que la levantara. Eso fue lo mejor, ya que cuando llegó su hermana, la llevé al sitio, se la enseñé y le dije:

—Tu hermano Dennis la dejó caer.

Luego lo confrontó y le preguntó, y él respondió e hizo un gesto como diciendo: «¡Qué se le va a hacer, hecho está!».

Creía haberme dejado sin una herramienta de trabajo. No contaba con que había una biblioteca que las prestaba y eran hasta mejores.

Solo lo hizo con el ánimo de dañar, y su hermana lo reconocía, al no decirme nada y no decirle nada, pareció algo casual. Quedó inservible el aparato.

Me dejó perplejo su estoicidad en la destrucción, pero con la doble idea maldosa de quitar una herramienta de trabajo y desear que me regañaran.

Si alguna vez vuelvo a verlo —espero que no—, le diré que a pesar de él y de otros, logré lo que me propuse.

Por fin me dan las llaves de la jaula de oro No vayan a creer que fue en una ceremonia formal ni mucho menos. Pero para mí sí fue especial, ya que había concluido la secundaria y estaba seguro de mi lugar en la preparatoria. Estaba la familia completa y me dieron un juego de llaves completo, pero me hicieron énfasis en que no se debía llegar después de las diez de la noche. Ni debía traer amigos. Mucho menos niñas ni amigas. Mucho menos a grupos.

«Ya tienes edad de cuidar tus llaves, ¡no olvides cerrar todo antes de irte!». Por dentro, lloré una lágrima por la libertad que se me avecinaba.

Fue para mí una comida alegre. Esa misma tarde estrené mi límite de tiempo: nueve y cincuenta. Fui a casa de Juancho a presumirle mi juego de llaves.

Solo me faltaba crecer, pues todo el mundo a la edad mía estaba creciendo y yo seguía chaparro, con cara de niño. De hecho, tenía que pegarme a los de gran tamaño para entrar en cines, en las tardeadas. Dependía de todos ellos para sobrevivir, por la amistad, por la alegría del grupo. Todos me daban razones para vivir contento a pesar de no tener dinero.

Fue un detalle el golpe de la palma de la mano del tío en mi hombro derecho, acompañado de un: «¡suerte!».

Solo se perdería la adrenalina de subir al techo y correr para ganarles a entrar.

No había teléfonos con GPS que pudieran decir dónde andaba el muchacho.

Desde entonces traer las llaves en el bolso derecho del pantalón me da la sensación de libertad metálica. Y la jaula de oro abría sus puertas.

Pero seguía siendo prisión.No sé por qué les cuento esto, pero el pequeño evento de las llaves significó mucho para mí; quizá fue una declaración de madurez.

¡Viva la vida, que sí!

La vida cambió y pude participar en entrenamientos de todos los deportes. Visitaba a mi amigo Juancho bastante frecuente al grado de considerarme un miembro más de la familia.

De cómo descubrí el don que tenía para adivinar que no había hecho el aseo

Cierto amanecer antes del verano siguiente, me desperté temprano, descalzo, por lo que caminé furtivo hacia el comedor y vi que tenía una hoja de revista *Vogue*, algunos fragmentos en redondo y otros en tiras. Quedé a la expectativa y la vi tomar los papeles en sus dos puños; después se fue a la cocina y dejó caer unos, se fue a la sala y dejó caer otros bajo la tele. Yo me escondí detrás del sillón, y la vi pasar hacia su cuarto, con cuidado. Luego la vi lanzar tiras de papel hacia sus zapatillas, en su *closet*, hasta en su tocador. Vuelvo a esconderme y pasa hacia el cuarto de sus hijos, y vi los sitios donde puso lo demás. Decidí irme a la cama y fingí estar despertándome, y como si estuviera buscando algo en el *closet*, dejó caer otros papeles.

Y así deduje que cuando no encontraba los papeles, asumía que había aseado, y si seguían ahí, me sermoneaba con la certeza de que no lo había hecho. Estaba nervioso con el descubrimiento. Así que se metió a bañar y, en esos momentos, corrí levantando pedazos de papel que junté en la copa de una gorra. Y ya que se fueron, continué la del detective chiapaneco, armé la página del signo de escorpión de la revista que vi que tenía en la mesa. «Tendrás al planeta Marte en perihelio con el sol» significa que «la verdad os hará libres».

Desde ese día ni un sábado ni un domingo hice aseo exhaustivo. Solo buscaba las balizas del enemigo minuciosamente, porque si no decía:

—¡Todo lo limpiaste bien! Pero no el tocador, ve y hazle la prueba del tallón y verás cuánto polvo. Alcancé tal grado de intuición que integraba la página de *Cosmopolitan*, *Vogue* y de Cinecanal y el TVnotas. «¿Robinson, por qué volviste de tu isla?». No hice aseo más que un domingo o dos, todo fue coser y cantar.

Eso sí, me bañaba bien, corría desnudo por la casa y hacía tareas fresco. Luego adelantaba lavado y planchado para quedar libre por el resto de la semana.

Lo obsesivo-compulsivo de limpiar, forrar y querer a mis libros sucede a partir de ahí. Como tenía escasos ingresos, sacaba copia y encuadernaba los libros que forzosamente debía tener como evidencia física, y quedaban bonitos para mí. Comencé entrenamientos formales de basquetbol, softbol, vóleibol, fútbol *soccer* y fútbol americano. Eran los cuarenta kilos de ser humano de puro total y absoluto *rock and roll* y camote, correoso, con ganas de golpear y recibir golpes. ¡Pura pasión NFL!

En las horas libres iba a la UNACH o a la casa de Juancho. A veces le preparaba su cena a Valín, dosis de engorda, y le enseñé a cantar con los pitufos del Padre Abraham, y con Barney el hijo mampito de Gotzilla.

Me la pasaba con hambre, el ejercicio solicita muchas calorías para gastar. Hubo un fin de semana que comí hasta terminar todo el plátano que compraron para la semana y me sentaron a una sesión de reconvención, de las normalidades de esa casa.

Con las llaves podía alejarme a preguntar a los que sabían de Física, Matemáticas y Ciencias. Manteniendo un buen ritmo. Iniciada la prepa el coco eran Física y Matemáticas. Me llevé tres bimestres a examen extraordinario, pero como estudiaba en la UNACH, los libré con dieces. Aprendí que las matemáticas se practican, solo con estudiar no carbura el cerebro.

Portar las llaves era maravilloso.

En la radio grabé unos *cassettes* para bailar, mientras hacía las tareas. Acudía a prestarles apoyo moral al Juancho y al chino Yong en sus recuperaciones de Matemáticas. A veces los acompañé a sus clases de recuperación.

La transición a la prepa

Quedé en la preparatoria 2 del estado, que quedaba cruzando el *boulevard*. Estaba tan cerca que salía tarde y llegaba puntual, tan cerca que me llevaba la televisión de la sala en partidos buenos que transmitían en horario escolar. Nunca me cacharon.

Aquí seguía de chaparro sácale punta. En primero conocí a los primos de Yemmy, que por poco me dan una golpiza, por un malentendido literario y ahora somos amigos, pero no durante este tiempo, me la tenían sentenciada. Los conocí más de estudiambres como yo en la universidad, nos unió el que apenas comíamos las calorías suficientes. Los encontré de nuevo latiendo en el corazón de cemento y se convirtieron en hombres serios. Aunque ya en la prepa sí hay verdaderos enemigos, mi enemigo imaginario cobraba más poder. Es verdad que era más esporádico y miraba de reojo por los espejos y transmutando entre las sombras en seres comunes.

Conocí amigos que ahora son profesionales, fui a sus casas, hice tareas, les di copia, les copié, me acompañaron en muchos momentos alegres. Había pensado en cerrar uno de los cuadernos con «¡Enemigo imaginario mío!, yo soy tu padre». Pues en el fondo soy yo siendo mi obstáculo y poniéndome zancadillas. Pero está muy trillado. Dark Vader lo dice en *La guerra de las galaxias* y Zorg lo dice a Buzz Light Year (la verdadera traducción es Zzzum Año Luz). En realidad, ya no se traducen los nombres propios de películas y series porque algunos quedaban muy sosos. Solo queda como comentario, pero es significativo que tenga rasgos familiares con inclinación a la maldad.

Los amigos que se obtienen en la prepa son grandes amigos, pero no al grado de hermanos de la secundaria. En la casa de mis amigos de la secundaria con sus padres entro a la cocina y es como si estuviera en casa, sé dónde está todo, y puedo cocinar o tomar como igual. Sin embargo, con los chicos más grandes es muy seria la relación, de algunos no conocí a sus padres.

Aunque siempre me alegra verlos y saludarlos, se sorprenden de que solo les hable para saludar, todos están a la defensiva, sienten que se les va a pedir favores, pero no, para eso están los amigos.

Estuve como siempre en terreno neutral, me llevaba con los desmadritos y los desmadrosos, cuando pasaba al pizarrón me porreaban todos o todos me aventaban papeles o pedazos de gises (tizas). Cuando resolvía un problema difícil, le decían al maestro: «¡Ahí está tú papá!» (lo bueno es que no lo tomaban a mal los maestros.)

Mis materias cocos (de miedo) pero que al final terminaron gustándome fueron Filosofía, Matemáticas y Física. Un homenaje a mi maestro de Mates ingeniero Pedro Cruz Farrera, bueno para enseñar, un pan de Dios, pero no sabía manejar al grupo. Hasta a él le tocaban gises y papeles al escribir en el pizarrón. Tuve tres parciales con cinco, así que practiqué muy duro y en la recuperación saqué puro diez. Finalicé con diez de promedio. Igual en Física. Solo Filosofía lo pansé[9], nunca pensé que fueran a gustarme todos los filósofos.

En mi época la prepa era anual. Y todos luchaban por tener al menos el seis de promedio de cinco parciales; porque había pocos con un enfoque en serio para tener promedio para estudiar una licenciatura. Pero algunos solo querían pasar, no importaba el cómo.

Viaje a la costa, a la Boca del Cielo

Para ir a cualquier viaje de investigación se requería mucho dinero y la forma que teníamos para conseguirlo era organizando tardeadas musicales en discotecas, llamadas «antros» ahora. Consistía en rentar una tarde en Sheik's, Colors y otras. Vendíamos cierta cantidad de boletos cada uno, hasta que juntábamos para la gasolina y comidas. Competíamos con el grupo Químicos-Biólogos 2 por organizar las mejores parrandas con cualquier pretexto, por ejemplo: chica pomo del mes. Pero no al estilo gringo, le vendíamos boletos a otros grupos, colegios de bachilleres y otras prepas. El autobús era de la prepa y el chofer también, solo nos tocaba la gasolina, las comidas y hospedaje (por lo regular, acampábamos). Entonces, lo único que faltaba era conseguir el permiso; pero ya con las llaves y habiendo conseguido el dinero era coser y cantar, pues no tenía que pedirles nada, me lo daban. El desmadre ya era con cartas de baraja y cosas más grandes. Era considerado un niño y de hecho lo era. Los primeros noviazgos ya eran con contactos más estrechos. ¡Y yo minúsculo! Mis amigos de la secundaria casi estaban obligados a comprarme boletos, por lo tanto, los seguía viendo seguido. Agradezco su apoyo en mi educación y esparcimiento. Antes no había celular y existían pocos teléfonos de casa, por lo que iba a sus domicilios. El día de partida nos juntamos en la escuela, y por la antigua ruta del cerro de la sepultura, llegamos a Tonalá, pero es más adelante. Disfruté de lo paradisiaco del lugar: desemboca un río, hay un estuario o estero y una entrada a mar abierto. Nos alcanzó para un *tour* en mar abierto, bien zangoloteados y vimos una tortuga laúd del tamaño del Volkswagen escarabajo. También había peces voladores, y respiramos agua y sal. Tenía muchas amigas, pues me veían como el peque del grupo.

Investigamos el fitoplancton y el zooplancton a diferentes horas del día, la materia del pretexto del viaje: Biología. El maestro andaba de coqueto con

---

9 Esta palabra es una combinación de las palabras panza y pasar, y significa «apenas pasé». Hay una expresión en México que dice «pasó de panzaso», es decir, sacó seis.

las chavas y le puse una canción que se llama *Pinche perro* de Ricky Luis. El caso es que como andaba afiebrado, ni caso me hizo. Dormí a la intemperie. En la mañana mi equipo cazó jaibas para un caldo, clavándolas con cuchillo. Fue una variante alimenticia a los sándwiches y tortas, alimento clásico de estudiantes investigadores.

Hubo contrabando de alcoholes, pero por andar de enfermizo, después del desayuno me enterraron en la arena y continuaron su fiesta. Cuando pude reanimarme, por mis habilidades de nutria de río en las artes natatorias me tocó tomar las muestras en el estero.

Me asustaron con los tiburones, pero no pasó nada. No pasó a mayores, tuvimos muy buenas calificaciones.

Nuestro viaje a Lagos de Montebello

Se nos atravesó otra investigación y el consiguiente peregrinar a mi venta de boletos. Ya me costaba convencer a mis clientes: «Va a llegar la marimba», les prometía, «va a haber trago, van a estar las candidatas a señorita prepa», eso prometía. ¡Solo las nalgas no ofrecí! El único requisito era obtener el permiso y el consentimiento informado, eso era pan comido. Pues tenía comida, camión y gasolina. Los tíos no sabían las peripecias que hacía para conseguir dinero.

Sí me dieron permiso.

Ahora el campo de investigación era el Bosque de Neblina, las plantas del dosel, como microecosistemas completos. Ahí sí que no pude destacar. Porque se subieron los grandotes a árboles enormes a bajar plantas epífitas. Había larvas de zancudos y mosquitos, sapitos en distintos estados de evolución y la etapa acuática de las libélulas, feas como el alien de *Terminator*.

El pretexto se cumplió, luego nos dedicamos al turismo de aventura, en ese entonces no te cobraban. Ahora cobran la SEMARNAP y los ejidos.

El contrabando de bebidas tampoco me volvió a tocar, por el mismo motivo, por ser el más chico. Me llevaba muy bien con las chicas. Así que me dediqué al vóleibol y a los juegos sencillos.

Fue una gran aventura a pesar de todo.

No falté a ninguna aventura. Siempre los dos grupos, desmadrosos y desmadritos, me apartaron de los alcoholes.

Volvimos a tener buenas calificaciones.

El grupo de Químicos 2 rescató a un puercoespín. Y los felicitó el gobierno del Estado, y les dieron un diploma global.

«¡Muéranse de envidia!», se pavoneaban.

Sí nos morimos de envidia. Pero nuestro grupo era el mejor. Y ellos nunca dejaron de ser del grupo 2.

Un saludo donde estés, Jorge Gordillo Sol, un homenaje en este renglón.

En esta etapa de libertad, jugando al fútbol americano, al disputar el ovoide tropezamos cabeza a cabeza, receptor abierto contra esquinero y se me fracturó el hueso frontal izquierdo. Se hundió como uno punto cinco centímetros, y en la radiografía se vio que la fractura fue una línea horizontal como de tres centímetros de largo. Al otro día me salió un coágulo de sangre como de seis centímetros de diámetro. Acudí con los papás de Juancho al IMSS 5 de mayo para una radiografía y valoración, ya que a la tía no le tomó importancia.

No pasó a mayores.

El otro cliente solo quedó conmocionado un rato. Casi al final del último año tuve mi primera novia que estudiaba Lengua y Literatura Hispanoamericana.

Por ser mayor, hasta la tachó de demonio mi tía. Y su suegro llegó un día a realizarme un exorcismo al departamento. Nunca fui poseído así que no funcionó su exorcismo.

Sucedieron varias aventuras interesantes. Que madurarán con los días. O como vayan surgiendo. Quizá están anotadas en otros legajos.

Legajos adicionales de mi libro de libros, alias cuadernajo

Un triste médico que sabe todo de escribir, pero no puede… Las letras en forma de hormiguitas deformes que salen de sus manos parecen bailar buscando azúcar o miel para no desaparecer. Quiere hacer letras que parezcan letras, pero su cerebro no tiene la sustancia mágica que quita el temblor y hace la letra firme. No puede explicarse el por qué a estas horas aquí pierde el poder. Cuando deberían darle su carga de poder. La confianza de que sabe lo que hace lo hace hacer, quisiera una voz de aliento, pero todo se reduce a cuidado y ayuda. Eso está muy bien y se agradece mucho. Quisiera ser como Sabines, al interpretar *¡Te quiero!* En el «¿no vas a comer nada? ¡Son las 4:30!». En el «¿estás bien?» Pero no entiendo, el lado del paciente es difícil, más cuando sabes la medida de tu mal y todo lo que conlleva. ¡Tu vaso de cicuta está servido, solo falta valor!

El pesar que se siente que esto que ha escrito lo pensó hace ya rato y ya anda en otras ideas por la lentitud de su trazo lo pone melancólico. La sensación de no tener fuerza ni para romper un plástico delgado, que el tórax se hace chiquito y los músculos rectos de la espalda, con tal de mantenerme derecho, se contraen al grado del calambre, duelen ¡y qué dolor! Y seguir. Y no pasa nada. Y a pesar de todo esto ¡qué hermosa es la vida!

Hoy sentí la sensación de ser atacado por todas las fuerzas del mal, al no encontrar unas hojas que accidentalmente se habían caído bajo el sillón de pensar. Mientras me desvencijé, perdí la cordura, la calma y el equilibrio… entonces ya razoné, las localicé y perdoné un poquito al diablo. Ya que es su labor y tiene que obedecer.

Esa horrible sensación de no poder demostrar con hechos desde cuándo se trabaja, me superdescontroló.

Y tu sabia frase «¡Que te valga madres!» salió en mi auxilio y entonces, como Lázaro, anduve, porque no podía ni caminar.

Aquí un hecho sencillo: ¡Ponerle hojas a la impresora! ¿Tanto poder tiene el voy a poder hacerlo?

Me avergüenzo de mí: joven, en un lugar con intimidad y no poder platicar. Ella con sus redes sociales timbrando y timbrando. Cuando una pareja normal estaría más junta. ¡Es una maldición eso de los celulares, maldición necesaria, pero letal!

Cada vez duran más tiempo encerrados en ese mundo virtual, que ni nos vemos ni escuchamos, aunque estemos conectados en red, y los culpamos, cuando el que no sabe puede dejarlo en conexión y estar haciendo sus cosas y el que ve la señal a lo lejos piensa que está conectado con otra gente. Y más, si el que mira ha confesado traicionar por ese medio, pero que la considera traición válida, porque es virtual.

Lo jodido es que, para el traicionado, la traición es real. Y aparece aquí lo de «el león cree que todos son de su condición» o la de «la que se quema con atole le sopla hasta la limonada».

Y es mi obsesión, porque dice que otra cosa no puede ser. Y sigo buscando una entrada a su corazón, busco y encuentro más candados. Hablo y todo es utilizado en mi contra o solito me enreda en mis argumentos, ella usa mi cabeza como un revólver.

Bien dicen que si tratan de averiguar una cosa, averiguan seis. La letra no me crece. Ni las ideas. Mis Morrison siguen en la milpa, la milpa eterna. Falta contar lo de Tarzán y los monos. El caminar sobre vacas. La caída por dormir a caballo. El asesinato de muchos cocodrilos. Y más vivencias.

Pero me desaparece la letra, me acabo. Mal, ¡vas ganando!

La granja

El gran Gero.

Dos suicidas

Uno que el tiempo lo mató y uno que se mató a tiempo.

El vikingo

Rukab no era fuerte ni sabio. No tenía libertad. No era esclavo. Escuálido y transparente. Con miedo del viento. No remaba. Tampoco le daban ballesta o un escudo, no los necesitaba. Lo llevaban por sus hermosos trapeadores godos que dejaban la cubierta como espejo para dioses. El barco se hundió.

Brújula.

Mujérula muy málula que hace hechízulos.

Calaveras muertas sin ton ni son.
La muerte enamorada

La trágica historia de la muerte que se enamoró, tuvo matrimonio y se casó, fue madre y enviudó, contada por el cadáver que fue su esposo, y que ahora reposa en un panteón de por ahí.

Estaba la muerte un día
rascándose el ombligo.
¡Aunque no vaya en tranvía
yo me voy contigo!

¡Pa qué te quiero flaca!,
¡pa qué te quiero huesos!,
mejor duermo en hamaca
¡y te doy unos cuantos besos!

De este amor mortuorio
hubo resultado
se armó un casorio
que ya está sepultado.

La muerte embarazada
ni así gorda se vio
aún está asustada
del costal de huesos que parió.

Y así muy en familia
la muerte me llevó
a pesar de que soy suyo
viuda se quedó.

¡Y diay: los hijos de la muerte…
son muertitos!
Llegó en lancha de motor

a visitar el negocio
y llevarse a su socio
su buen amigo: el doctor.

Ya le va a llegar su hora
ya viene la muerte por ahí
por tanto, le llega su fin
a la señorita directora.

Estaba la muerte ya harta
de estar en un hormiguero
picoteada del agujero
ya viene por la profe Martha.

Martha no está, Martha se fue
con un panteonero
la muerte se la lleva a pie
junto con los de tercero.

Vuela vuela, palomita
llévate esta carta
para la muerte muertita
para que pronto se lleve a Martha.

Muerte calaca, muerte catrina,
no te lleves a Camila
sé un poco más fina
llévate a la maestra Lila.

La muerte tocaba la armónica
en una tarde cualquiera
vino muy supersónica
por la maestra Verónica.

La muerte vino en verano
la muerte vino en otoño
cansada que casi se desmaya
pues vino por todo el Colegio Maya.

La muerte encontró de su zapato la horma
una muerte muy chambona
y también luchona

se lleva ya a la maestra Norma.

La muerte se atornillaba
la nalga con una perica
mientras se desesperaba
pues se escapaba la maestra Erika.

En el cerro se cansaba
en el plano descansaba
no muy aprisa se paseaba
en un costal a profe Erika llevaba.

Estaban la muerte y Messi
en la iglesia de Terán
porque no le ganarán
hoy se lleva a la maestra Ceci.

Ni tarda ni perezosa
la muerte viene por fin
a llevarse en su carroza
a la maestra Coqui y a ti.

De muerte lenta se muere
ya pronto la maestra Tere
y aunque no se lo espere
vivirá en el más allá con otros seres.

La muerte se cansaba, la muerte se cansó
de andar descalza y a pie
pues de un brinco se llevó
al bribón de Josué.

La muerte no vuela,
la muerte planea
llevarse a Pamela
aunque no se lo crea
en una cazuela
para que no vea
que es una chimuela
que mucho babea
allá en su escuela
llena una batea.

Muerte huesuda,
muerte pelona,
antes de las diez
llévate a la de Inglés
y a las copetonas.

Muerte grandota, muerte chiquita,
si estás cansada
llévate de volada
a la maestra Marthita
(y a todas sus achichincles).

Lulú no rima con nada
ni siquiera en inglés
y de un modo muy cortés
la muerte se la lleva desganada.

Sentada en un gran risco
se puso a descansar
para invitar a trotar
hacia la muerte al profe Francisco.

Vive vive, sana sana,
colita de rana,
sin ninguna manzana
viene la muerte a por Ana
Diana
Susana
La iguana
La nana.

Estaba la muerte un día
no sé si un lunes o un martes,
pero recuerdo que prometía
¡llevarse a todo el Descartes!

Mirando el fútbol sentada
mirando al América
que se acuerda emocionada
¡hoy me llevo a la maestra Erika!

¿A cuál?,
a la una a las dos y a las tres
hasta la de Inglés
a la de Español y de Francés
y a la de computación después.

Tarea de muerte (calaveras en octosílabos)

Estaba la muerte bella
esperando su camión,
hizo un sonido canción
y dijo: «onomatopeya» (¡Oh no, me atropella!).

Se resbaló resbalosa
y me aplastó con sus huesos
caímos juntos en losa
dándole yo muchos besos.

Escondidos del covid-19
burlábamos a la muerte
y ella mucho que se mueve
nos lleva a todos, qué suerte.

La clase estaba de muerte
muerta la muerte de risa
caída la red no fuerte
nos llevó a toda prisa.

Me mataba la lectura
me mataba redacción
ya están en la sepultura
el profe de todo el salón.

Se pasa como suspiro
la escuela, nuestra preparatoria
le damos un solo tiro
la tumba de la memoria.

Chiapas tiene de todo
hasta hay miles de tumbas
aunque te llenes de lodo
puedes bailar unas rumbas.

Muerta la muerte estaba
muriendo de muerte lenta
y por más que me ocultaba
ya me tenía en su cuenta.

Estaba la muerte muerta
de hambre y también de susto
llegó al altar por la puerta
tan solo para darse gusto.

¡No dejó nada
la muy tragona!

La muerte se chupaba el dedo
y tuvo un exabrupto
por abajo se salió un pedo
y por arriba un eructo.

Paseaba la muerte en la playa
atrayendo a muchos mirones
la pescaron en una atarraya
como palillos pa tiburones.

Ya la muerte se murió
ya la llevan a enterrar
ya los huesos estiró
así tenía que acabar.

La muerte me lleva
la muerte me trae
por más que me atreva
mi vida se cae.

Vivo, vivito y coleando
contento, a gusto, gozando
todo irá terminando
y ¡en fin! Muerto, muertito y llorando

Sabines despertó. ¡Qué buena suerte!
¡Es bueno mirarte!
Sonriente saludó la muerte
¡ni tanta, vengo a llevarte!

El Pacho con su bolera
no podía ni verte.
¿Veo luz o veo a una güera?
Lo primero, mijo: ¡soy tu muerte!

Una calaca pinta
le dijo a una tricolor
vámonos para mi tierra
a matar a un gobernador.

Unas calacas emperifolladas

La calaca en el espejo
se pulía sus huesos,
blanco y fino su reflejo
comida rica para sabueso.

Sexi, arrecha y coqueta
dientuda al sonreír
ya se sabía su meta
¡alguien tenía que morir!

Sin faltar nunca a la cita
todos estiran la pata
aunque sea muerte bonita
con un beso te mata.

Por ponerse zapatillas
ya un mal paso ha dado
se quebraron sus costillas
al golpearse el costado.

Cómo es de fea la muerte
aunque se vista de seda
y al que le toca de suerte
¡pues tieso se queda!

Entre huesos te veas
entre huesos te salgas
y aunque no lo creas
la muerte tiene nalgas.

Luego entonces

¡Estaba la muerte un día...
rascándose el fundillo
al sentir su dedo olía
a tufo de zorrillo.

Estaba la muerte un día...
rascándose una oreja
con esto ya sabía
que tenía sarna la vieja.

Estaba la muerte un día...
rascándose entre los ojos
por ahí se le subían
un kilo de piojos.

Se rascaba y se rascaba
la muerte sin descansar
sarnosa como andaba
no paraba de ladrar
(era una perra muerte).

Calaca loca

Coloca la calaca
Coca-Cola coloca
loco la cola loca
la coloca loco
la laca coló la loca
cala la cola loco
la cola de la culeca.

Una calavera estatal
Calaveracruz

¡Que viva el tío!   ¡Que viva la tía!
¡Que muera el tío!   ¡Que muera la tía!
                      O
¡Pal otro año!   ¡Pal otro año!
¡Pal otro año!   ¡Pal otro año!

Del capítulo de mi miedo a volar

Aconteció que en mi segunda vuelta universitaria, por tardarme en las tesinas, cambió el programa académico y tuve que revalidar lo estudiado con exámenes de oposición. Una vez finalizado el Internado Médico Obligatorio y ahora calificado, había una plaza en Chiapas en el corazón de la Selva Lacandona, en el mero corazón del Ejército Zapatista de Liberación Nacional; acabándose el siglo y el milenio, era una plaza por examen de concurso, y tenías que aprobar en entrevista universitaria y entrevista local. Pasé el examen, y que uno de los entrevistadores hiciera su Servicio Social de Medicina en Quiringüicharo y llevara el control prenatal de mi hermanita la chunca creo que influyó. ¡Ah! Y también mis ganas de conocer el México profundo, una etnia ancestral, aprender una lengua local y ser un mexicano total.

La plaza era Amador Hernández González, el del municipio de Ocosingo, porque hay otro cerca de una presa en otro municipio, o puede haber más, ya que fue diputado local alcohólico que por botanas y paga gestionaba carpetas de ejido: «¡Pero le ponen mi nombre al ejido!», recomendaba. Si algún pariente leyera esto, la información fue de pasillo con dos viejitos fundadores de dos ejidos distintos: ambos coincidieron en haberlo conocido en una cantina, en una cantina resolvieron el trámite, y en una cantina les dieron su carpeta de ejido. Sospecho que era su oficina. En lugar de ponerle un monumento, yo erigiría una gran caguama como fundadora de Amador Hernández, descorchada, sostenida por una mano y otra esperando. ¡Antes se podía!

Pero divago, una vez obtenida la plaza, la sede académica era Palenque, y como mi madre vivía allí, me tocó acompañar a mi compañero de generación previa, el ya Dr. Javier Aviña, con pena, conmigo, a dejar a cada servidor social en su sede; conocí el cerco militar, a las comunidades neozapatistas, lo lejano y lo pobre de las comunidades, en un *jeep* Wrangler todoterreno. Estuve hasta en un congreso zapatista en un Caracol (cabecera municipal de territorio zapatista) en donde había todos los niveles educativos, el máximo era una especie de Normal Superior: con maestros griegos, europeos, argentinos jubilados en sus respectivos países en turismo de aventura por él México profundo, dando clases subversivas. Algún tiempo leí a Lenin, Marx y a Engels pero Stalin me desencantó del socialismo. La organización extranjera que nos financiaba era Médicos del Mundo Francia, una organización no gubernamental y una ONG local Salud y Desarrollo Comunitario A. C. (SADEC), también con médicos mexicanos y extranjeros, y por supuesto la Universidad Autónoma Metropolitana Campus Xochimilco. Me dejó al último el Máster Aviña, ya que era la sede más lejana, porque nos fuimos a Ocosingo, él ya había estado en Amador Hernández, y me iba a presentar personalmente. Era y es querido y respetado. Es un agente comunitario.

Al llegar a Ocosingo, en la zona del antiguo aeropuerto, había cráteres de bombardeo, casas en ruinas, puestos de mercado e invasión de colonos para vivienda y una casa de tejas al punto de la ruina. Una secretaria atendía la oficina de Taxis Aéreos Lacandona, me contó que era viuda, su esposo murió de esclerosis lateral amiotrófica (esclerosis múltiple), tenía hijos, y que se pagara el contrato y cuando llegara el piloto, nos llevaría a nuestro destino.

Habían cambiado la pista a las afueras (los suburbios) de Ocosingo, la aeropista parecía una simple terracería con baches y grava suelta. Tenía una gran galera donde había un Cessna Monomotor, de franjas naranjas, y una gran báscula de palanca. El cuidador nos paró a Aviña, a mí y a dos habitantes de la selva junto con mercancía que iba para diferentes destinos, porque sepan que los aviones tienen una capacidad límite de sustentación: si se sobrepasa no vuela.

En una palapa de palmera, nos colocaron unas hamacas, fue una deliciosa espera del piloto. Cuando llegó: acomodaron medicamentos y mercancía encargada en las comunidades, traía dos botellas de Coca-Cola de seiscientos mililitros y una pachita en las manos: «¡Es mi valor!», dijo. No le tomé importancia. Después en una charla privada, solo volábamos mercancía, medicamentos, él y yo: me confesó que ¡le daba miedo volar! Que solo había aprendido para ganarse la vida y que por eso se la pasaba a punto de borracho, para dominar el nervio y ¿cómo no? Imaginen un Volkswagen Sedan en escarabajo con alitas de un metro y medio de sustentación y un miniestabilizador trasero. El viento lo traía peor que el calzón de una trabajadora social, con viento cruzado volaba como yendo de lado; si había lluvia, rodeaba las nubes en donde estaba lloviendo, y si era inevitable la visibilidad era nula, los aviones no traen limpiaparabrisas. Y en un fenómeno atmosférico que el piloto llamaba bolsas de aire, el avión caía como piedra hasta volver a encontrar sustentación, y se sentía la sensación de que hasta el culo se quería agarrar como ventosa del asiento. Ahí conocí la función de los cinturones de seguridad, pues evitan que rebotes por todos lados. También comprendí por qué el papa Juan Pablo segundo besaba la tierra al tocarla en sus aterrizajes. Me dijo que el día que me tocara salir al pasar agitara una toalla y/o reflejara la luz de una lámpara en un espejo de mano o bolsillo, o lo deslumbrara.

Entraba veinte días y descansaba diez días. Volar en Cessna Monomotor es como una montaña rusa superlativa. Y cuando trabajé para Farmacias de Similares de vendedor para poder pagarme la conclusión de la universidad, comencé a viajar en aviones grandes. Existió una compañía llamada AVIACSA con aviones sonrientes y con boletos comprados meses antes más baratos que el camión ADO GL y UNO servicio de avión por tierra. En mi primer vuelo mi vecino de asiento me sujetó la muñeca tan fuerte que se me saltaron las venas al despegue: «¡Perdón, me da mucho miedo volar!». Fingí valor, pero casi le digo: «Siento igual o peor». Luego en mi primer despegue me tocó una megabolsa de aire, sientes como tira de ti el cinturón de seguridad y ves cómo aletea el ala al encontrar sustento y cómo los güevos te ahogan.

En una caída al vacío en un avión no deben tener miedo a la frase «cagarse de miedo», porque se aprieta todo, y el culo se aprieta tanto que no cabría un alfiler. Ahí se siente el famoso vacío en el estómago, y en realidad no piensas en la muerte, buscas donde agarrarte que esté macizo. Y luego parece que fueras en camión guajolotero por terracería, ya luego entras al asfalto. ¡En esos momentos ansías tequila como ansías el aire cuando estás a punto de ahogarte! Antes tomaba en cuanto se estabilizaba el avión mi onza de tequila. Insisto en que no es miedo a volar, es miedo al zapotazo tan tremendo que nos vamos a dar.

He volado bajo lluvia intensa, sobre huracanes, sobre humos de incendios, grandes turbulencias, y en todas he tenido miedo ¡pero me aguanto!

De invitado a un juicio oral

En el Servicio Social de Medicina Humana, en la segunda ronda, con sede en Amador Hernández González, cuyo aeropuerto internacional está en su calle principal y la Casa de Salud estaba en el centro, del lado derecho en el descenso y en lado izquierdo al despegue de avioneta Cessna monomotor, en todo el año solo una vez llegó una bimotor, para dimensionarlos con algo común conocido. Hagan de cuenta un Volkswagen escarabajo con hélice al frente, alitas de dos metros a cada lado y un miniestabilizador atrás.

Funciona todavía en la selva como una especie de taxi caro que se solicita agitando una toalla, un sombrero o reflejando la luz de una lámpara en un espejo de bolsillo; cuando llevaba rumbo a pueblos más profundos, y si le quedaba lugar, bajaba a por ti. En los últimos días de estancia hasta un zumbido de mosca te hacía correr a ver si venía la avioneta.

Frente a la casa de salud estaba la cárcel, cruzando el aeropuerto, pero solo vi dos prisioneros en los diez meses del servicio. Uno de ellos era uno de mis técnicos en Atención Primaria de la Salud que fue mi intérprete un mes y medio y paciente después. Por resultado de una condena de su juicio oral, fue condenado a ser colgado una noche, un antiguo castigo que se hacía en Las Monterías, que cuenta Traven en *La rebelión de los colgados*. Pero eso cabe en otra historia.

Llegué con mi maestro Javier Aviña, cograduado conmigo en la primera ronda, ya todo un médico general trabajando para Salud y Desarrollo Comunitario A. C. (SADEC) y Médicos del Mundo Francia. Me llevó personalmente porque él hizo su servicio social ahí en ese lugar, y les donó unos santos de los llamados de bulto. Así que era una especie de padrino de la comunidad.

Me asignaron un intérprete, que me apoyaba a dar la consulta en Tzeltal, pero se dieron cuenta de que llevaba mi manual de consulta externa con las preguntas básicas en esa lengua, por lo que a partir del segundo mes dejaron de llegar a apoyarme. Solo iban en casos especiales. El trato aparentemente era con los neozapatistas. Había tres facciones: los zapatistas con el mayor número de simpatizantes y armado; los priistas que habían abandonado el zapatismo; y los neutrales. Al considerar que sí sabía saludar, pedir comida y agua, y dar la consulta en tzeltal, podía valerme por mí solo.

Por lo que un día noté que había un flujo de gente constante y mi sala de espera no tenía pacientes, casi siempre había, aunque solo fueran a esperar a otra persona. Los priistas llegaban muy temprano, si no los corrían a punta de pistola los zapatistas, los neutrales eran más tolerados, pero si había más pacientes zapatistas, también me los corrían.

Hasta que apareció mi antiguo intérprete, don Amador Hernández, diciéndome:

—¡Hoy hay un juicio oral, y están invitadas todas las comunidades! ¡No va a haber ni moscas en su consultorio! Vamos, lo invito.

Entendía ya el contexto en conversaciones de otros, y podía leer su biblia en tzeltal, pero por los subtítulos en alfabeto fonético internacional, y solo había asistido como a cuatro misas.

Así que todo lo que escriba será una mera mentira de mi imaginación o una interpretación de lo que presencié y oí en la casa ejidal de ese pueblo, abarrotada hasta por fuera; era una verbena.

El que fungía de prioste en la iglesia, un viejito, actuaba como juez. Había otros dos grupos a la cabecera, uno era el apoyo de la parte acusadora y otro grupo de personas en apoyo al acusado. Yo estaba en la zona de adultos mayores de las comunidades. La gente estaba seria.

El presunto juez se presenta y presenta el caso: que sería juzgado de acuerdo a la ley de usos y costumbres de la comunidad y se hará lo que la comunidad decida.

Presentamos el caso de María Juana que demanda a José Pablo, por casorio, o por pensión alimenticia de su futuro hijo. Ella es huérfana, vive desde entonces con sus abuelos, y como don Lencho, su abuelo, hace poco murió, viven solas.

—¿Qué declara María Juana para aclarar su dicho? —dijo el juez.

—Desde que murió mi abuelo, he tenido la necesidad de visitar a mis otros abuelos, por parte de mi padre, y en el camino me abordaba José Pablo y me decía que estaba muy bonita, que ya estaba en edad de merecer, y que si le daba la prueba de amor habría casorio, hasta que me convenció. Pero cuando perdí la regla y le anuncié que iba a ser padre, desapareció. Por eso me decidí a denunciar.

—¿Qué responde el acusado? —preguntó de nuevo el presunto juez.

Se levantó José Pablo todo colorado, pero no le salió el habla, por lo que se paró un adulto mayor que intuí que era el padre.

—Casorio no puede haber porque mi hijo se trajo a una mujer de San Quintín y ya está en la casa; y como esta llegó virgen a la casa, se queda. ¿Qué nos garantiza que María Juana tenga un hijo de mi hijo? —habló el señor.

Hubo una gran algarabía y se pararon casi todos los que la apoyaban. Alzó la mano una matrona y dijo:

—Diles, mija, cómo te la enseñaba —con ademanes— y lo que te decía para convencerte, así oirán sus palabras y sabrán su culpa.

Se oyeron muchas carcajadas y probables chistes subidos de tono.

Y María Juana dijo:

—Me decía que nada más la cabecita, que con una vez no pasaba nada, y como ven que eso no tiene hombros, ya ven el resultado.

Y comenzó otra algarabía difícil de controlar.

—Sus amigos me han faltado al respeto, pero de forma verbal, seguro les dijo que caí con sus promesas.

Levantó la mano el juez para detener el barullo. Y dijo:

—Conozco a José Pablo y son sus dichos que dice. Por lo que al no haber un hombre que la respalde, se tomará la decisión en seguida.

Deliberaron un rato y volvió a hablar.

—Se llega al siguiente acuerdo: si el niño que nazca es varón lo cuidará José Pablo y le dará todos los privilegios de hijo, pero si es una niña, le darán tres vacas y un becerro para reparar el daño.

Después de conversaciones jocosas y encontradas discusiones, se dispersó la gente y nosotros, hablando uno en español y otro en tzeltal pero bastante fluido.

Y que va siendo una niña.

Lo que sacó de la venta del ganado lo utilizó para autoexiliarse, porque ahora le faltaban al respeto hombres casados y solteros solicitándole favores, u ofreciendo la puntita o solo una vez, y le faltaban las mujeres porque la consideraban mala mujer. No cabía más en el pueblo.

La vi partir sollozando en la avioneta taxi con su beba.

La última vez que la vi y saludé, iba con su niña montada en su cadera en el mercado de Ocosingo exaeropuerto[10], y seguía con su cara triste de derrotada por las circunstancias.

No creo que José Pablo le pase pensión alimenticia.

Saldrá adelante, es de la cepa de mujeres fuertes, capaces de detener un ejército con sus puros sartenes.La abuelita no supe con quién quedó, pero imagino que no fue por mucho tiempo, realmente estaba viejita.

---

10 El actual mercado de Ocosingo está sobre la pista y terrenos de su primer aeropuerto.

Una primera versión más poética me la borró el antivirus Kapersky.

Considérenlo una mentira más de mis verdades ciertas. Yo anduve descalzo como esas mujeres una temporada, como ellas. Y a eso se le dice ¡caminar en sus zapatos! ¿No es paradójico?

El segundo juicio oral, de invitado y jurado

En mi Servicio Social mi casa de salud abarcaba en área de influencia cuatro comunidades y tres ranchos particulares. Cada uno tenía coordinador comunitario de salud (COCS), que en el principio del servicio fueron mis intérpretes y ayudantes en el acarreo de medicamentos y mochilas, y cuando yo no estaba, cubrían la atención básica de las Casas de Salud.

Frente a la Casa de Salud de Amador Hernández González había una cárcel de tres por tres metros, con barrotes de caoba en las cuatro paredes, cada barrote de cuatro pulgadas, con rectángulos de quince por treinta centímetros, bajo el techo de la casa ejidal y unas tablas como reclinatorio, silla y cama. En el año de servicio solo vi tres prisioneros. Por cierto, uno era de mi comunidad del pueblo en lo más alto del cerro —Nuevo Pichucalco— y lo hicieron cumplir tres días de cárcel antes del juicio. Todo lo que cuente del juicio no es tal cual exacto, porque fue en tzeltal, y yo solo pedía comida, agua, pozol, daba consulta y saludaba en esa lengua. El caso realmente era sencillo. Porque el acusado era miembro útil de la sociedad. Y se trataba del hurto de un martillo y lo tomó frente al dueño para pegar con clavos unas tablas en su nueva casita, donde lo único ostentoso era un rifle M-16 de cargador largo bien colgado en el horcón. Además, era un militar zapatista, solo lo sacaban para llevarlo al baño; el pozol y las comidas se los daban en la cárcel. El consejo militar no intervino por ser asunto civil. Después de tres días, lograron juntar a los jurados, que en realidad eran un grupo de simpatizantes y otro de acusadores y el prioste de la capilla fungía como juez. Me invitó el COCS e intérprete local a participar en la zona de jurado de la parte defensora porque era de nuestro personal.

Él era bilingüe.

Pero el caso iba a ser juzgado de acuerdo a los usos y costumbres.

El juez presentó el caso:

—Don Artemio contra Marcos por el robo de un martillo.

¿Cómo se declara el acusado?

Creo que por un gesto de atención a mí contestaba en español y luego en Bats'il K'op, que es la lengua tzeltal.

—Lo tomé prestado porque necesitaba clavar unas tablas, don Artemio dejó esta herramienta en su corredor, está en resguardo, lo tomé así porque si no, no me lo iba a prestar. Me declaro inocente pues puedo devolverlo, ni siquiera se gastó. Me acusó.

Pidió la palabra don Artemio, el pedía un castigo ejemplar para que no se andara llevando cosas y además sirviera de escarmiento para otros.

Ante un caso de convicto y confeso ¿qué te quedaba hacer? Hablé de que era parte del Comité de Salud y que bien se había equivocado en la manera de proceder, ya que era miembro útil de la comunidad, además de sus tres días de arresto.

Cada uno expresó que cuando no había médico él daba medicamentos y hacía curaciones. Los contrarios exigían que se cumpliera todo el peso de la ley para que no quedara duda del castigo ejemplar que recibiría; nos sentamos a deliberar y los ancianos más viejitos propusieron que la mejor manera de dar ejemplo era colgándolo.

¡Me conmocioné con la idea de colgarlo!

—¡No es para tanto!

Ya me explicaron que no era para ahorcarlo, sino amarrarlo de las extremidades y colgarlo en un árbol inclinado junto al arroyo. Entonces me acordé de *La rebelión de los colgados* de Bruno Traven, era un castigo bárbaro y se los dije. Pero, todos estuvieron a favor.

Lo ejecutaron esa misma tarde.

Al otro día lo descolgaron con los pies cianóticos y también las manos. Lo soltaron, pero no tenía sensibilidad en las manos ni los pies. Con masajes, antinflamatorios y complejo B logró recuperar funcionalidad, pero la falta de oxígeno alcanzó a matar los nervios de su pie izquierdo, lo dejaron claudicante; rengo pues.

Me dio por contarles esto porque los usos y costumbres a veces no son justos, pero es su sistema antiguo. Eso era un castigo en Las Monterías de la época de la revolución. Les planteé que deberían evolucionar, no vivir del pasado, ni castigar tan severo, pues solo era un martillo y no se había perdido, pero los viejitos dijeron:

—¡Está hecho!

No estoy de acuerdo con la ley cuando es desproporcionado el castigo para el culpable.

—¡Ya no lo devuelvas, si ya te castigaron! —le dije.

—¡No lo iba a hacer! —contestó.

Me contó lo larga que se hace la noche colgado, con dolores extremos en las extremidades y la imaginación jugándote malas pasadas, es horroroso. Cundido de piquetes de zancudos, chaquistes, mosquitos, moscas de la arena y hasta murciélagos lo intentaron desangrar.

Esas exageraciones en castigos ejemplares les funcionan a los locales porque aparentan pocos delitos. Pero me recuerdan al «México bárbaro».

Lo increíble es que perdonó a todos, anda cholenqueando por su culpa y no les guarda rencor.

La sospecha

¡Escucha, celosa mía, y contesta!

Tú en mi lugar… yo me abstengo.

Te cuento de unas fotos con mis amigos, que las mandé a revelar y quedaron estupendas. ¡Sí, ya sabes, vivos colores, sonrisas festivas y todo eso! Y con una sonrisa cómplice te las entrego en tus manos, un sobre que traía tras mi espalda. Lo recibes con entusiasmo.

Siempre eres curiosa y lees rápido y sagazmente los datos sobre el paquetito: efectivamente lo mandé a revelar yo, tiene fecha de dos meses después desde que te dejé de escribir y dice que salieron treinta y seis fotografías y me elogias porque fue un rollo completo. Pero además te das cuenta de que dentro están los papeles impresos y los negativos, me siento a tu lado y comienzo a explicarte cada foto, clara y rápidamente.

Eres meticulosa en preguntar sobre cada chica que sale junto a mí en las fotografías, sus nombres, y cómo son, y cosas así… termino y ¡zas! Te dejo fotos y negativos.

Pero eres curiosa y vas viendo cada foto, una por una y ¡contándolas!, ¡sí! Esta es una, esta es dos, y esta es treinta y dos… ¿qué pasó! ¡Ya se acabaron!

Tomas el sobre y checas, claro… y dice treinta y seis. ¿Cómo?, ¿me habré equivocado? ¡Ah! Tengo los negativos. Y a contraluz vas mirando y también descubres que realmente buenas son treinta y seis. ¡Y las otras cuatro? Tú sabes que no lo ha visto nadie aparte de mí, porque te dije que sospechaba que me las iban a quitar. Entonces vuelves a revisar las fotos y a coordinarlas con los negativos. ¿Qué tal? ¡Eh! ¿Y qué notas…? Un cierto rostro femenino muy cercano a mí que se repite en diferentes circunstancias y lugares. Y que en el negativo sin impresión estamos abrazados muy juntos, en un lugar que yo trato de no mencionar, muy conocido, claro. No se pueden ver detalles, pero está claro, falta esa foto. ¿Por qué? ¿En qué momento desapareció?

También recuerdas en ese momento que en algún lugar leíste: «El que sospecha de traición, traiciona por tal motivo».

En eso regreso y te digo:

—¡Todavía ves las fotos!

—¡Sí! Oye, ¡y quién es esta y esta otra? —cuestionas.

Aparte de todas estas cosas alguna vez te he dicho «que no sé si realmente te amo».

Un día de tantos, sales a la calle y caminas distraída. Te aborda un coche con varias muchachas, y entre ellas reconoces a alguna de mis compañeras de escuela. Escuchas risas y sigues caminando, y luego te vuelven a alcanzar.

—¡Mi amiga apostó a que seducía a tu novio antes de tal fecha! —Se atreve a decir una—. ¡Je, je! ¡Y Equis ganó la apuesta!

Y escuchas uno de los nombres que te memorizaste. Y empiezas a recordar y a torturarte. Llegas triste a casa y te pregunto:

—¿Qué te pasa?, ¿por qué tan triste?

Y después te dedicas a amarme con esa mirada triste en el fondo de tus ojos.

Tratas siempre de olvidar todo, pero sigues sabiendo que la de ese nombre sigue siendo mi compañera y que mis amigas cuando llegan a casa siempre se refieren de ella… No la conoces, pero sientes rechazo.

No sabes cuándo te vas a curar, siempre irá contigo la sospecha y el fantasma de los celos. ¿Qué más?

Y ahora... ¿qué dices a esto?

Jim Morrison Wensley
Entre celos y tumbas
A 10 de enero de 1998

P. S. «Abstenerse no elimina la traición, la hace más íntima». Francis Pissani

Aún hay más pero el llanto es posible.

NOTA: Las antiguas películas para tomar fotografías de treinta y cinco milímetros podían ser Kodak, Canon, Kónica, había cámaras manuales y automáticas, en México se le decía «rollo» y había de doce, veinticuatro y treinta y seis exposiciones, pero todas traían tres exposiciones extras: la 00; la 0 del uno al doce, al veinticuatro o al treinta y seis; y otra extra llamada X. De acuerdo a tu acomodo del rollo en la cámara, que lo acomodabas en penumbra, si eras bueno con las fotos podías sacar hasta tres fotografías extra de cada rollo. La automática al atrancarse el último disparo se rebobinaba, y la manual tenía una palanquita de molinillo para rebobinarla con tu mano. ¡Ay de ti si abrías el contenedor y le daba la luz porque velabas tres exposiciones, a veces hasta todo el rollo! Ya cuando adquirías experiencia llevabas bitácora, y las administrabas para que te aguantaran un viaje, un evento o unas vacaciones.

Esto es historia.

Cuento corto

Intenté que me publicaran una hoja en blanco, como el cuento más corto del mundo. ¡No quisieron!

Argumentaba que el lector se daría cuenta en cuanto abriera la portada y viera la hoja en blanco:

—¡Es tan corto que no se ve! —Dirían. ¡Se negaron!

El argumento es sobre el *shock* del escritor ante la hoja en blanco. ¡Dijeron no!

Y cantó el gallo.

Cada vez que en un libro vean una hoja en blanco, imaginen que ahí anda mi cuento cuenteando.

Interrogante

¿Y?

Vocales del amor

¡Eh!

¡Ah!

¡Oh!

¡Uh!

De tirantes, resortes y elásticos

En la galaxia Elongata, justo por dentro del planeta Mundodisco, que era el límite de los llamados exoplanetas, estaba el planeta Rebotón con su luna Rebotín, hacia donde el Hubble había estado siendo enfocado. ¿Por qué?, ¡se sospechaba vida! ¡Pero no como la nuestra!

Se estaban enfocando en un animal idéntico a las vacas nuestras, que siempre estaba en el suelo. Era una res tirada, que en un momento se encontraba en otro lado, como si se soltara el reestiramiento.

En las llanuras pastaban unos animales cuyos tejidos estaban construidos de puros resortes y había de un cuerno y dos cuernos: los resorterontes. Se tropezaban frecuente con los objetos, pues seguro que eran cortos de vista. Había abundantes ligartijas, que al adelantar sus patas delanteras sus patas traseras se estiraban, hasta que la tensión superficial de sus pedipalpos no aguantaba y saltaban hacia adelante.

Y comiendo de las hojas de las altas caobas flexibles y pochotas acorchadas degustaban del follaje las largas estirafas, ¡qué largo cuello! Y contaba solo con siete alargadas vértebras, con un sistema de válvulas venosas para controlar los líquidos y que alcanzara a oxigenarse su cabeza. Por último, rebotando en las llanuras con sus pequeños en el centro de la manada eran observados una manada de hulefantes, de la clase de los pelotidermos.

El científico, Dr. Tanaka, de origen japonés del Departamento de Exobiología, fue tachado de iluso e imaginativo cuando publicó sus resultados. Hasta que mostró sus videos de youtuber chafón ¡no se veían más que manchas en los mismos! Nadie le creyó. ¡Excepto yo! Que mis animalitos presentan características elastómeras gracias a que los alimento con hojas y fibras de ramas de los árboles de chicle y hule.

El problema es con la carne, de difícil consumo, ya que es chiclosa.

Se espera más del Hubble, pero la entropía hace que vaya quedando obsoleto.

¿Conoceremos humanoides rebotónicos? ¿Cómo debemos llamarlos?

Un hada que solo sabía hablar inglés

Perdonen que este cuento no comience con: «Había una vez…», ya que es algo actual que pasó recientemente. Parece que sucedió después de ver la última versión en película de *Peter Pan*. Creo que todo comenzó cuando se envenenó Campanita y me explicaron que para resucitarla debíamos decir: *I believe in fairies!*, con mucha emoción. Y bromeando, bromeando, al irnos a acostar, siento que a papá se le pasó la emoción después de que rezamos y dijo: «¡vamos a revivir un hada para irnos a la cama!». Y repetimos esa frase inglesa. Aparentemente salieron unas chispitas de la lámpara y no le dimos importancia.

La sorpresa estuvo cuando levanté la sábana para cubrirme, ya estaba la luz apagada y vi de nuevo chispas. ¡Qué susto tuve!, ya que le tengo fobia a los cohetes, ¿y qué creen? Ví una hadita acurrucada con tanto miedo como yo.

—*Who are you?* —me dijo.

—¿Qué es lo que dices?, que no te entiendo nada —le contesté.

Se puso llorosa y siguió hablando en inglés, pero como solo sé poco, casi nada, casi casi nada, no sé qué tanto habló, o qué tanto dijo. Y se quedó dormida conmigo, con el riesgo de morir aplastada.

¡Hubiesen visto!, tiene sus alas como una libélula, así de transparentes, que, si le pones atención, miras los diminutos vasos sanguíneos que le circulan por ahí. Lo interesante es que de día no se le notan las chispas que hace su polvo natural.

Dirán que soy cobarde pero no quise probar el polvo para volar, ¡se imaginan? Se le acaba la fuerza a veinte metros y caigo como un zapote, voy a quedar aplastado como calcomanía y, la verdad, me gusta la vida.

Cuando le conté a papá lo de la hadita, puso una cara de incredulidad y unos ojotes de susto. También le conté que hablaba una lengua extranjera y que se veía pálida de tanto llorar.

A mamá no le conté porque a ella siento que estos temas fantasiosos no le gustan mucho, es una mujer, como dice la gente, ¡que tiene los pies en la tierra!

Fuimos a verla a la caja de zapatos que le adapté como su casita, la cual dejé en la cama con la puerta cerrada, no tanto para que no escapara, sino para evitarle riesgos con el gato y con los perros, que todo quieren atrapar.

Se presentaron en inglés y platicaron, bastante rato, por cierto. Pude averiguar que se llama Eve, que en español es Eva, y se quedó por el momento a mi cargo, ya que mi papá tenía que trabajar y la tuve que mantener en secreto, porque realmente es cansado; primero hay convencer a todos de que existe, luego que es real, que tiene una vida vivida y además solo habla en inglés.

Siento que por ella he aprendido que en cualquier lengua se pueden decir cosas bonitas, escribir todo lo que quieras y que también no puedes platicar bien si no sabes. Además, aprendí que es muy triste no entender a los demás, pues lloraba desconsolada y mientras ella hablaba sola en inglés yo hablaba solo en español.

Cuando papá estuvo en casa le comenzó a leer *The old man and the sea*, que significa *El viejo y el mar*, que escribió un tal Ernest Hemingway. Él me dijo que cuenta la historia de un abuelito que se va a pescar, eso es todo. Lo hizo en voz alta y este pequeño ser se iluminaba al oír su lengua materna, y poco antes del final lloraba, pero ya no triste, sino de emoción.

Lo bueno es que papá tiene un montón de libros en el idioma del hada y la pudimos entretener un buen tiempo.

Pero llegó un momento en que, a pesar de los mimos y buena alimentación, se comenzó a marchitar como una planta sin agua. Papá dice que lo que le falta es su gente, su antigua vida y, a pesar de que constantemente le repetía que creía en las hadas, cada día se ponía más mal.

—¡La solución es devolverla a un país de habla inglesa! —dijo mi padre.

La ayuda llegó tan inesperada como lo fue este extraño ser.

Conocimos a una muchacha suiza que sabía muchas lenguas y pronto regresaría a Europa. Nos costó mucho convencerla de la existencia de las hadas, mas no la necesidad de transportarla a un territorio que le permitiera comunicarse.

Ideamos que fingiría ser una muñequita, por eso de las aduanas, y así fue como nos despedimos de Evita. Espero que esté feliz en compañía de otras hadas, divirtiéndose y siendo feliz.

Aunque sé que es triste ya no tenerla, es un alivio pensar que su vida se ha resuelto y ya no tengo que preocuparme por su bienestar.

Por eso les digo ahora que cuando tengan ganas de revivir a un hada: ¡deséenlo en español!, les evitará muchos problemas.

No me despido de ustedes, porque a lo mejor otro día tenga otra sorpresa, ¡uno nunca sabe!

Y aunque ustedes no tengan televisión ¡claro que hay TVs!

Quisiera ser un héroe

No nací con ningún poder, nací en total desnudez, flaco y pequeño, eso sí, muy soñador. Envidio a Superman, con su superfuerza, mirada láser y el poder volar. Del Hombre Araña me da coraje esta falta de tela tan resistente como el acero y el sentido especial que le advierte de todos los peligros. Siento celos horribles del Hombre Invisible… ¡Imagínate! ¿Cuánta travesura podría hacer?

Se podría pensar en todo el lado bueno de los héroes imaginados por tanta mente creativa que anda por el mundo literario, y eso hace que sienta esta impotencia.

He pensado en buscar un papel de héroe nuevo, pero encuentro toda cualidad repetida, y esto hace que entristezca.

Pensándolo mejor, quizá no haya un héroe con una cualidad sencilla, la honestidad, como superpoder, no lo he visto. ¿O sí? Con una gran H en su supertraje. Asumiendo su responsabilidad todos los días de su vida, sin una queja y todo lo que implique.

Aunque parece que, pensándolo mejor, este héroe ya existe, más bien existen miles de ellos. Qué digo miles, ¡millones! ¿No lo sabes aún? Pues son todos los padres y madres que de manera responsable ejercen su honestidad en todos lados, en el trabajo, con los hijos, con todo ser humano.

De este tipo de héroe aún quiero ser.

Así que cuando llega papá o mamá de trabajar dile: «¡Te quiero! ¡Eres mi héroe! ¡Qué grande eres!». Ya que, en la escuela, aunque a veces te enseña un papá o una mamá, se les olvida casi siempre enseñar a decir el amor que se siente, a manifestar el respeto.

¡Papá héroe! ¡Mamá heroína!

¡Suena bien! ¿No crees?

Estos seres tienen poder...

Jim Morrison Wensley

Reflexión para ser humano con todo ser humano

Cuando entendí, como caído del cielo, que cada ser humano es hijo de Dios, luego entonces, cada ser humano es, de hecho, un príncipe del cielo, y hermano de cada hijo suyo.

Así que, como humanos debemos asumir el tratar lo mejor de lo mejor a cualquier ser humano: niño, joven, adulto, anciano, mujer hombre o ser autodefinido, rico, pobre o gentilhombre. ¡Imagínate que su padre se entera de que lo tratamos mal! ¡Imagina a Dios desquitándose! Ni la película más terrorífica podría definir su ira.

Ahora sí: ¡Ni Dios lo quiera!

Por otro lado, si nos atenemos a los ateos, de que somos «evolucionados», somos originarios de los mismos elementos que generaron una célula que se le ocurrió mutar para generar lo que somos hoy, hijos de una sola madre primigenia; somos entonces todos hermanos, así que no hay vuelta de hoja: ¡a tratar bien a todos!

De los multimundos

Para Howard Phillips Lovecraft existen muchas posibilidades de realidad: la de los sueños sin reglas, la versión «relativista» (dícese un tal Albert Einstein) de realidades paralelas y la posibilidad de multiexistir sin perder la unidad y también perdiéndola, incluso la posibilidad de ser Dios o dioses. Remembranza de los multimundos cristianos, ya recuerdan, en labios de Jesús: «en la casa de mi padre muchas moradas hay», predicado por Giordano

Bruno y lo asaron, o la parte de la integración a la megaidea de Dios. En el fondo todos somos todo o la nada. Cómo encontrar los poderes de Dios o de sus hijos es la pregunta a responder. ¿Quién tiene derecho a tales poderes? ¿Es el soñar la única puerta que se nos da a la todopoderosidad?

¿Por qué pregunto tanto?

De la antimateria

En un libro de Física hablaban de la antimateria y encontré algo poético: que, si te encuentras ante ti antitú y lo tocas, desaparecerías en un haz de luz. Te irías en fotones u ondas. ¡He ahí el dilema! A iluminar a otra parte.

La mascota problemática

En el pueblo de Tapilulapa se encontraba la pequeña Diann, que era hija única y no tenía con quien jugar, estaba tan sola; pero pensó en una solución: pediría a sus padres una mascota, aunque fuera pequeña, no importaba.

Se portó muy bien varios días, y por fin se animó a solicitar su animalito.

Los padres se sorprendieron por tal petición, juntos analizaron la situación, le plantearon los problemas de la limpieza, los alimentos, pero ella se comprometió a cuidarla.

Aunque parezca extravagante le compraron una boa constrictor (¡sí, un culebrón!), además de unos ratoncitos para su alimento, pero como ya no estaba tan chiquita, no le alcanzaron y comenzó a cazar por su cuenta.

Comenzó en la repisa de sus juguetes, y los tiraba, ella tenía que recoger. Hacía sus necesidades en cualquier parte, o se encontraba con su mamá, a quien no le agradaban nada los reptiles, ni ratas. Sin embargo, lo peor aconteció cuando la encontró sobre su cama a medio almuerzo, con la colita de la rata moviéndose de manera serpenteante en la boca.

Se escuchó un tremendo «¡ay!» y un cuestionamiento solemne: «¿la boa o yo?».

Pero juntos se pusieron a buscar una solución.

El padre de Diann decidió hacer un cofre de vidrio grande que cabría bien en el cuarto de la niña, con puertas deslizables, además de un sistema automático de introducción de ratones.

Diann creció, la boa se murió y la disecó papá, entonces vivieron felices.

Jim Morrison Wensley

A la oportunidad la pintan calva

En alguna conversación escuché este apotegma —¡je, qué palabreja!—, y en alguna reunión donde había muchos calvos, pensé: «¡Esto está lleno de oportunidades!». ¡Y soñaba con llegar a ser calvo algún día para no volver a peinarme ni cortarme el pelo!

Pero en este relatito, Oportunidad es una rana hembra, de las llamadas de San Antonio: tiernas, verdes, ojonas y siempre parecen estar a punto de caer de la rama o de la hoja.

Imagino que alguna vez en una situación a punto de ganar algo, cerca de alcanzar algo, o querer significar una nimiedad, han oído: «¡por un pelo de rana calva!». Siempre que la oía me parecía irrisorio. Las ranas no tienen pelo.

Pero ¡qué creen! Oportunidad era una excepción a la regla, tenía el gen del hirsutismo exagerado (uno que tienen unos mexicanos que les llaman hombres lobo). Y los seres excepcionales o brillan por lo que son, excepcionales, o se esconden porque los lastiman por su diferencia o los persiguen.

Oportunidad vivía en un lago que por un pelo de rana calva era un charco, un hogar chiquitito, así que lo podías recorrer en una sola visita guiada. En realidad, más bien parecería una gatera por tanto pelo desperdigado.

Cuando tenía que bañarse era un suplicio, porque el pelo húmedo pesa, y bien saben que una ranita de San Antonio es menudita, y lo peor era qué aun sin esconderse sus congéneres (otras ranitas) no la reconocían, menos al terminar de secarse: ¡Quedaba hecha una bola de pelo!

Otro fenómeno que la molestaba era el cambio a la estación de invierno, pues perdía su pelaje verde oscuro y lo cambiaba por uno más esponjoso y calentito color verde blancuzco. Y aun así se congelaba, como se congelan las ranas que viven en climas extremos.

Su suerte cambió cuando la encontró un maestro estudiante de doctorado cuya tesis de grado versaba en mutaciones dérmicas en los batracios, pues Luis Miguel Solomon quería ser doctor en Batraciología: es un Alguien que sabe más de ranas y sapos que las enciclopedias y diccionarios. Para la gente de hoy de *tablets*, teléfonos inteligentes, Internet, la nube y san Google y san

Wikipedia, eran unos libros físicos de gran físico (eran grandes) que pretendían tener el conocimiento total y más nuevo de todo, obviamente era un negocio, cada año salían nuevos. Tengo una enciclopedia que se quedó a unos años de las computadoras y ahí no encuentras ninguna definición actual. Sabe mucho del pasado, pero tiene Alzheimer del presente.

Luis Miguel Solomon se graduó de doctor en Batraciología con *suma cum laude*. Ni me pregunten qué es eso, pero creo que significa que es el mejor de lo mejor en lo suyo. Pero solo acompañó en una cabaña del lago el poco tiempo de vida de Oportunidad, no se reprodujo, pues por tanto pelo no la reconocían los ranitos de san Antonio y los que les puso a propósito el batraciólogo no alcanzaban la meta de fertilizarla, su pelo era infranqueable.

Y en algún lugar del mundo clasificatorio de cosas, hay una rana con su nombre científico con un agregado *solomonie*; porque los humanos registramos todo.

Es una historia de pelos, eso ni dudarlo, pero triste.

¡Pobre batraciólogo! Pero no se asusten: ¡existe la clonación!

Jim Morrison Wensley

Información fresca por el autor: se supo que durante la investigación conoció a un primo cercano de Oportunidad, el sapo peludo, y por andar confundiéndolo, frecuentemente lo andaban queriendo correr los papás de la región.

¡Ah! Por cierto, ya tiene un alumno de doctorado, lo vamos a poner a buscar tema. Ya lo verán.

Hyla arborea solomonie (así podría buscarse en la red profunda).

Saponcio Pilatos

Era un sapo emperador verrugoso negro que imperaba en una región que cada vez se hacía menor. Pasó a la historia cuando se abstuvo de salvar a Sapo Cristo Redentor de los sapofeos que gritaban: «¡Crucifícalo!». Y libera a Barrabás, que era tan malo como una purga de aceite y, sin embargo, se le perdonó; y a quien era tan bueno como el pan de cazueleja, lo condenó mientras se lavaba las manos, negando él derramar su sangre. Nadie sabría de Saponcio, si no fuera por el cordero que los liberó a todos de morir sin trascendencia y los colmó de esperanza del mundo futuro. Que lo veamos es otra historia.

Los sapos siguen saltando, salta que salta y que salta, a ritmo de Chico Ché.

Trascendió por su intrascendencia.

De uno de los vicios solitarios

Michel Benoît. El apóstol número trece. Grijalbo

Ese día que lo compré venía envuelto en celofán, y al abrirlo solo pude decir: «Huele a libro recién nacido». Con esto ya estaba conquistado medio camino, con una editorial de renombre de respaldo.

La censura dice: «No vayas a hablar de los pergaminos del evangelio de María». Supongo que para no herir susceptibilidades y la responsabilidad social… las susceptibilidades. Pero terco, pues mi oficio de lector quiere que recomiende esta novela, dicen sus promotores que es de un exbenedictino, algo así como un católico de hueso colorado vuelto escritor.

El autor también es promotor de los tipos continuos y dice: «Un amigo. Un diálogo. Los libros son compañeros seguros: se dan por completo, sin reservas, a aquel que los interroga con tacto, pero también con tenacidad». Por lo tanto, su libro algo bueno tiene, por cierto, muy bueno.

Si nos atenemos a la idea de Einstein de la posibilidad de múltiples realidades simultáneas, cada libro es una realidad que podemos visitar en la comodidad de la butaca, y sin despeinarte.

Nos permite vislumbrar una historia ya pensada, comentada y escrita de que María de Magdala pudo o debió ser alguien «muy alguien» para Jesús, y a este lo pinta desde un punto de vista humano tan grande que partió la historia en «antes de» y «después de».

Me van a salir con eso de que ya lo escribió Dan Brown, pues entonces léanla para comparar, y puedan decir: «Me basta san Lucas», o algo por el estilo, el chiste, es decir.

«La realidad del mundo no se limita a lo que percibimos, a las apariencias».«La Historia no es una ciencia exacta: su verdad procede de la confrontación de los indicios acumulados».Con esto no solo se justifica, sino que justifica a todo aquel escritor de agregados culturales a los libros sagrados, incluido José Saramago con *El Evangelio según Jesucristo* y uno que otro más que merecen entrega individual.

En cuanto al feminismo, qué decir, se imaginan, una apóstol, planteada casi como la consorte, líder indiscutible de un grupo de seres humanos en una época en la que era igual de peligroso ser rico que pobre, y preocupaba nacer esclavo o libres, aunque luego, nuestro final siempre nos espera, las letras pueden llevarnos a múltiples finales, un buen final se busca siempre en este vicio.

Las horas nalga del escritor yendo letra tras letra se vuelven un escrito. Las ideas recicladas son nuevas ideas. Las nuevas ideas mueven y trastocan al mundo. Es bueno pensar distinto y dejar pensar, y si decides que no te gusta, déjalo pasar.

Los libros que logran superar su nacimiento y les ves el respiro de la última página vivirán contigo lo que dure tu memoria, aunque no te haya gustado, su ventaja es lo que le puedas comentar a los demás para bien o para mal.

La lectura es fresca, amena, como una buena conversación, con sus respectivas pausas para pensártelo mejor, contestar o seguir oyendo. No me gusta hablar de lo que trae el libro ya digerido, no se siente bien que te cuenten el principio, desarrollo y desenlace, es un derecho de leer la última página o empezar por el final, pero no de quien recomienda, que debe lograr el interés por el libro en sí. No te garantizo que van a hacer la película. Ni compenso si localizas la página de la frase, aunque se siente rico encontrarlas.

¡Felices páginas!

Kundera, Milan. *La insoportable levedad del ser.* 2000. Tusquets Editores. Colección Fábula 1. Colección Andanzas 25

Se recomienda un libro siempre que ya se ha leído, de hecho, solo algunas personas se atreven a recomendar de oídas, y si las hay. Desde hace ya muchos años escucho y leo a Kundera. Tan solo el nombre del autor suena a título raro, reseñas en periódicos y revistas, alguno que otro amigo que presume de ser lector sugirieron leerlo, hasta que lo tuve en las manos. No te cuento la trama, solo los indicios, es mejor la intriga, así quizá te enganche.

Es una novela de un escritor checo parisino que a lo mejor no le pesa el alma, es una historia de amor moderna: con triángulos, cuadrángulos y pentágonos amorosos, es decir, de pura vida. Es una novela histórica, pues describe vívidamente las sensaciones de los personajes bajo un régimen comunista, sigue siendo vida.

Da gana leerla, empieza suavecito, como que no quiere la cosa, pero acaba despegando para llegar a grandes alturas y aterriza en el mar de la tranquilidad, con pocos personajes para que no te duela la sesera. Además, el autor juega a meterse, salirse, encaramarse y divertirse de lo lindo para no mantenerte al margen y seas parte del tejemaneje.

«El amor puede surgir de una sola metáfora».«De verdad que hay libros que solo se pueden leer de noche».«Uno puede traicionar a los padres, al marido, al amor, a la patria, pero cuando ya no hay ni padres, ni marido, ni amor, ni patria, ¿qué queda por traicionar?».«Todo ámbito de libertad significaba para él, desde su temprana juventud, mujeres».«Cuando estaba en apuros, le echaron una mano los católicos y de pronto apareció la fe. Es posible que haya decidido creer por agradecimiento. Las decisiones de los hombres son muy simples».«Todos necesitamos que alguien nos mire».Nadie te va a dar un premio si encuentras la frase a lo largo de la lectura, pero es una satisfacción lograrlo. Eres el lector, tú mandas.

Kundera deja pistas por aquí y por allá de sus lecturas formativas, en cierto modo, es un promotor de la lectura, y son los agujeros negros que te pueden llevar a otra dimensión de lectura.

Los lectores jóvenes ni le van a creer eso de los comunistas, si ya decir Tercer Mundo no es kitsch, ya nos quedan nada más los países capitalistas y los demás, de tercera, por cierto… ¿y dónde quedó el segundo?

Para algunos lo que vale la pena son los personajes tan contradictorios, buscando, siempre buscando y encontrando el título en ellos. Hay quien dice que es por los pecados pasados por alto, sí, también hay religión, la cual ni se nota tanto, es la historia de un descenso o de un ascenso; depende el punto de vista en que te ubiques, se siente autobiográfico, ese resquemor es del autor, te recuerda a otras lecturas, si inicias, el final te espera y está de perros, muy buen final, como un cuento aparte.

Aquí encontramos una realidad que es cotidiana para todos, aquí narrada como un pasado, muy actual, que no nos rebasa, nos abarca, y si son de los lectores que se enganchan con eso de la película del mismo, se dice que ya existe, pero el mejor director de la película imaginada sos vos.

Es un referente literario, una gran lectura, para un buen comentario en el desayuno o en el café, la vida seguirá, pero no tendrás ya la misma perspectiva.

Ya puestos a incordiar, es una estupenda disertación filosófica de la carne y el alma, hasta dos Nietzsche aparecen aquí, seguro los encuentras; ah, Platón es de cajón.

Y como aquel instructor de pintura de paisajes que decía: «¡Felices trazos!», les digo un hasta luego con «¡felices páginas!».

Doctor Wensley

Zagal, Héctor. *El inquisidor.* Editorial Planeta. 2018 412 pp.

El autor es doctor (Ph. D.) en Filosofía mexicano, que ya ha escrito de asuntos históricos de México.

Será acaso la biografía de un gran inquisidor del siglo XVII del Santo Oficio, que hasta el editor complementa el título con «Pueden engañar a Dios, pero nunca a él».

Será un grande caso investigado por un gran inquisidor.

¿Es novela histórica?

No cumple los requisitos de novela negra, pero sí hay un tramo de intriga.

El inquisidor retratado aquí no alcanza a llenar al personaje. Da más miedo el museo de medicina de Ciudad de México en su sala de Instrumentos Europeos de Tortura y Pena Capital, ahí sí se siente sudor, sufrimiento, dolor y sangre.

Resulta una novela romántica.

Queda en un no sé qué.

El mal alcanza a manifestarse, pero es meramente humano y sencillo como el mal humano.

Vale la pena leerlo, para destazarlo.

Es en realidad una novela del corazón ubicada en los tiempos inquisitoriales que no termina de cuajar y se lleva entre las patas a un inquisidor que ni siquiera da miedo.

Intrigas palaciegas.

Buen intento de ambientar la época con olores, mugre y distancias.

Lectura por lectura y unos suspiros.

¡Feliz y leve lectura!

Dr. Wensley

Wallace, Irving. *La isla de las tres sirenas*. 1963. Editorial Grijalbo, S. A. 615 pp.

Cuenta él mismo que se tardó cuatro años en escribir esta novela, sí le creo. En esos años estaba de moda la Etnología y los etnólogos. Brillaban *best sellers* como Margaret Mead, Bradislao Malinowsky y Ferdinand de Saussure (no sé si así se escriba). Su influencia alcanzó los ochenta y noventa del siglo XX y más. Y créanme que doscientas páginas para perfilar a diez personajes, trescientas para aterrizarlos y las últimas para la conclusión y te las aguantas, ¡créanme, escribía bien! Porque parece estar ya en el cielo de los escritores.

«Si tuviese dinero —se dijo—, subvencionaría un equipo de expertos para que descubriesen qué fue de las Cenicientas después de que fueran muy felices y colorín colorado, este cuento se ha acabado». Ya saben que no ganan puntos por encontrar dónde va la cita en el libro. Pero en la página del libro número setenta y uno hay una nota del traductor (1), en español en el original. Y me pregunté: «¿cómo será en español pirata?» (¡hasta que lo pude escribir!).

«La paternidad es un valor negativo, pues cada hijo que nace significa un nuevo problema económico. Así, si bien los hijos son aquí muy deseables, no lo son tanto entre nosotros, con el resultado de que esta actitud de los padres se transmite a los niños en formación e imprime una diferencia en sus respectivas personalidades».«Su deber como padre era preparar a su hija para la edad adulta de acuerdo con sus mejores normas y principios, guiándola y prestándole su apoyo y haciéndola fuerte, juiciosa e independiente».«Y vivían en un mundo donde nadie conocería el fracaso y el dolor, un país siempre feliz en lo que todo respiraría éxito, desde el aire que inhalarían, el lenguaje que emplearían y las diversiones a las que se entregarían».«El conocimiento de las sociedades primitivas posee un valor educativo que hace que su estudio sea recomendable incluso para aquellos que no tienen un interés directo por la historia de la cultura. Todos nosotros hemos nacido en el seno de una sociedad formada por instituciones tradicionales y convencionalismos que se consideran no solo naturales sino como la única actitud que puede concebirse ante los hechos sociales. Todo cuanto se aparta de nuestras normas en los extranjeros nos parece inferior, según nuestras erróneas opiniones. El antídoto mejor que existe contra este ciego provincianismo es el estudio sistemático de las civilizaciones exóticas…».Reitero, si decides leerlo, por esta invitación cuando encuentres las citas te darás cuenta de que sí viene en el libro y te sonreirás.

Es un libro de lo que yo llamo lectura por lectura, por el puro placer de leer. Considero que no va más allá.

Te dejo tras de sus páginas con un sano «¡feliz lectura!».

Zagal, Héctor. *Imperio. La novela de Maximiliano.* Editorial Planeta Mexicana S. A. de C. V. 2012. 231 pp.

Es doctor en filosofía, Ph. D., pero le gusta la historia, y aquí decide demostrarlo. Retrata los sentimientos de Maximiliano desde unos días antes de su fusilamiento. Que como en el Titánic siempre se hunde, pero la trama nos mantiene hasta el final, aquí logra eso, y hasta eso, ni lo fusilan aquí todavía, estamos seguros de que sucede por la Historia. Aquí se novela el sentir y los sentires de algunos personajes relacionados con el segundo emperador de México, menciona a Juárez, pero lo deja de lado, testereado de refilón.

«El problema fueron los yanquis. Mientras ellos no metieron la mano, el imperio caminó, el país estaba en paz. Juárez huyó a Estados Unidos. ¿O no?».«Los rifles republicanos provienen de Estados Unidos. Los yanquis financiaron a los republicanos. Todo el mundo sabe que en las filas republicanas hay oficiales yanquis; ni se preocupan en ocultarse». «Son arrogantes cínicos. Dios mío, ¿por qué proteges a los yanquis?».«No tiene nada de malo extrañar a un perro. ¿O sí, señor?».«México anárquico, analfabeto, abúlico, miserable, egoísta. Plagado de personajillos ambiciosos». Y creo sigue siendo una realidad.

«México es un triste ejemplo del odio a la religión. Los liberales cerraron los conventos y se apoderaron de los bienes de la Iglesia».«Señor, Padre mío, los mexicanos aprendieron a matarse entre sí sin mi ayuda. Fusilaron al emperador Iturbide, fusilaron a Guerrero. Es lo único que saben hacer. Fusilar, saquear, quemar y destruir»: ¡Cómo nos retratan, si ellos traían la escuela!

«La nobleza es irrenunciable, se trae en la sangre».«Es curioso, quisiera estar muerto, pero al mismo tiempo no deseo morir. Siento miedo. Miente quien afirma no temer la muerte. Amo la vida. Amo el mar, los árboles, la música».«La auténtica valentía es compatible con él; un valiente siente el temor y lo resiste».«Los abogados, como los médicos, deben hablar con la verdad, aunque esta sea amarga y cruda».Después de leerla, dan ganas de leer la versión de Carlota en *Noticias del Imperio* con don Fernando del Paso.

No ganarán ningún premio como les he comentado antes al encontrar las frases en el libro, pero lograrán estar atentos a si hablé con verdad.

También yo acuso a los yanquis de habernos enseñado a matarnos entre nosotros a todos los bandos, solo acuso, no tengo pruebas.

Es una ficción entretejida en hilos reales de historia, que la sostienen todo el tiempo y es un gran logro.

¡Vale la pena! Será una feliz lectura. ¡Por mejores páginas!

Dr. Wensley

Cuento sin cola

En el intento de realizar una tarea de inglés del pequeño Jim se me ocurrió un juego de palabras en ese idioma: *A tale without tale*, que es algo así como un cuento sin cola. En inglés sería un chascarrillo, pero en español ni fu ni fa. Escribí lo siguiente tratando de acomodarlo a la tarea.

Un conejo sin rabo.

Este cuento debería comenzar: *Once upon a time…* pero como no nací gringuito… este cuento ha comenzado en una pradera al oeste de Kentucky (no el del pollo frito) y cuenta como ha surgido un héroe sin cola.

Jorge nació como un conejo normal, de una mamá coneja, y creció con los peligros normales de la pradera. Era una tarde, hasta eso calmada y bonita, cuando escuchó el grito de un ave de presa; corrieron todos, se armó el desastre y él trató de esconderse, pero en una vuelta que dio, entonces el ave lo alcanzó y ya le había mordido la cola, con tan mala pata de conejo, que logró romperle el fragmento, y huyó a lamerse su herida, ¡que así curan sus heridas los conejos y otros animales!

Se convirtió en el chiste de la conejera.

Y se comenzaron a escuchar rumores de el «tullido», Jorge sin cola.

¡Seguro que un conejo sin cola no aprenderá a leer! Jorge estudió con muchas, muchas ganas y terminó la primaria.

¡Un fenómeno así, jamás terminará la secundaria! Jorge, sin duda, lo escuchó, y más de una vez. Pero se graduó como el mejor.

«¿Cómo es posible? ¡Seguro hasta aquí llegó, con la preparatoria no podrá!».

Jorge había pensado en todo este tiempo: «¿Cuándo dejarán de pensar en mi rabo?».

Y se ha convertido en el mejor.

¿Cómo ha sido posible?

La Universidad.

Jorge habló con sus padres: «¡Permítanme estudiar, no los defraudaré!».

Y finalmente se convirtió, con tenacidad, esfuerzo y dedicación en un eminente doctor de grandes orejas, que con la bata puesta no se le nota su detalle.

Esto nos cuenta que se hunden y se han hundido los que se rinden.

La pérdida de una parte de tu cuerpo no impide que logres lo que te propongas.

Esto es un cuento sin cola.

Jim Morrison Wensley

Valentía

Un manojo de miedos domesticados.

Rayas de tigre

Era de caminar felino y solitario y algo enigmático.

Al bajar de la avioneta Cessna Monomotor en el Aeropuerto Internacional de Amador Hernández alias su calle principal, dentro del público que acudió a recibirnos al maestro Aviña y un servidor, aparte de las matronas, los niños, acudió este ser humano con pantalón y torso desnudo. Me llamaron la atención unas cicatrices en forma de rayas paralelas que descendían desde los omóplatos hasta la zona lumbar; era un campesino recio, fuerte, de ojos oscuros profundos y serios. Me contaron que era don Lencho y lo apodaban Rayas de Tigre. Esto a partir del accidente que le aconteció con un jaguar. Esto durante la migración fundacional fue confundido como presa por el felino, pero al escuchar los gritos de la víctima y los compañeros le soltó la cabeza y se impulsó desde su espalda rasgando camisa y carne y fue rescatado por los demás colonos; con emplastos y medicina selvática lograron salvarle la vida y quedó marcado para siempre. Los padres, en gratitud se lo consagraron al jaguar. Y lo pusieron a cargo del curandero de los colonos, una especie de chamán, prioste, juez, cabeza de familia. Aprendió de memoria los rezos de las misas y los Misterios del Rosario, que acudía a los pueblos en festejos de santos, las fiestas grandes. El resto del tiempo se la vivía en el interior de la selva aún en territorio de ejidos, en su milpa, frijolar, calabazas y un huerto de hortalizas. Por pura curiosidad fui al panteón un dos de noviembre, fiesta solemne, y ahí lo vi convocar a rezar y se ponía en una especie de trance, recitaba su parte del rezo y pasaba para nosotros. Aún me intrigó más. Ya con el tiempo y más experiencia en entender su lengua pregunté las señas para ir a visitarlo y cómo perderme su historia clínica que tampoco será fidedigna porque yo hablaba en español y él en Bats'il K'op. Llevaba un diccionario de tzeltal/español de Bachajón y el eterno manual de consulta externa en tzeltal de SADEC, A. C.

Después de más de dos horas, en selva cerrada y escasa brecha para andar, apareció un rancho de dos chozas rodeada por una franja de treinta centímetros de lo que parecía ser cenizas. En los cuales, según los recuerdos de vida selvática, había huellas de tejones, mapaches, aves, puma y jaguar. Me guardé de tocar el círculo y me encaminé a la cabaña de techo de palma donde salía humo, aunque estaba abierto de par en par, es más, no había puerta, así que toqué.

—Buenos días —dije.
—Buenos los tenga —contestaron en tzeltal.
—Vengo a entrevistarlo, porque sospecho que cuando reza convulsiona, quizá es una epilepsia. —Me presenté.

Saludó de mano y lo primero que hizo don Lencho fue preparar en dos cuencos de morro pozol agrio y pasar sal para mí y unos chiles miraparriba. En un principio lo detestaba, lo amasan con las manos así cual las traen y la dejan fermentar hasta que está literalmente agria y es un sustituto de comida; no, es comida. Nunca salen sin su bola de pozol. Pero después de dos horas bajo el sofocante sol y calor selvático sabía a manjar de dioses. Agarró su coa y me llevó a su joven frijolar, mientras limpiaba platicábamos. Se negaba a hablar en español, porque su espíritu, su alma, su corazón eran del jaguar y tenía que usar el habla verdadera. Le pregunté si había convulsionado cuando estuvo en cama por las heridas de su espalda, y cuatro circulares en su cuero cabelludo. Dijo que estuvo en el mundo de los espíritus platicando con el águila arpía, el venado, el conejo, la serpiente, el puma y el jaguar, y en una cascada de luces y dolor y contracturas musculares regresó con la bendición del jaguar con la condición de que aprendiera de memoria los rezos del caishlan[11] porque los mantendría unidos.

---

11 Palabra autóctona que significa mestizo.

Se los aprendió como un catálogo en su mente por lo que hacía su maestro por cada día del año y los turnos especiales, como bendecir un ojo de agua, una boda, un bautizo o misa de cuerpo presente y cuando mira para el cielo ve su catálogo y permanece mirándolo, hasta que acontece, para él no es convulsión es concentración.

Se mantiene lejos de las poblaciones porque el espíritu jaguar, aunque es protector, cuando tiene hambre o arde en celo no conoce amistad.

Le dije que como él yo era del pueblo, hijo de un campesino, pero me explicó que yo no tenía alma, un espíritu animal en mí, que andaba buscándome. Espero me encuentre el espíritu de un búho, para disfrutar mi insomnio.

¿No será por eso que hay veces que siento este vacío interior que me aplasta?

Curar si sabes, con tu ciencia, plantas y minerales, te ayudarás para mejorar vida, la última palabra la tiene la muerte.

Era séptimo hijo de un séptimo hijo y para él, lo explicaba todo.

No se casó porque el jaguar es libre como el viento y las corrientes de agua. Nunca sabe dónde va a acabar. Me acompañó más de la mitad del camino, que era peligroso para un hombre solo, sin alma, podía ser víctima del Sombrerón. Me regaló unos elotes y unas calabazas tiernas.

Con edad incierta, camina solo cual felino y de vez en cuando se oye su rugir en ronroneo de gato pardo en un rezo o misa.

Esto me lo recordó la *Bartonella henselae* causante de la enfermedad del arañazo de gato.

Ménsulas

Mujérulas insípidas que no pueden presumir de lístulas, pero sí con muchas ínfulas.

Blasfemo

Estaba Jesús alias el Cristo recogiendo sobrantes de su último milagro, el de la Multiplicación de los panes.

Lo increpa un matemático.

—¡Te equivocaste en los decimales!

—¡Por eso los sobrantes!

—¡¡Ah!! Y el cero a la izquierda nunca vale nada.

Patidifuso se alejó Jesús, con la canasta cuantificada por el evangelista.

Blasfemo de dominio popular

Crucificado Jesús en el paroxismo del dolor miraba al centurión vigilante. Con una mirada del Gato con Botas y con voz lastimera de dolor fortísimo además exagerado.

—¡Centurión, duele tanto, descláveme una mano, por tu santa madre, por un tu lugar en el paraíso, desclávame una mano!

En el fondo del corazón del centurión algo se removió como dragón con sueño: ¡una lástima!

Puso la escalera y con palanca y martillo, quitó el clavo derecho.

Jesús se estiró y se abrazó al travesaño con su derecha inclinando su cuerpo al lado izquierdo.

Y comenzó a plañir como venado tierno.

—¡Centurión, centurión, por todos tus ancestros, por lo humano que todavía te queda! ¡Desclávame la otra mano! ¿No ves que ahora el dolor es el doble?—¡Centurión, si me desclavas, tesoros te esperarán en el cielo!

—¡Centurión, por el amor de tu madre!

El centurión, desesperado y compungido, tomó su escalera, palanca y martillo, y desclavó la mano izquierda y se escucha un grito desaforado: «¡Centurión!».

Azotó Jesús al piso con la nariz (los pies seguían clavados).

Otro blasfemo

Estaba un día la Gracia de Dios preparando su monólogo al piano, en su periodo de *standupero*.

Dios es una Trinidad… Dios padre, Dios hijo y Dios Espíritu Santo…

¡Ja, ja, ja! No te rías que es en serio.

Jesús es el rey de los judíos…

El Espíritu Santo se apareció como paloma…

Estaba en uno de esos bloqueos del autor.

El Espíritu Santo… Señor y dador de vida.

El Señor es mi pastor… somos ovejas.

Dios da, Dios quita, Dios destruye, bendito el nombre de Dios.

Amanecer en silencio

Solo un gato llora.
Un perro aulló lastimero.

Se oye el corazón de los aparatos electrónicos.
Hay diferentes tonos de grillos.
El insomnio o alguna sustancia me levantan.
¡Quizá es la voluntad!
El amor a los que tengo.
El amor a los que no están.
Mañana inicia realmente el camino de mi hija
en el mundo de la relación médico-paciente,
seres humanos con quienes creen ser dioses,
hijos de un dios menor.
¡Aquí seguimos en la lucha!
Por nuestros hijos que dan fuerza,
angustias y quebrantos.
What about my writer power?
Very low battery?
Tengo en la mano una pluma o lapicero del partido verde: con partes de plástico y madera.

Obvio es verde de color, pero no ecológica. ¡Nada, nada!
¡Cómo nos venden una idea?
¿Por qué nos la venden?
¡Qué de ecológico tiene plástico y madera?
Petróleo y tala de árbol = Efecto invernadero.
¿Qué es el ozono?
Oxígeno sobrecargado, radical libre, tóxico.
¿Cómo cura?
Y aparte de desaparecerlos, querían que los olvidáramos.
Perdí el amor, perdí el sexo y ahora pierdo mi cuerpo.
Enemigo imaginario íntimo mal.
Mal ¡sigues ganando?
¡Qué va a ser de mí?
Escucha mi ruego si estás ahí.
¡Aparéceme! ¡Nótame! ¡Hazme presente!
Vuelve a escuchar mi ruego si sigues ahí.
¡Llévate mi aliento!
Nunca he renegado de ti. ¡He perdido el habla!

En defensa de la lectura

Hace muy pocos días platicando con los médicos pasantes e internos les comentaba de una lectura que describía a un supermago, que podía crear un mundo, entrar a él con sus amigos, salir de él, y dejarlo seguir su evolución y les pregunté quién sin ser mago podía lograr lo mismo e incluso superarlo. No contestaron nada, y entonces comenté que quienes pueden lograrlo con la mano en la cintura son los imaginantes, los soñadores y un escritor, y podría contarte de múltiples mundos en los que he estado gracias a la magia de la imaginación de creadores de otras realidades: La Tierra Media de John Ronald Rouel Tolkien, *Alagaësia* de Christopher Paolini, Hogwarts de J. K. Rowling, *El cementerio de los libros olvidados,* la tetralogía que es pentalogía de Carlos Ruiz Zafón. Un lugar de la Mancha de Miguel de Cervantes, puedes creer que sin ninguna droga te puedes transportar bajo el mar, al espacio, bajo tierra, al futuro, al pasado, ser Dios, ser rey, ser mendigo, tener léxico fino, ser malhablado como un carretonero, ser serio, ser lujurioso, lo que tú quieras... mientras lees.

Si lees a alguien chistoso te puedes desternillar de risa. Te pueden hacer llorar si te tocan una fibra sensible, contagiarte un coraje sentido. Sin ser filósofo te pueden obligar a pensar en ideas nuevas, en ideas viejas y descubres que las ideas son reciclables, y que pensar es gratis, esto lo concluyes después de kilómetros y kilómetros de lecturas.

Cuando navegas por un río en tu juventud, sobrevives en la selva a todos los riesgos, y aprendes a hacer nudos, a través de las letras adquieres un alma vieja que ha aprendido el arte de platicar, de aprender a oír, de dar la pausa y sacar tema para hablar. He descubierto que quien no lee no puede salir del monótono tema del que conoce o en el cual se sabe cómodo: los médicos hablan de medicina, los veterinarios de animales, los ingenieros de su tema... un lector puede conversar con todos.

La lectura es mejor que el Red Bull, no solo te da alas, te da ilusiones, fantasías, sueños, esperanzas, jocosidad, aventura, armas, poderes y, sobre todo: vida en abundancia. Hay escritores que viven parte de lo que te cuentan, leen lo que vivió otro y te chismean, algunos son vulgares fantasiosos. Pero todos han vivido, y algunos hasta lo confiesan.

Y si quieres tacha (droga) lectora: se puede leer poesía y logras el éxtasis, hay verdaderas masturbaciones mentales en las bellas letras.

Tengo coraje con las instituciones que nos enseñan que la lectura es una obligación, es trabajo, es tedio, es aburrimiento, un mensaje muy mala leche. Deberían contar lo divertido que es, hasta si eres un lector cae mal, criticón, juzgón, metido y argüendero, te acentúa tu mordacidad, tu puntillismo, te permite decir: «Si por mi fuera, le hubiese quitado esto y esto otro, y le agregaría esto otro», y deberían dejar que uno lea lo que le dé su regalada gana. Te quieren hacer leer novelas que quizá ni ellos han leído para poder recomendarla.

Por ejemplo, mi lectura obligatoria comenzó con la Biblia, aunque llegó a gustarme, tiene más fantasía que *Las mil y una noches*, continué con *Kalimán*, *El hombre araña*, Las sensacionales, pero lo que hizo acelerar mi gusto por los tipos continuos fueron los bolsilibros Bruguerra de pistoleros superchingones con mi hora de balazos y final feliz. Y entonces aprendí a leer a los grandes y claro que me acuerdo: y cuando desperté, el dinosaurio todavía estaba ahí. Me quedé en *shock* con esta madrecita de cuento cuando previamente había leído a Poe, a Quiroga, a Chéjov. Existe una secuela a este, la cual no he podido conseguir. Hay poemínimos también. La palabra es eternidad, un libro es un vampiro que se alimenta de lectura, es eterno.

Una auténtica masturbación mental es Huidobro, *Altazor o el viaje en paracaídas*, está que rechina y tasca el freno y al final de uno de los cantos la tierra da a luz un árbol. ¡Qué tierno!

Antes de conocer el amor lo había aprendido a través de distintos seres humanos, desde Salomón con el *Cantar de los cantares*, Miller, Nïn, Sade y episodios colados entre lectura normal.

También la lectura puede ser como los coches, a velocidades, hay escritores que te llevan a hipervelocidad, sin treguas, hasta ahogarte, otros van a pie, o incluso en hamaca, te duermen. Algunos te sorprenden, otros te aburren, algunos enseñan, alguno que otro se rasca sus genitales y te hace creer que se rasca el cerebro y extrajo una idea; el meollo del meollo es leerlos, leerlos de una a otra costilla.

Se habla de lectores jóvenes, de buenos y malos lectores, de lectores anónimos, y en nuestro México querido hablan del no lector: este puede ser un ser que lo traumó el sistema, no quiere o no sabe leer, y parte del problema está en que los que leemos no logramos transmitir lo orgásmico de esta actividad solitaria.

Aquí en México no he escuchado de tertulias lectoras, te imaginas, de una de estas salió *Drácula*, *Frankenstein*. Solo en las capitales he visto ferias de libros, de las de adeveras, con lecturas del escritor, con libros de precios estratosféricos o accesibles. Existe una mala idea de que la lectura es de la alta, chic, fresa, me acuerdo que para huir de la presencia de mi tía, acudía al refugio llamado Biblioteca Central de la UNACH, que dicen la están dejando morir, y sin un solo peso, leí desde las mejores ediciones hasta las más rústicas, la lectura no es imposible.

En estos tiempos muchos seres humanos prefieren esperar a que aparezca «la película» de cierta obra escrita, para ahorrarse lo mental. Es hermoso darle vida al ambiente, a los personajes, sos capaz de ir junto al personaje principal, arriba, adelante, atrás, dos páginas adelante y dos atrás, destruyéndolo, reviviéndolo, o parando la lectura, voy por agua, voy a comer, y los sientas a tu mesa, te asustas de sus crímenes, o les planteas posibilidades criminales; el escritor guía, el lector es el amo. ¿Cuándo hueles en una película, saboreas, sientes la textura? En los libros todos tus sentidos están alertas, todo te acecha, eres omnisciente, hasta extrasentidos te aparecen, dame chance de ser un héroe y lo seré, hasta el infinito y más allá.

De los estados de ánimo de un lector, ¡líbrame, Señor! Aun así, puedes leer para entristecerte, para reír y ser feliz, para llorar, para suspirar, hay lectura de altura y hay subterránea, la hay pesada y la hay *light*.

Si quieres excitarte, tenemos literatura erótica. Si quieres amor cursi, hay novelas con corazón. Si quieres quedar obnubilado, hay filosofía. Si quieres tumbar calzón, hay poesía. Si quieres retos hay matemáticas, física y química. Hay mucha, pero mucha fantasía, todos los caminos llegan a la página final, ya que hay sagas.

Hay lectores que ejercitamos la paciencia, y esperamos lo próximo de «nuestro» escritor, hay tan buenos y pacientes lectores que hasta se atreven a escribir la continuación, hay episodios literarios muy famosos así.

Reflexiones depresivas

Mil maneras de morir. Así se llama un programa de muertes chuscas.
Así también es la depresión por no tener lo que se anhela.
¡No tomé mi medicación!
Un poco lento, un poco ido. Esto es de Miguel Mateos.
¡Me huele a otra puñalada por la espalda!

Como dice la canción: «¡Yo sé cómo duele...!».¡Vida, déjame en paz!
¿Por qué me haces esto?
Más valía decir no.
Más valía decir, no. No.
No entiendo el no que es sí.
Ya no diré nada, se usa en mi contra.
Y usa mi cabeza como un revólver.
Me dijo varias veces que me traiciona para joderme por las jaladas mías.
Lloraré hasta que me quede seco.
Ya debía de haber aprendido.
Es como los granos al ave para que los tome y llegue a la trampa mortal.
¿Por qué mi imbecilidad?
Debo ser un débil mental.
🎼 Mejor me quedo solo. Debe ser un mensaje directo.
Venerarla como a Dios. Pero que se quede en el cielo.
Aquí lastima hasta el fondo del corazón.
¿Podré comprar lo que no tengo?
Tengo una personalidad muerta ¡seguro!
No tengo dinero.
No tengo libertad.
Trabajo hasta mal (enfermo). ¡Mal sigues ganando!
Es tan cruel. Exacto como dice Bono.
¿Quién soy? ¿Para qué soy? ¿Seré cierto?
Espero... Espero la daga en mi cogote.
El infarto masivo.
La arteria cerebral rota.
Todas sus canciones hablan de amores prohibidos, de traición, es su normalidad.
Hablar solo. Ya lo he vivido esto. Novelado.
Muérete ya, no alborotes tanto. Esto es de Sabines.
Ni me ve. Ni me oye. Menos me siente.
Sin mi motricidad no existo.
Necesito una operación del cerebro, que me la arranquen... o que quede el idiota que ella quiere.
¡Todo por la falta de pasión... de carne!

Nada más tú

Te estoy extrañando hasta el tuétano
hasta el borde de la lágrima
retumba tu nombre en el fondo de mi corazón.
¿Qué puedo hacer?
Si te sigo amando como siempre
sé que no bastan un par de canciones
te cantaría el mundo.
Tan solos y tan juntos.
Amarte también arde como chile.
Ya no falta más… no falta tanto.
Todo este caminar para estar a tu lado.
Te sé y te respiro, tierra nueva.
Tierra extraña sin ti.
Seguiremos caminando ¡lo sé, lo sé!
No pararemos, latiremos a la par.
Te lloro, pero no estoy triste
tan solo es amor cursi.
Soy capaz lo sé, soy capaz de ti.
No pararé ¡lo sabes!
Somos un árbol que damos fruto,
fruta que madura…
Comeremos, aunque nos corran del paraíso.
Dios sabe, ¡sí que lo sabe!
Agradezco que estés ahí.

Francisco Villa

Allá por el norte
empezaste villano.
Villano de los malos.
En honor de tu nombre
tus hombres y tu gente
multiplicaban tu maldad.
Eras el diablo en persona
el inasible, el inagarrable, el inencontrable.
La magia del tiempo
te ha hecho el aparecido

como héroe del pueblo.
Mejor que Robin Hood.
Te cobija otro Sombrerón.
¡Mi general Zapata!
¡A ti te acusan de macho calado!
¡Y a él lo acusan de calar machos!
¡Mira pues ahora cómo serán los decires!
Caminé mil millas y monté mil millas,
y te entiendo, se puede vivir con el pueblo
y en el pueblo comes aunque sea
agua de maíz pero siempre hay
más de una mano.
Me puse tus zapatos y no tropecé las mismas piedras.
No sé por qué a ti, al Che, a Zapata y a Víctor Jara
los pintan, a como Dios les da a entender
en las paredes de tablas de mis pueblos
en las paredes infinitas de las ciudades
como si de santos de esperanza se tratara
como dioses a su entender.
¡Yo vi a Víctor Jara con Salvador Allende!
¡Irradiaba tristeza igual que tú!
Sin tus centauros, con tu montón de plomo en
la sangre y el cuerpo regalo de una traición.
Gritaban: «¡Viva Villa! ¡Viva Zapata!
¡Hasta la victoria siempre, viva el Che!»
Y al oír que gritaban, también yo grité.
¡Viva villa! ¡Mata lo que me impide luchar!
¡Que viva aquí!
Toma a todos los bandidos
y ponlos a tu derecha
a hacer el bien.
Comprueba que
¡no hay mal que por bien no venga!
¡Mata mis apegos!
Te pongo una vela en dos altares
el de muertos y en mi corazón.
Lograste ser mito.

La serpiente hablando de arrastrados

En un futuro muy próximo
la serpiente me dirá:
—¡Arrástrate a mis pies!
—¿Cuáles? —preguntaré.
Es una forma de decir que me
obedezcas ciegamente.
¡Si no veo lo que hago!
¿Cómo podré obedecerte?
Te morderé para librarte de tu insignificancia.
¿Qué será de ti sin mí postrado a tus pies?
Nada más una serpiente sin más, pero ataca, tú tienes el poder.
¡Nada, tú solo pides a tu conveniencia!
¡Come hierva, no vaya a ser
que quieras comerme!
¡No solo eso, te abrazaré hasta morir!
Nuestra muerte nos hará no ser
te dedico el olvido.
No busques la huella de la traición,
no la hay. ¡Está escrito!
Tú a mis pies y yo a tu cabeza.
Nuestra lucha tiene antigüedad.
Hay quienes ven a un hijo de Dios caído
tratando de engañarnos.
Dicessss sssssí cuando debe ser no.
Cerca muy cerca del suelo.
Inmediato arriba de mi tumba.
Buscas trascender a través del olvido.
Olvido que mientes, mientes con
dulce veneno.
Eternidad instantánea, instante de eternidad.
Deja de salpicar tu veneno.
¡Enróscate, víbora!

Zapata

¡Zapata vive!
En el corazón de todos los mexicanos.

Zapata revolucionario.
Zapata sombrerudo.
Zapata con sombrero de pico.
Zapata bigotón.
Zapata de bigotito.
Zapata gordo.
Zapata flaco.
Zapata y la ve de la victoria.
Zapata alto.
Zapata chaparro.
Zapata jinete.
Zapata zapatista.
¡Agua, tierra y libertad!
Zapata neozapatista.
¡Justicia!
Zapata con hepatitis.
Zapata color limón.
Zapata rojo.
Zapata rojillo.
Zapata fan del Che.
Zapata amigo del Che.
Zapata papá del Che.
Zapata ¡hasta la victoria, siempre!
Zapata con vergüenza.
Zapata héroe.
Zapata idea.
San Zapata.
¡Abuelo Zapata, cuéntame un cuento!
Zapata sueño.
Zapata zapatea.
Es a pata que voy por estos caminos.
Y tal parece que me voy.

Aventuras con Haikus del Dr. Wensley

Ya visítame
al lecho tibio, nena,
mátame lento.

Corrección del maestro Hugo Montaño

Ya visítame,
nena, al tibio lecho
mátame lento.

La jaula de oro
no deja de ser prisión
sí tu nosotros.

Vete de aquí, tú.
¡Me estás tentando, mami!
Caliéntome.

Señor, Dios mío,
yo estoy esperándote
sentado solo.

Señor, Dios mío,
estuve esperándote
sentado solo.

Malamente sé
estar pensando vivo
tus vanidades.

Libres seremos
cuando no esté toda
usted conmigo.

La sílaba sí
me niega todo lo no
¡es verdadero!

Miento solo hoy
mañana será fácil
no mentirme más.

¡Cúrate solo!
Ya rápido y fácil.
¡Hazte cadáver!

Muévete poco
toda la cruda adentro
¡ay, qué conmueve!

Desterrado

*Inmensamente
todopoder pensó
negarme todo.*

*Por portarme mal
del cielo a mí alejó
triste persona.*

*Vivo por esto
aparte de lo eterno
sobreviviendo.*

*Lado oscuro
ya no me escupirá más
viviré solo.*

*Era clara luz
ahora solo vivo
malamente mal.*

*Soy toda culpa
que te persigue noche
a noche, noche.*

*Sufres y sufro
toda la culpa es de él
Dios así ama.*

Haiku con tequila

*¡Márchate ahora
no mañana, si no ya!
¡No lo harás más!*

*Estás que te vas
y te vas, márchate ya.
Ya te olvidé.*

*Olvídame, sí,
de malas te amo tanto
rencor parece.*

*Si sigues aquí
tu culpa será toda
mi desencanto.*

*Aletea al sol
sin que derritas todo
tu ser podrido.*

*Lánzate atrás, sí,
tan atrás que no haya
recuerdo de ti.*

*Ya me olvidé ya
de que estábamos entre
sí, tú y yo amor.*

¡Haikus a tu salud, compadre!

*Incierta vida
solo queda esperanza
vivo en el día.*

*Palabra lenta
incertidumbre pura,
¿dónde vives tú?*

*Recuerdo vivo
cicatrices en carne
viva memoria.*

*Cielo y tierra
te comparten ahora
alma viajera.*

*Norte con sur
oriente con poniente
conservándote.*

*Extraño todo
al hermano amigo que
me acompañaba.*

*No te lo dije
el hasta luego para
el final viaje.*

*Te debí decir
nos vemos allá donde
nos veremos más.*

*Llorar y llorar
pienso lo alegre junto
a un día feliz.*

*Tequila dulce
encendiendo chispitas
con carcajadas.*

*Tu guitarra ya
no canta con Sabina
ni Cerati más.*

*No me despido
sigues junto conmigo
en la memoria.*

De triste amor

*Mientras el amor
pasó volando bajo
luego lo pisé.*

*Entonces el amor
pasó volando alto
yo no lo miré.*

*Párate, toma
detente tú, corazón,
no sientas esto.*

¿De esto qué hay ya?
No queda nada menos
un triste sueño.

¡Ya despiértate,
enamorado tonto!
Era ilusión.

Sin corazones
solo andan tristes ebrios
abandonados.

El gallo canta
la mañana levanta.
¡Cómo me encanta!

Mi buena alma
juega con espíritu
resalta alto.

Diáfano son
cántame de corazón
una canción.

Diáfano son
cánteme corazón
de tu canción.

Ray Zopilote y Jim Morrison Wensley

A un amigo que se fue

Tu alma voló
en un cielo sorpresa
estarás siempre.

Él brinca triste
mi corazón delator
extrañándote.

¡Que viva tu Dios
y el nuestro también!
Compartiéndote.

Un recuerdo es
tu presencia efímera
te recordamos.

De los hijos

Los hijos tuyos
sangre, sudor y lágrimas...
Pero se van a ir.

Gracia toda
concedió el Señor.
¡Y vos sin gracia!

Libro viejo

Antiguo libro,
me sigues alegrando
tanto más que antes.

Otro fin

Fin de semana
luego lunes otra vez.
¡Viva la vida!

Amigo

Hermano gratis
adquirido en camino
entre la vida.

Curiosidad fatal

Buscando quién sos
encontré a otra, mas
no eras tú, nunca.

El palíndromo
asombroso se asoma
como una broma.

Verdad

La buscas siempre
y se escurre como agua
entre tus dedos.

La verdad de otro
que no está en tu mente.
¡Deja de serlo!

¿No nervioso yo?
Ni tantito, ¡miedo sí!
¡Es del cerebro!

Es vivir juntos
mantenernos diciendo
si nos amamos.

La muerte no te
buscará. Espera pronto
ya encontrarte. ¡Sí!

El alma

¿Tanto valor hay?
¡Ya que diablos la desean,
dioses también!

En alma rota
tiemblan estos pedazos
vive su vida.

Tú, alma fútil,
vibra todo fragmento,
¡integrándote!

Desatada alma
puñalada traidora
asesina bien.

El vivir juntos
mantenernos diciendo
te amo tanto vos.

Ya tiene hambre
por eso dice pío
el pollo llorón.

No estás vivo

¡Sí estoy muy vivo!
Yo soy Victor Frankenstein.
Y tú no lo eres.

Duda

¿Qué es el alma?
¿De dónde viene?, ¿para qué?
¡Cierto que vivo!

Un libro anciano

Cien años hace
que editó este libro.
¡Qué fresco estaba!

(¡Seguro es una reedición!)

A ti

¡Que así eres!
Inmensamente libre
estoy contigo.

El infinito
ya te contiene a salvo.

Libre de culpa

¿Cómo, mi madre,
ocho años sin mirarme
está contenta?

La suerte negra
me persiguió siempre.
¡Y ya me alcanzó!

Balas sonaban
dejando muertos muchos.
¡Panteón lleno!

La muerte estará
siempre esperando lista
para matarme.

La muerte viene
a por ti, muy contenta.
¡Allá te vemos!

Nada de avisar
con enfermedad mortal,
mi buen corazón.

Todavía no
duermo bien, es insomnio.
¡Sigo despierto!

La muerte vive
en silencio por jalar
toda tu vida.

Calavera sí,
calavera no, ¡vive
en mi México!

Coronavirus
sigue matando lento.
¡Cuídate bien!

¿Ganas de morir?
No te preocupes tanto.
¡Pronto va a pasar!

Vienes de Japón
dices tan poco haiku
dices tan, tanto.

Del poder

Dios enojado
¡ha destrozado mundos
sin intención!

Imagina tú
¿con toda intención?
¡Ni Dios lo quiera!

Contento tu Dios
te bendice tu vida
vives del bien.

Que no se enoje
O te va a llover a ti
Tu milpita vos.

Ideas humanas,
tristes y simples, ¿verdad?
¿No has pensado?

De jinetes y caballos

Él es mi amigo
Brincalón trotando bien.
¡Vamos, campeón!

Caballo negro,
tornado de potencia.
¡Brinca la tranca!

Caballo blanco,
huracán desatado,
salta la cerca.

Jinete justo,
para, tómalo con calma
llevas dos almas.

Centauro fuerte,
tú tienes doble cuerpo
una sola alma.

Montar a pelo
volar al viento feliz
toda confianza.

A mi hijo

La sorpresa es:
eras tú: ¡tan nuevito!　　*Es Jim jr.*
Hermoso bebé.

Un hijo nuevo
antes profetizado.
Heredero ya.　　　　　*De mi apellido*

Tu dedo agarra
a mi dedo: ¡Chispita!　*Reconocernos*
Nos conocimos.

Tomas mi mano
me levantas en vilo　　*Dependencia*
soy un gran lastre.

¿Qué me espera?
Ser un papá robotín　　*Futuro incierto*
¿Desaparecer?

Con esperanza
sigo tomándote la　　　*Esperanza*
mano con fuerza.

Escapa vida
naranja de luz viva
las hojas vuelan.

Desierto seco
así me luce el alma
harto cansada.

Jugada buena
es fácil culparme hoy
te toca media.

Pequeña llama,
gira, sigue al sol pronto
por la mañana.

Roja la sangre
de sus pétalos vibra
la señal de amor.

Destello de luz
diversos tonos muestran
se llama clavel.

Es de amarillo
ella guía a los muertos
está en altar.

Cada margarita
es con cada pétalo
sí o no es amor.

Campiranos

Poeta de rancho
canta de su corazón
si está contento.

Inspirado está
en el natural campo
cantando feliz.

Todos los riesgos
parecen aventura
tanta emoción.

Vives al gusto
que dan tus emociones
a campo libre.

Alma rota

Un sentimiento
de tristeza infinita
carcome dentro.

De cuarenta y ocho   vs   Con cuarenta y ocho
de tristes largos años   felices cortos años
viviendo todo.   Cantando feliz.

Tan vetusto hoy
es tiempo de la tumba
esperar turno.

Extrañarte así
sin sentirme incompleto
nueva libertad.

Vivo por vivir
sanamente íntegro
viviendo, además.

Esta va por ti
que estás extrañándonos
también aquí.

Colibrí

Joya volante
con el brillo cambiante
sale triunfante.

Calidad total
entrega por entero
a ser mejor.

Servir por servir
para mantenernos bien
en la vanguardia.

A la mejora
nos mejora mejores
buen resultado.

¿Será posible
con los que siempre vienen
haya mejora?

La misma vara
mide al juez y a la parte
sea bueno o malo.

Proyecto de ver
si sigue siendo el mismo
procedimiento.

¿Tenemos todo?
Ver que seamos mejores.
¿Estamos todos?

Representante
del mal de todos males,
¡Sigues ganando!

Sigo en pie de lucha
aguanta corazón terco
algo espera.

Haikus para mi esposa

Hermosísimas
flores de clima frío.
¡No te llegan!

Moradas flores
de clima invernal lucen
casi como tú.

Me ataron lengua
pero no pensamientos
estoy contento.

La filosofía
despierta almas que sueñan
querer saber más.

Más vale muerto
que mal acompañado
de mala entraña.

Cebolla blanca
lágrimas que traen llanto
sin un motivo.

Contéstame algo.
¿Cómo me está la vida?
¡Viviéndote!

Esta sonrisa
¡por un amigo visto!
Ahora por ti.

Todavía soy
mientras sigo creceré
voy en camino.

Ya no me jodas
siembra una rosa blanca
de amistad pura.

Sale amarillo
despertando a las luces
es el tibio sol.

Miro en tus ojos
el infierno que me asa
exploto en llamas.

Se para el viento
cae pronto el triste frío
mis dientes chocan.

Ave mañanera,
la dulce primavera
canta contenta.

Por frío tiemblo
en el alma un témpano
pugna por caerse.

Cuando levanta
la mañana temprano
duerme el sol aún.

Amanece ya
se oyen los pasos del sol
tibia mañana.

Canten pájaros
al nuevo día claro
apasionados.

El sol está ya
iniciando su jornal
a ojo despierto.

Inicio labor
contento con el día.
¡¡Vivo al día hoy!!

De una ida y una vuelta

¡Que te has ido!
Ni modo ya qué hacerle
la mano sabe.

Dónde te fuiste
que no te encuentro ahora
tendré resaca.

Dolor más dolor
suspiro por la herida
en punto muerto.

No enciendes alma
las lágrimas te mojan
ya no llores más.

Bienvenida eres
dentro tu olvido total.
¿Y, vos, quién eres?

Ya olvidada tú
no intentes volver a mí.
¡Hallarás odio!

La hoja en blanco. Segunda parte.

Versión mejorada, ampliada, y con más argumentos que la hoja en blanco.

*

Maestros, poetas, escritores.
Especies en peligro de distinción.

Poemininos. Pequeña producción poética gatuna.

Poemíticos. Como los de Neruda, Sabines, Huidobro.

Desayuno en la pochota

Un perro triste
saluda la mañana
con mucha hambre.

Desayunamos
compartiendo dobladas
de queso fresco.

Sabe la hora
sabe la cita puntual.
¡A desayunar!

Tiene su collar
es un perro de hogar
anda perdido.

No gusta fruta
con carne es feliz siempre
cuando tenemos.

Adiós, perrito,
hasta otra mañanita
para compartir.

Desde temprano
hila el gusano seda
mano tras mano.

Que te caes, te caes
algo quieres en piso.
¿El sinónimo?

Tras la pisada
quedará la huella fresca
de alguien que se va.

La hoja en blanco. Tercera parte.

Con interrogantes y exclamaciones.

Tómatela con
calma esta venenosa
intentona.

Aclara la luz
entra oscuridad total
tus negros ojos.

De profundidad
infinita insondable
tus negros ojos.

Digo aleluya
si con tu cuerpo bailas
bajo la luna.

Lo pienso tanto
lo vuelvo a repensar.
¡Y me arrepiento!

Cascada de oro
llueve a cántaros agua   (¡Un solazo ve!)
de piel dorada.

Muge la vaca
hecha de gordas gotas
la negra nube.

Giré alrededor
volví a girar y girar.
¡Vuelvo conmigo!

Late lámina
sus latidos rápidos
lluvia quedita.

Temprano lluevo
pase la noche nube
llorar tendida.

Temprano lluevo
pase la noche nube
lloro sin parar.

Temprano lluevo
pase la noche nube
triste lloviznar.

Canta sin parar
la hoja verde viva
se le dice croar.

¡Levántate, sol!
Ya te canté mucho hoy.
Testigo el corral.

La furia suelta
es tormenta tropical
danza la renga.

Helicóptero
gira gira aterriza
nace una planta.

Tuxtla Gutiérrez, Chiapas. Junio, 2016

Tía

Saludos de rigor no efusivos, esperando que sigas en tu vida.

Por el motivo de que has influido en mi vida profundamente de manera positiva y negativa, y considero que predomina lo negativo, y que sigue molestando mi vida laboral, social y matrimonial por lo que te digo:

Estoy enojado contigo porque desde el momento en que te conocí dejaste en claro que no era nada, solo alguien con lugar donde dormir y ganarse el sustento, haciéndome creer que nadie aportaba nada por mí, y estaba solo, y lo recalcaste siempre con hechos: no existen fotos con las que puedas probar que viví contigo, en la rara ocasión que me llevaste a un evento fue como niñero, y no me presentabas con nadie. Pero a pesar de esa negación: soy y estoy.

Estoy aún enojado contigo por los encierros por tres años y la sensación de falta de libertad, de mi sensación de prisionero, que me hizo sentir una soledad como de náufrago en isla desierta. Aún hoy me visita esa tristeza que no puedo erradicar, y cuando llegó a temblar (y fueron muchas veces) el terror extremo de morir aplastado me hacía huir al techo a sufrir miedo y soledad en conjunto, y eso me hizo buscar tratar de escapar encontrando un poco de libertad en la huida, pero ese miedo aún me persigue. El buscar ser libre ha logrado sacarme adelante en varios aspectos.

Estoy enojado contigo porque he resultado haber quedado con un esquema mental de callar y obedecer muy arraigado, que cuesta mucho romper, al grado de saber qué hacer y cómo hacerlo, pero a veces siento la necesidad de la orden para hacerlo, y por eso mis esquemas están rotos, quizá soy codependiente por esos seis años de condicionamiento mental.

No solo estoy enojado, sino que siento un odio profundo al grado de tener la sensación de no poder recuperar mi relación con Dios por haberme perdido en el camino con obligarme a acudir a la Iglesia bautista y destruir mucha de la enseñanza con tus acciones, y este enojo y malos pensamientos que me hacen sentir vil, sin derecho a lo bueno, y que ahora tenga la sensación de que mi esposa ocupa tu lugar, y tenga miedo hasta de hablarle. Todo ese poder que ejerciste sobre mí sigue doblegándome.

Sigo enojado contigo porque me desquicia que me toquen la cabeza con fuerza, con golpes o cachetadas al grado de casi no contenerme para golpear a quien lo haya hecho, por lo que he enfrentado eventos de violencia, a raíz de mis despiojamientos sangrientos: veo una cortina de rojo sangre cuando eso me pasa y me ciega.

A veces pienso que fuiste un mal necesario, pero mal, al fin y al cabo, y he tratado de hacer ejercicios de perdón, pero no han funcionado y olvidarme no puedo.

Lo bueno que significaste en mi vida: mi secundaria y preparatoria y los amigos que conocí son opacados por este malestar espiritual que siento. Hasta quizá seas buena persona, pero yo no lo viví así. Un solo abrazo contra mil desprecios, no se equilibra.

Atte. Un sobrino lastimado:
Jim Morrison Wensley

TESTIMONIO

¡Hola a todos, buenos días! Vengo a hablarles y SOY UN PECADOR.

He vivido todos los pecados capitales y unos más. Quizá algunos por medio de la fantasía, pero la imaginación todo lo puede. Aún no puedo presumir de que me haya permitido todo placer, como Salomón dijo: «No me negué ningún placer» (Eclesiastés 2:10). Un treinta de mayo de dos mil catorce sufrí un accidente automovilístico. Iba rumbo al trabajo y no morí (por la calidad del accidente todos debimos morir, pero según mis predicadores algo se espera de mí).

Meses después empecé a tener temblores distales de la mano izquierda, que inicialmente con darle una palmada se tranquilizaban, después se me agregaron fasciculaciones, que me hicieron acudir a un neurocirujano con fama de buen diagnosticador, que con resonancias magnéticas y electromiografía me diagnosticó Parkinson bulbar. ¡Me disminuyó el temblor peo nunca me lo quitó! Lo que si descartó fue la esclerosis lateral amiotrófica (¡la enfermedad del Dr. Stephen Hawking!). Por lo mismo busqué una segunda opinión con un neurólogo clínico, el cual me envió a un subespecialista en movimientos anormales y Parkinson ¿y qué creen? ¡Sí tengo Parkinson de origen temprano! El Parkinson es una enfermedad modelo, de solo una carencia molecular: la dopamina.

Por mis antecedentes culturales, me gustaba presumir la frase de Pablo: «Para mí el vivir es Cristo y morir es ganancia» (Pablo, *Carta a Los Filipenses* 1:21). Pero el día del accidente fallé, no lo busqué, solo busqué de dónde agarrarme y grité. Y pensé que no me hubiese salvado.

Con los temblores podía convivir, mientras pudiera escribir.

Una predicadora de los testigos de Jehová me dejó un sobre con el remitente Mateo 24:14, con un tríptico, y le respondí así:

Matthew 24:14 "And this gospel of the kingdom shall be preached in all the world for a Witness into all nations; and then shall the end come". Página 1065. *The Holly Bible Authorized King James Versión.*

«Y será predicado este evangelio del reino en todo el mundo, para testimonio a todas las naciones; y entonces vendrá el fin». Página 993 La Biblia. Versión Reyna-Valera 1966. Notada por el reverendo CI Scofield, 1909.

«Y estas buenas nuevas del reino se predicarán en toda la tierra habitada para testimonio a todas las naciones y entonces vendrá el fin». Página 1232. Traducción del Nuevo Mundo de las Santas Escrituras versión de 1984 del inglés contrastado con hebreo y griego 1987.

«Será predicado este evangelio del reino en todo el mundo, como testimonio para todas las naciones y entonces vendrá el fin». Página 1187. Ediciones Litúrgicas, Ediciones Católicas, S. A.

Como verán, he leído las diferentes biblias y aún no logro entender por qué «Dios y su infinita misericordia» permitió que yo, un simple pecador, tenga Parkinson temprano (de hecho, sí entiendo: sangre anglosajona con teutona y azteca resaltaron a unos genes recesivos).

He tenido tres intentos de suicidio consciente: acudir al hospital durante toda la pandemia, no me he enfermado, al grado mortal. He sido asaltado en tres ocasiones rumbo al trabajo de la tarde, en el primero golpeé al asaltante, lo perseguí y recuperé el celular robado, los detuvo la policía, fue todo tan descarado que me llené de odio. En otro asalto, empujé al señuelo que mandan a molestarte, para que te rescate un dadivoso acomedido y con su cómplice te asalten bajita la mano. Corrieron por calles laterales, cuando me di cuenta de que estaba copado, me dieron un golpe tan fuerte que me dejó KO, me quitaron documentos y efectivo, y me prometieron que si seguía de rasquita me iban a dar a guardar un fierro. Ya en el tercer asalto, aleccionado por mi esposa, me puse «flojito y cooperando».

Algo o alguien me han protegido hasta de mí.

Llegan a mi mente el Salmo 23, el Salmo 60:12 que tanto he escuchado pregonar. Y, por supuesto, el salmo 4:8.

A veces, como Job, quisiera decir «Dios da, Dios quita, bendito sea su nombre», y a la vez pienso, fue compensado al doble, pero el sufrimiento de mientras tanto quién se lo quita. Jamás he renegado de Dios, pero en algunos días he deseado hasta cincuenta veces al día estar muerto y sepultado, y las *Mil maneras de morir* del programa de la tele me parecieron poquitas con las que me imaginé estirar la pata. Estoy medicado para la depresión, para la angustia y la tristeza, para los efectos secundarios de mis medicamentos, y a pesar de estar totoreco, patarato, me han dejado patidifuso ustedes dándome ánimo para luchar juntos para estar sano.

Mi error ha sido luchar solo, confiando en la medicina alopática o convencional, dos años confié en «médico, cúrate a ti mismo» (Lucas 4:23), estuve bien... mal, con muchos efectos secundarios, y se enojaron mis médicos tratantes.

Tengo la sensación de que me consideran adicto, y quizá sí, soy adicto a estar vivo y bien.

Leí un libro de superación personal, llamado *El vendedor más grande del mundo*, (de Og Mandino) que en realidad es un cuento, donde se acusa (reconoce) a Pablo (el apóstol) de ser el vendedor más grande de esperanza en el mundo. Y en el fondo tiene razón, en esta era actual neoliberal, en que todo se vende, nos vendemos como hijos, como padres, como trabajadores, vendemos nuestra fuerza laboral, nuestro tiempo, y les pido que compren conmigo la idea de que Dios nos regaló la esperanza de una vida eterna, en un paraíso, prometido por Jesús, con solo aceptarlo en tu corazón podrá transformar tu vida, a través del Espíritu Santo entregado en Pentecostés, lo he visto y lo he sentido. Solo los 12 pasos de Alcohólicos Anónimos y la fe en Cristo han dado pruebas fehacientes de cambio en seres derrotados, cansados del dolor y la enfermedad. Mucha de mi duda existencial era que, al ser llamado hijo de Dios, adquiriría los poderes divinos. Ahora caigo en que si los obtenemos en el grupo, nos dará potestad de sanar, de hacer milagros, de vivir la vida buena; vengan conmigo a rendirnos juntos a la voluntad, su voluntad. La nuestra no nos lleva a nada. Tienes la promesa de un Dios vivo. Y no temas ¡Dios no falta a su palabra! Sobre todo, no te pido que me sigas a mí, soy un pecador, y haré trompicar tus pasos. Porque muchas veces, mientras estuve solo, supe que el mal sigue ganando terreno, y es un gran adulador, de puertas anchas de dulce gozo momentáneo, pero mal, al fin y al cabo, el camino de lo sacro es muy estrecho. Dios te ofrece tu amor aun tengas el alma más negra y el fango haya alcanzado tu nariz, y sientes que ya no puedes más, di sííí.

Es tiempo de que dejemos de correr.

Los quiero.

Gracias por sus oraciones.

TESTIMONIO bis

¡Hola a todos, buenos días!

¡He escuchado bastantes audiolibros! Sobre todo, de terror. El territorio onírico. Este tiene las mismas leyes que las nuestras según Howard Phillips Lovecraft. Soñar, ser emperador de una federación de galaxias y despertar cuando el enemigo más malo dice: «¡Yo soy tu padre!». Ya está trillado ¡je, je, je! Entonces dices: «¡Papááááááááááá! Estoy oyendo *El valle más allá del tiempo* de Lin Carter. Los muertos no sienten dolor», refunfuño.

Ahora tengo internet en el hospital, se oyen rumores de que nos quieren correr. Todo el tiempo escuchando esto y no me he congelado con estas noticias.

Hasta dónde se pierde mi linaje.

Antigua sabiduría.

Dinastía de Takhlar.

¡Querida predicadora! Asumes que el rey de este mundo es Satanás el diablo y así como argumentas con la Biblia, Jesús dijo: «Dad al César lo que es del César», entonces qué reclamas. Desde el punto de vista filosófico nosotros creamos a Dios. Por eso es celoso y no quiere dioses ajenos delante de él, esa es la aceptación de que hay otros dioses. Giordano Bruno predicaba la existencia de multimundos y multijesuses haciendo el sacrificio para salvar a los seres creados por Dios y también la posibilidad de mundos en los que Eva no se comió el fruto prohibido. También hay la posibilidad de mundos gobernados por un diablo bueno. El gran engañador te tienta con lo bonito, no es como lo pintas, es guapo, carismático y fina persona. Tiene, según dices, la culpa de los males de este mundo. Pero él es uno de los hijos de Dios y este no lo ha perdonado por la rebelión, ya debería haberlo devuelto al cielo para que los humanos prosperemos en este tiempo de lucha y desesperación.

El preguntarse de Dios es inherente a cada ser humano y según esto tenemos parte del espíritu de Dios en el aliento divino, la energía de vida, esa que se vuelve a su propietario cuando falleces. ¡Aun así me es simpático el diablo! ¿Qué crees? He leído la Biblia de Reina y Valera y otras biblias y he concluido que, a pesar de ser un libro sagrado, no está completa. Hay muchos evangelios de otras culturas: *El Popol Vuh* maya, *El Código de Hammurabi*, el *Mahabharata* y el *Libro de Mormón* que no he leído.

Y continuando con Dios, no interviene, no hace nada. Por eso dejé de orar y rezar porque siento que no contesta. Más nunca he renegado de él, en el fondo creo que no le importamos, porque yo tengo Parkinson de origen temprano, he sido un pecador en la vida, arrepintiéndome y volviéndolo a hacer. Quizá en ocasiones, arrepentidos llenos de dolor.

Gracias a mi diagnóstico, llevo cuatro años pensando en el suicidio por esta enfermedad, cuando no tengo circulando por mi sangre el neurotrasmisor. Me mantengo acudiendo al hospital, con la sana intención contagiarme de covid-19 para morirme pronto, pero no se me ha hecho.

Luego, con la segunda dosis de la vacuna de covid-19, sentí morirme, ya van más de veinte esquemas de tratamientos por el subespecialista en movimientos anormales y Parkinson para estabilizarme y continúo en tratamiento.

¿Por qué Dios no es responsable directo?

Pero aún no he muerto. Tengo un muy mucho por luchar. Incluso había pensado aprender Teología para comprender a Dios. Eso de ser hijo de Dios me interesa, pero para poder reclamar los poderes, pero nada, aun Salomón y su sabiduría pecó hasta el hartazgo, no se negó ningún placer.

Alcanzar a Dios
ha sido tan difícil
que lo inventamos.

Este amanecer
en pleno octubre vibra
muy nostálgico.

Parece nuevo
aún estamos sin sol
en oscuridad.

Es esperanza
un claro nuevo día
tengo trabajo.

Feliz estoy, ves
los días van pasando
el tiempo en usted.

El otoño va
dejando caer las hojas
tan al por mayor.

Haikuterapia
para los inundados
de amor y vida.

Dice Salomón
«No despierten al amor
hasta que quiera».

Cosa más bella
el amor es don de Dios
además, gratis.

Al hacer haikus
amanece temprano
un día nuevo.

Es adaptarse
o morir al hacerlo
ya soy otro más.

Esto del cambio
en el cerebro frontal
cambio súbito.

Un asesino
en serie es tan en serio
casi sorprende.

Ir tras el viento
intentando atraparlo
manos vacías.

Atrapar agua
que se escurre en los dedos
manos sin nada.

De quererte a ti
voy persiguiendo sombras
no tengo nada.

Luego moriste
en camino al recuerdo
por tanto, vives.

Mandarle un premio
tú lo tuyo, y yo lo mío
las manos sin nada.

Los días muertos
resucitan temprano
ya amaneciste.

Golpéame así
con la fuerza al corazón
pena de muerte.

Quiero ser libre
vivir mi vida abierta
encarcelado.

Sin ningún camino a tus espaldas

No podrás volver a ningún lado.

Olvidarás a tus compañeros de viaje.

No habrá quien tropiece sobre tus pasos.

Alma recién nacida.

Sin pasado.

Se abren las puertas del amor.

Las puertas del odio.

Las fuentes de esperanza.

Todo mundo trata de vender esperanza.

Ya es tiempo

de navegar en mar muerto.

Despertar en un sueño vívido.

En las orillas de la isla

que nunca Robinson

debió dejar.

¿Por qué volvió de su isla?

De veras, ¿por qué la dejó?

Del hacer y del no hacer

Cuando no se puede hacer lo que se quiere, se quiere a más no poder. El dicho dice: «¡Si se quiere, se puede! Y cuando no se quiere, aunque se quiera querer»: no se hace aunque se pueda.

El eterno retorno de Nietzsche está contenido en dos versos en Eclesiastés.

Leí *El Kybalion* con el oído. Con toma de apuntes y todo. Y sí es cierto, Salomón: «¡No hay nada nuevo bajo el sol!».

Hay que salvar a los pecadores, los santos no merecen el gasto de saliva.

Hoy escuché cosas de Jesús de las que ya había leído, me siguen gustando sus ideas.

El cambio es brusco: guerra, odio, destrucción y venganzas puntuales a la predicación del amor, culminando en una crucifixión.

La definición de cruz patibularia no es a lo que se refería Jesús.

¿Debo investigar qué significa el símbolo de la cruz? Es el equilibrio entre el horizonte y lo vertical, no creo que sea tan zafio. Eso no puede ser tan simple.

Insisto qué creo: la Iglesia es una invención de Pablo.

En el *Libro segundo de los Reyes*, en el capítulo 8 de los versos 7 al 15 y haces de cuenta que estoy leyendo acerca de La Matanza de Acteal. ¡No somos originales ni para los genocidios!

Lo que sí tiene mérito es que tiene más de dos mil años el texto y sigue inspirando a la humanidad. ¡Mal, nos seguimos superando!

Los peores asesinos seriales y sociales son gente convertida, creyentes. ¿En qué me estoy convirtiendo? Ya hasta estoy rellenando los cuadernos hasta la orilla. El interés me baja, de leer El Libro, hay tanta sangre.

Quizá esos asesinos lo imitan, sus cuadernos igual, destilan sangre. Alguien lo habrá hecho: ¿habrán ya contado los muertos del Antiguo Testamento?

Un chiste blasfemo *light*.

En una reunión de jefes de iglesia. Incluidas católicas y protestantes, en un ala aislada de la reunión, tres prominentes excelencias platicaban cómo seleccionaban el dinero de las ofrendas, limosnas y diezmos que les tocaban a cada uno.

Verán, yo trazo un círculo a mi alrededor y lo lanzo todo hacia arriba y digo:

—¡Mi Dios, lo que caiga dentro del círculo es mío, lo de afuera es para tus obras, Señor!

El segundo dijo:

—Mi técnica es exactamente al revés: lo que cae en el círculo es del Señor y lo de afuera es mío.

Un conocido lavado por la sangre de Cristo les dijo:

—Yo aviento todo y le digo a mi Señor: «¡agarra lo tuyo, que lo que caiga es mío!».

¡Eso es fe!, ¿no creen?Me siento mal. Una sensación de malestar total.

¡Cómo quisiera fluidez motriz!

¿Será el tema de las ofrendas?

Me doy… pena.¡Ahora caigo… viene el aguinaldo!

No me sentí bien para ir a actividad cristiana. Quizá son mis raíces de molares.

No lo sé. Creo que el cocowash no tuvo suficiente blanqueador. Sigan orando. *Impossible is nothing!*

Los Rápidos del Sur

Hay una leyenda urbana de que érase que se hubo una línea de camiones que se anunciaban «primero muertos que llegar tarde». Y una persona por ahí me dijo que eran los Rápidos del Sur.

Buscando medio para transportarme de allá para acá y de aquí para allá, los encontré a ellos y a los Autobuses Valles de Cintalapa conocidos como AVC y los Autobuses Expreso Azul los AEXA, pero de ellos ninguno es rápido. En la ciudad de Tuxtla Gutiérrez, con un tu carro lo que haces en veinte minutos o menos, las tres líneas lo hacen en una hora. El AEXA SC (segunda clase) se escuda en ser de esa clase para ser marrullero, lo hacen para llevar una mayor cantidad de pasajeros, pero un trayecto que es de una hora lo convierten en dos horas y media. Suerte te toca si tomas el que encabeza el convoy, ese con tal de ganar a los madrugadores llega un poco más temprano. Los demás todos van a paso de tortuga. El que sí es rápido es el que viaja Tuxtla Gutiérrez-Juchitán. Pero es peligroso… ¡y si te quedas dormido!

Por tanto, tengo el orgullo de no recomendarles a ninguno. Son lentos, maleducados y peligrosos. En tramos cortos se pegan unas corretizas dignas de un ¡Jesús nuestro!

Los taxis piratas no son regulares. Así que me tuve que adaptar a perder una hora extra de la vida en esos camiones de ida y vuelta.

Pago dos autos y ando a pie.

Los Rápidos del Sur además son muy supervisados, a saber si vale la pena. Bien te va si solo es una vez, o que no se le ocurra al supervisor checar boleto. Pobre de ti si te toca el que se va por carretera libre. Te recorre todos los pueblitos y se detiene en donde esté el pasaje, pero eso sí, no te bajan donde tú quieras, nunca. Pareciera que solo tienen muelles sin amortiguador, pues brincotean tanto que te tumban la mollera.

El AVC se está desapareciendo solito. Carros viejos que se descomponen a cada rato. A las otras líneas también les pasa, pero tienen más respaldo.

En fin, de las cuatro líneas Tuxtla-Cintalapa no hacen una. Y no permiten que haya taxis.

¿Vas a viajar? ¡A sufrir y perseverar!

Mujer maravillosa,

me maravilla que eres capaz de ser mujer,

de conducir un auto como piloto

de fórmula uno.

Que puedes conducir mi vida,

sin dejarme caer en el abismo.

A pesar de toda la frustración que te causo

me justifico en la enfermedad

y el sufrimiento.

¡Aun así, me maravillas

con tu trabajar!

Conduces niños a la siguiente

etapa de su vida.

Dejas ver tu fuerza

con tu delicadeza.

Creo que, como la muerte,

me dices: «¡vive, vive, vive!».

Eres bella.

No digas nada, y no digo nada

callado continúo

maravillado.

¡Te respeto como a mi madre!

Te lo has ganado.

Aquí estaba el espacio para la editorial que era mi manera de hacer original el mamotreto para la abuelita, tía y sobrinas.

Viva la fraternidad universal.

Bien lo dicen todos los autores, no te critican nada.

Los editores dijeron que está para concurso, pero no me devolvieron el original con notas sesudas a cualquier nivel de página, ni tachaduras ni enmendaduras. Los compadres dicen: «¡Ya está hecho!».

Esta página puede ser volada. Bueno, se presumen editores profesionales, qué les puedo decir. Sugiero en la portada la insinuación de pirámides mayas entre selva densa, y/o cuadernos de distinta índole cosidos a mano toscos, que vea pasar el tiempo.

www.ingramcontent.com/pod-product-compliance
Lightning Source LLC
LaVergne TN
LVHW091543060526
838200LV00036B/679